サンエイ新書

25

戦況図解

古代争乱

山岸良二 監修

Yamagishi Ryoji

はじめに――

考古学という学問はかつて「文字の無い時代の歴史研究に寄与する学問」と規定されていた。しかも、あくまでも「王道の歴史学に対しては補助学」という位置づけであった。しかし、近年の発掘調査の成果には目覚ましいものがあり、歴史研究への貢献が学界全般で高く評価されている。

中国史書『後漢書』東夷伝には、「桓帝・霊帝の間、倭国大いに乱れる」という、いわゆる「倭国大乱」の記載がある。つまり紀元後二世紀頃（一四七～一八九年）、日本列島各地で小国家間の夥しい激しい対立抗争が生起していた記録である。ところで、最新の発掘調査では瀬戸内海から大阪湾沿岸地域において、「高地性集落」と呼ばれる標高の高い、急斜面を登った丘陵上、山丘上に弥生時代の集落が築かれていた例が数多く発見されている。それらの集落の中には、周囲を深い濠で囲み、さらに集落内から「石鏃」「金属鏃」「石礫」など武器類が出土している例もある。さらに、この時代には平地でも佐賀県吉野ヶ里、大阪府池上曽根、奈良県唐古・鍵遺跡に代表されるような何重もの環濠に囲まれた大規模防衛施設を付設する大集落遺跡も発見、報告されている。

まさに、文献史料の記事に、考古学成果の事実が合致したケースといえる。

この「倭国大乱」時代を経て、列島には古代史上最大の謎といわれる「邪馬台国」が成立してくる。中国ではあの有名な『三国志』の時代である。この「邪馬台国」に続く、巨大前方後円墳が各地に築造された古墳時代から「ヤマト王権」、さらには飛鳥王朝と我が国の統一国家が成長していく過程でも、数多くの「争乱」「抗争」が記録されている。

それらの中には、六六三年の「白村江の戦い」のように韓国側の最新研究成果により、従来の見解と異なる諸説が提示されたり、九州から瀬戸内海沿岸に築造された朝鮮式山城の発掘成果が公表されてきたような例や、六七二年の古代史上最大の争乱「壬申の乱」のように、精緻な史料分析などから戦闘状況が徐々に判明してきたような事例もある。

本書は、このような最新考古学、歴史学研究の成果を十分に踏まえて、極力分かり易い戦況図なども多数掲載して、一般読者に視覚面からの理解に利する工夫をしている。もちろん、この時代は史料が完全に残っているわけではないので、今後の研究進展によっては戦況図などに変更が生じる可能性があるが、現状での到達点とご理解いただければ幸いである。

山岸良二

序章　戦乱、はじまる

第一章　中央集権国家の形成と仁義なき勢力争い【古墳～飛鳥時代】

第二章

律令国家の完成と暗躍する藤原氏【奈良時代】

第三章

陰謀渦巻く王朝【平安時代】

序章

戦乱、はじまる

外敵侵入を防ぐ施設、敵を殺すための武器

前四〜前三世紀頃

戦争のはじまり

◆戦争の痕跡を示す防御施設

日本列島において、ムラとムラなど集団同士による戦争がはじまったのは、弥生時代の前四〜前三世紀頃だと考えられている。水稲耕作の伝来で食糧が安定的に供給されるようになった結果、貧富の差が現出。富や耕地、用水などを巡って人々が争うようになったのである。

実際、狩猟・採集生活が中心だった縄文時代の遺跡からは、戦争の痕跡を示すものは見つかっていない。居徳《いとく》遺跡（高知県）のように石鏃《せきぞく》が刺さった人骨が発掘される例もあるが、極めて例外的であり、集団同士の戦いによるものと考えることは難しい。

ところが弥生時代になると、それまでの集落の様相が一変する。住居群の周囲に濠《ほり》や土塁《どるい》などを巡らせた環濠集落《かんごうしゅうらく》など、外敵の侵入防止を目的とした防御施設が出現

なぜ「戦争」は起こったのか

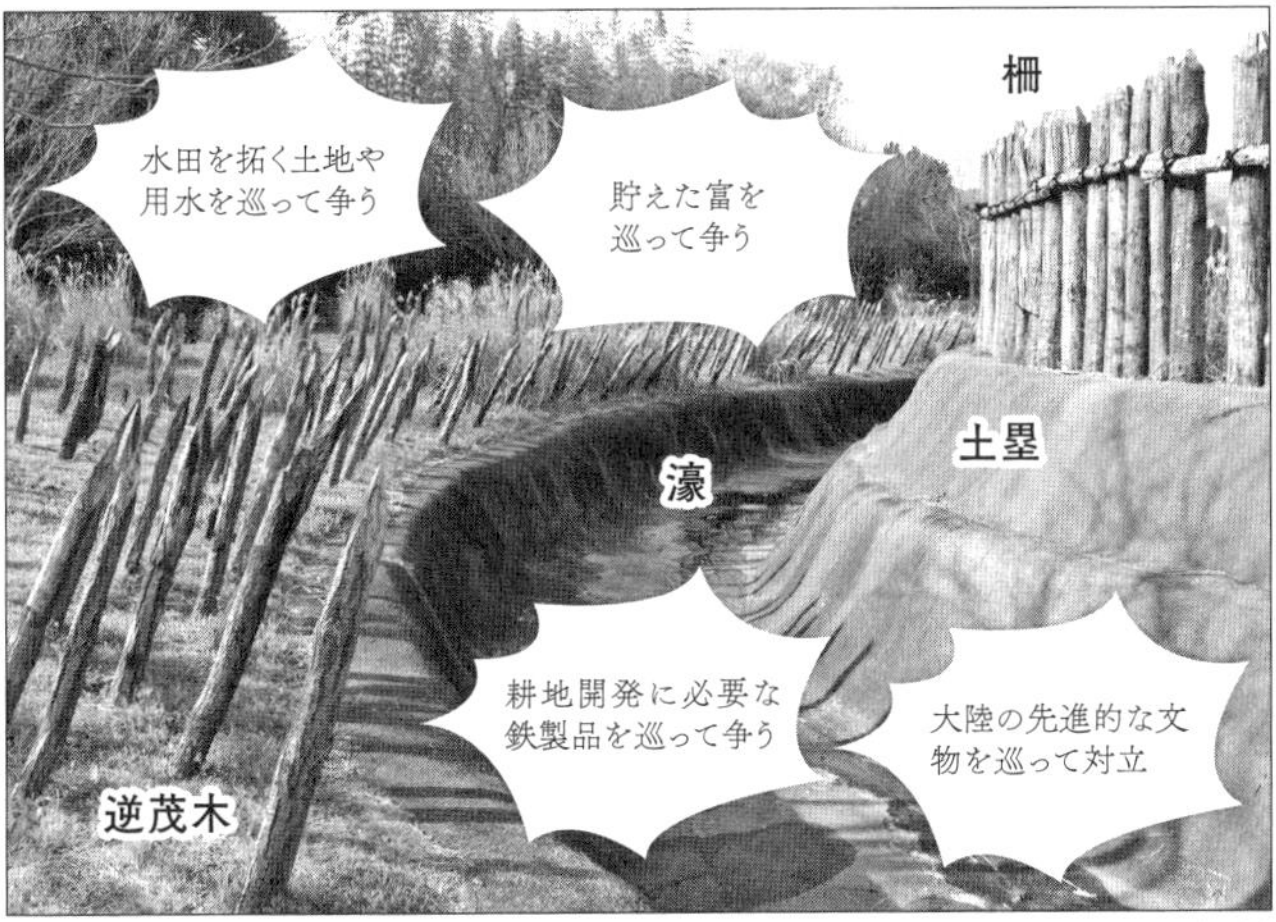
柵
水田を拓く土地や用水を巡って争う
貯えた富を巡って争う
土塁
濠
耕地開発に必要な鉄製品を巡って争う
大陸の先進的な文物を巡って対立
逆茂木

稲作が盛んになるにつれて各地に集落が形成されていったが、やがて耕地や水、鉄の入手などを巡って集落間の対立が激化。ついには戦争にまで発展した。

するのである。たとえば朝日遺跡《あさひ》（愛知県）は、弥生時代中期（前一世紀）の集落を囲む幅七～八メートルの環濠の外側に逆茂木《さかもぎ》を突き刺した深さ三～四メートルの溝を二重に巡らし、さらにその外側に杭《くい》を打ち込んで防御機能を高めていた。集落同士の戦いが激化していたことを示す証左といえよう。

戦うための武器の登場

弥生時代には、石や青銅、鉄などを材料とした戦い専用の武器も登場した。弓矢に使われる石鏃一つ取ってみても、縄文時代のそれとはまったく形状が異なっている。

縄文時代は弓矢を狩猟の道具として使用していたため、矢がより遠くに飛ぶよう、石鏃は薄くて軽いものが主流だった。しかし弥生時代になると、黒曜石《こくようせき》やサヌカイトなどを使った大きく、重い石鏃がつくられるようになる。いわば、弓矢が「狩猟の道具」から「人を殺傷するための武器」へと変わったのである。弥生時代初期の頃には石鏃は長さ一～三センチメートル、重さ〇・五～二グラムほどであったが、中期になると長さも重さもほぼ倍以上となった。土井ヶ浜《どいがはま》遺跡（山口県）や雁屋《かりや》遺跡（大阪府）などからは石鏃が突き刺さった人骨が出土しているが、ほぼ即死だったのではないかと見られている。

その他、石製や銅製、鉄製の剣・鎗・戈《か》・斧、飛び道具の一つである投弾《とうだん》なども武器として利用されている。北部九州の遺跡からはしばしば首なしの人骨が出土しているが、石器には首を斬り落とすほどの鋭利さがないことから、当時、明らかに金属製の武器が使われていたことがわかる。

なお、当初は武器として利用された青銅器であるが、鉄器の普及に伴い、勝利や豊作などを祈るための武器型祭器へと用途が変化していった。

❖ 環濠集落の構造

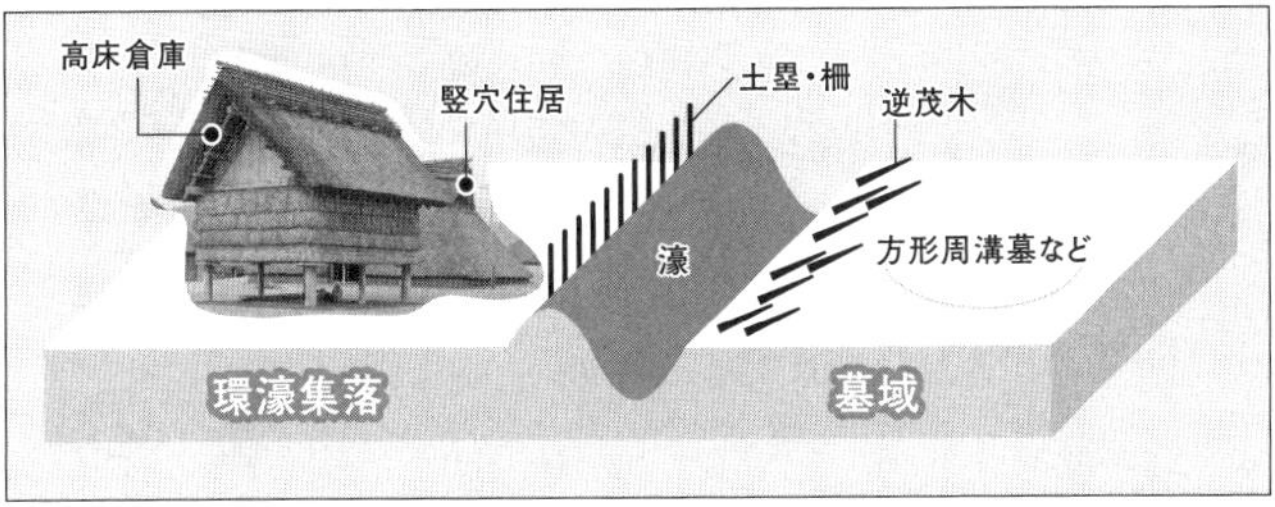
高床倉庫
竪穴住居
土塁・柵
逆茂木
濠
方形周溝墓など
環濠集落
墓域

弥生時代、外敵や害獣などから集落を守るため、周囲に濠を巡らせた環濠集落が登場。住居区画は環濠の内側に築かれ、外側とは遮断されていた。

❖ 主な環濠集落

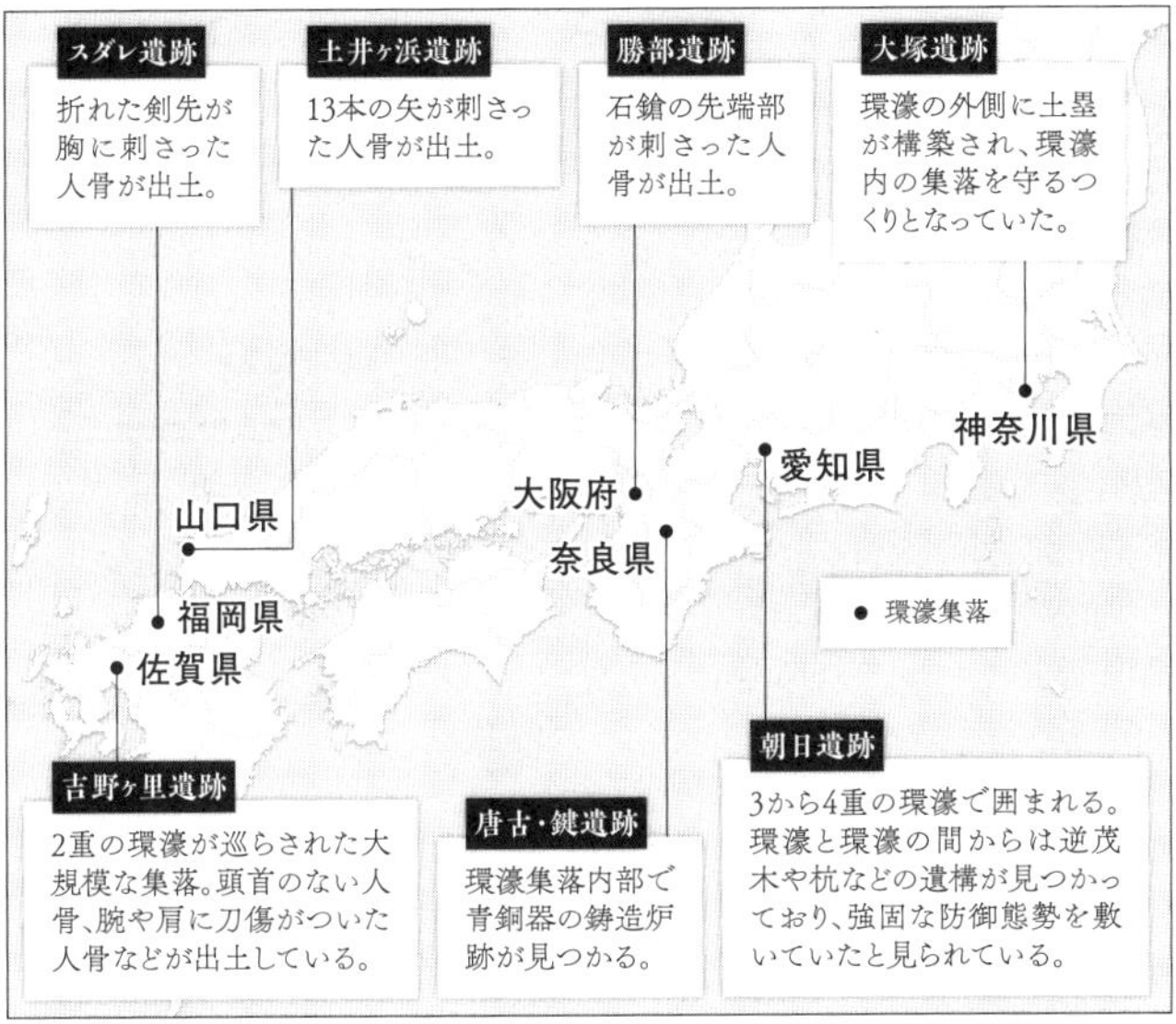
スダレ遺跡
折れた剣先が胸に刺さった人骨が出土。
土井ヶ浜遺跡
13本の矢が刺さった人骨が出土。
勝部遺跡
石鏃の先端部が刺さった人骨が出土。
大塚遺跡
環濠の外側に土塁が構築され、環濠内の集落を守るつくりとなっていた。
神奈川県
愛知県
大阪府
山口県
奈良県
福岡県
佐賀県
● 環濠集落
朝日遺跡
3から4重の環濠で囲まれる。環濠と環濠の間からは逆茂木や杭などの遺構が見つかっており、強固な防御態勢を敷いていたと見られている。
吉野ヶ里遺跡
2重の環濠が巡らされた大規模な集落。頭首のない人骨、腕や肩に刀傷がついた人骨などが出土している。
唐古・鍵遺跡
環濠集落内部で青銅器の鋳造炉跡が見つかる。

弥生時代の遺跡からは戦争を裏づける人骨などが発掘されている。

二〜三世紀
倭国大乱

邪馬台国の女王が大乱を収束させる

◆倭国と古代中国との関わり

前四世紀頃に北部九州ではじまった戦乱は、弥生時代中期には近畿から中部、関東地方にまで波及した。ムラ同士の争いは集落間の再編・統合を生み、やがて政治的なまとまりを持つクニ（小国）が誕生していく。

前一世紀成立の前漢《ぜんかん》について記載された『漢書《かんじょ》』地理誌《ちりし》によると、当時の日本は「倭《わ》」と呼ばれ、「百余国」に分かれていたという。さらに一世紀成立の後漢《ごかん》について記載された『後漢書《ごかんじょ》』東夷伝倭人条《とういでんわじんのじょう》には、「紀元五七年、倭の奴国《なこく》の使者が後漢の都・洛陽《らくよう》に赴き、時の光武帝《こうぶてい》から印綬《いんじゅ》（金印）を授かった」ことが記されている。天明四年（一七八四）、福岡・志賀島《しかのしま》から「漢委奴国王《かんのわのなのこくおう》」と刻まれた金印が出土し、『後漢書』の記述が事実である可能性が大いに高まったが、「委奴国王」については「委（倭）

❖弥生時代中・後期の高地性集落分布図

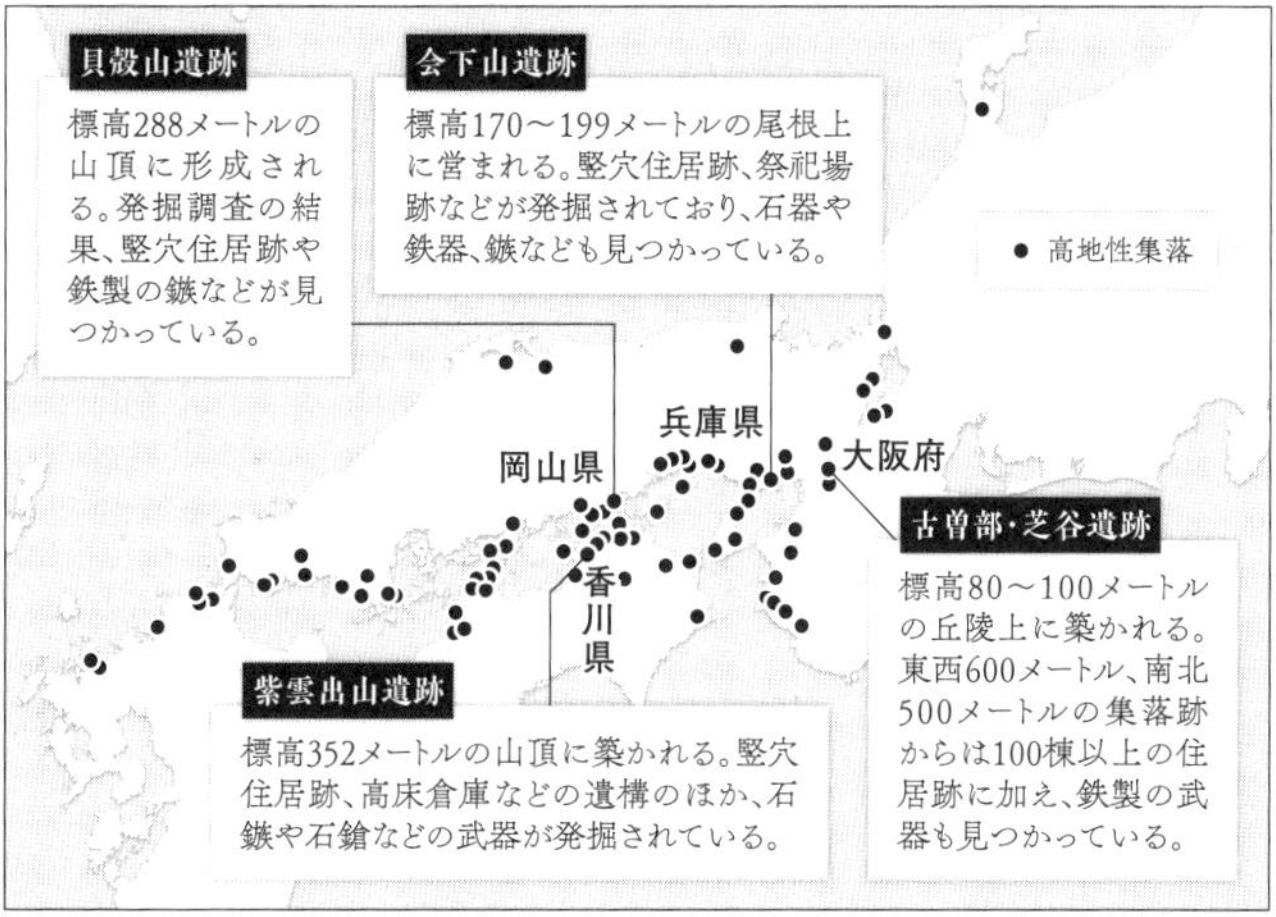
貝殻山遺跡
標高288メートルの山頂に形成される。発掘調査の結果、竪穴住居跡や鉄製の鏃などが見つかっている。
会下山遺跡
標高170～199メートルの尾根上に営まれる。竪穴住居跡、祭祀場跡などが発掘されており、石器や鉄器、鏃なども見つかっている。
● 高地性集落
兵庫県
岡山県
大阪府
香川県
古曽部・芝谷遺跡
標高80～100メートルの丘陵上に築かれる。東西600メートル、南北500メートルの集落跡からは100棟以上の住居跡に加え、鉄製の武器も見つかっている。
紫雲出山遺跡
標高352メートルの山頂に築かれる。竪穴住居跡、高床倉庫などの遺構のほか、石鏃や石鎗などの武器が発掘されている。

丘陵に築かれた高地性集落の遺構からは武器や狼煙台跡などが見つかっており、これをもって弥生時代の戦乱と結びつける説もある。

の奴国」とする説、「委奴《いと》（伊都）国」とする説など諸説唱えられており、いまだ比定されていない。※1

◆倭国、大いに乱れる

このように、一世紀の日本では様々なクニが勃興し、それぞれが中国の冊封《さくほう》下に入ることで勢力争いを優位に進めようともくろんだ。そうして二世紀後半、日本は「倭国大乱」と呼ばれる混乱期を迎えることとなる。『後漢書』によると、後漢末期の桓帝《かんてい》・霊帝《れいてい》の治世下（一四六～一八九年）、激しい争乱が起こって倭国は混乱に陥り、何年もの間、諸国

※1 さらに『後漢書』は、「一〇七年、倭国王帥升等が生口（奴隷か）百六十人を献上した」ことを記す。「倭国」という文言が中国の史書に登場した初例である。

を統合する王がなかったという。
　実際、弥生時代中・後期に限って、北部九州から瀬戸内海沿岸部、大阪湾に臨む近畿地方の西半部を中心に高地性《こうちせい》集落が出現している。高地性集落とは、日常生活に不向きな小高い丘陵や台地上に営まれた集落のことである。なかには武器や狼煙台《のろしだい》と目される焼土《しょうど》擴跡《こう》が出土するなど、明らかに軍事的な性格を有する遺跡も確認されており、こうした地域を中心として戦乱が繰り広げられていたのではないかと推測されている。
　それではなぜ、倭国大乱は起こったのか。その理由の一つとして、二〜三世紀の中国が動乱期を迎えていたことが挙げられる。当時の中国を統一していたのは後漢であるが、一八四年に黄巾《こうきん》の乱が勃発するなど、その権威は衰退の一途をたどっていた。そうした状況下、後漢とのつながりを軸として保たれていた倭国の安定が崩壊。それに乗じて自らが盟主となるべく、各国が覇を競い合ったのである。※2
『三国志《さんごくし》』魏志《ぎし》東夷伝倭人条によると、各国の王は大乱を収束させるため、「共に一女子を立てて王」として擁立した。それが邪馬台国《やまたいこく》の女王・卑弥呼《ひみこ》であり、こうして邪馬台国を中心とする三十余の連合国が誕生した。

※2
当時は小氷期にあたり、現在よりも平均気温が二度ほど低かったといわれる。米の収穫量の減少も、戦乱の要因となった。

❖3世紀の東アジア情勢

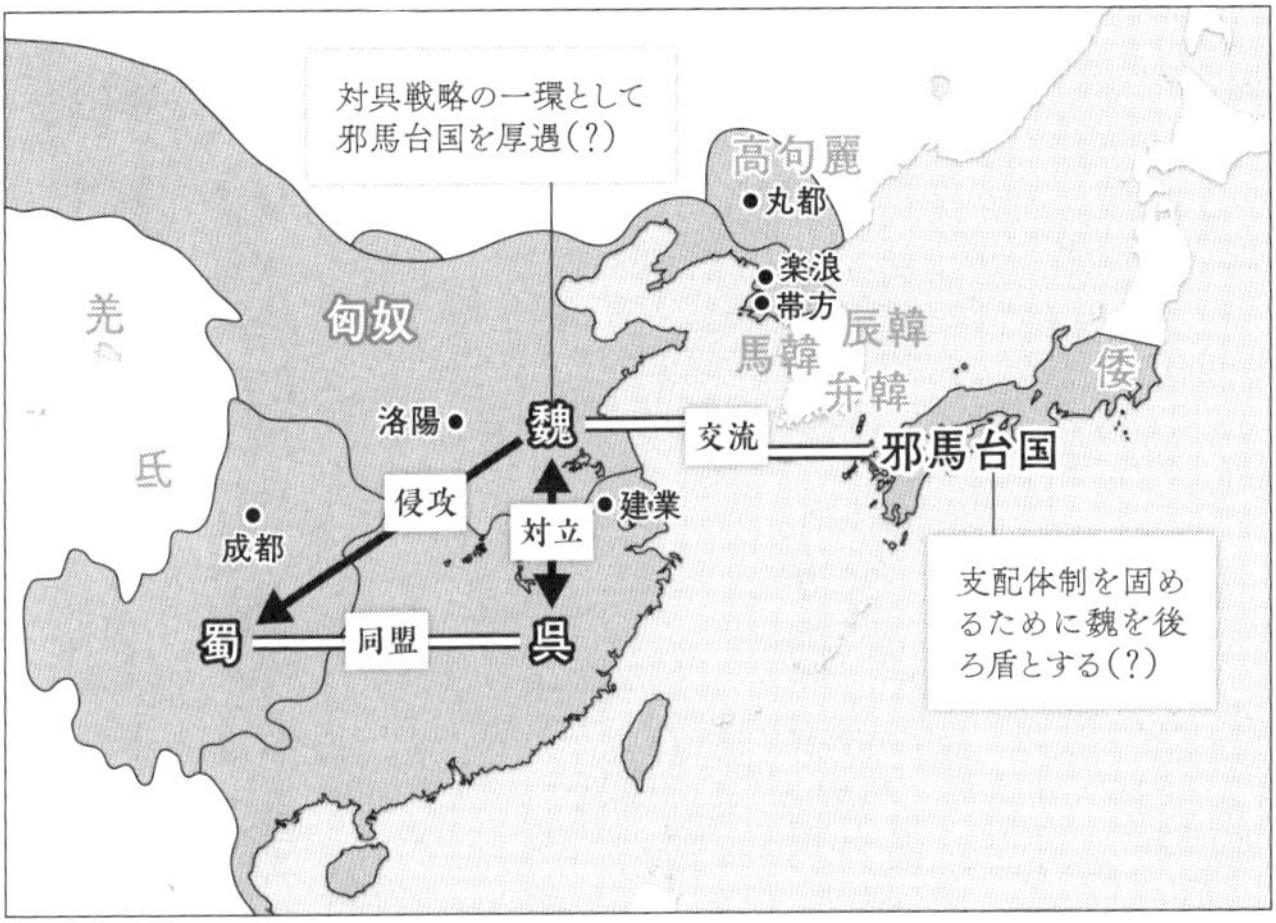

239年6月、邪馬台国の女王・卑弥呼は魏に遣使し、魏皇帝から「親魏倭王」の称号と印綬などを賜った。

❖邪馬台国の所在地はどこか

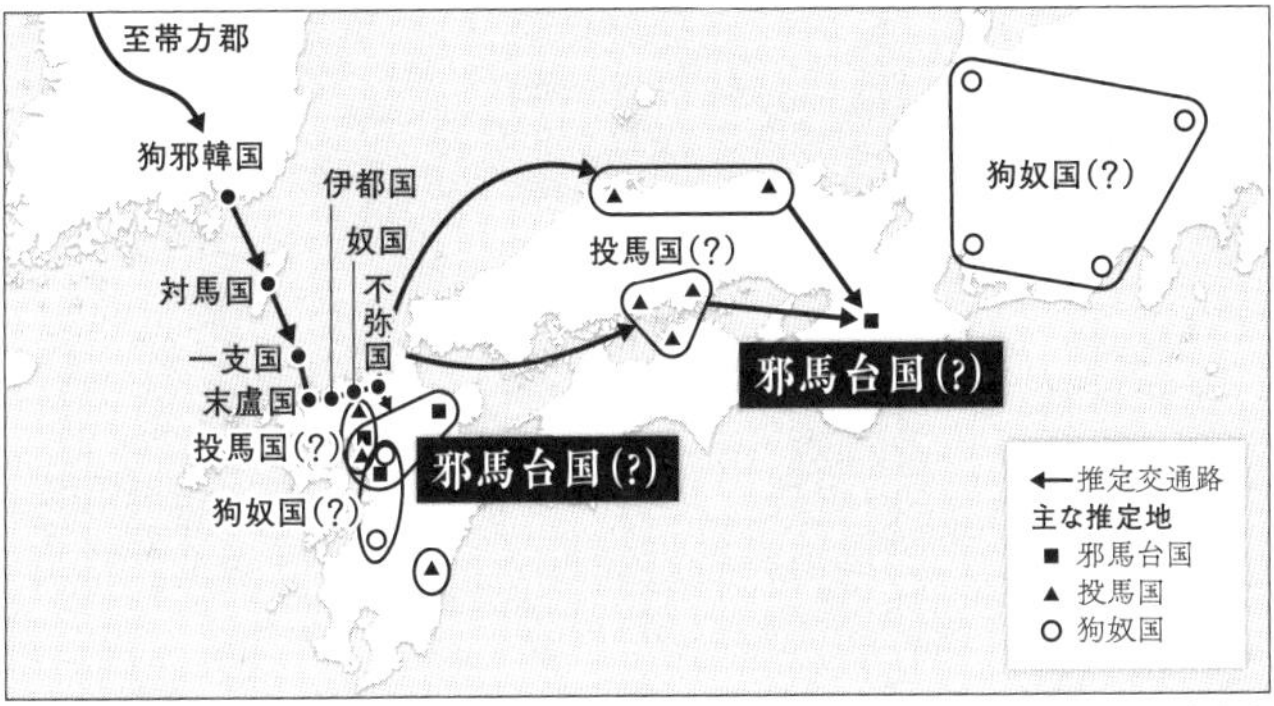

邪馬台国の所在地を巡る論争はすでに江戸時代から行なわれているが、いまだ結論を見ない。

大和地方を中心とした広域の政治連合の誕生

三世紀末

ヤマト王権の成立

◆ヤマト王権の成立

三世紀半ばに入ると、全長二百七十五メートルの箸墓《はしはか》古墳（奈良県）など大規模な墳丘状の墓（古墳）が畿内から西日本の各地に出現するようになる。古墳時代のはじまりである（～七世紀末）。

そのなかでも大規模な前方後円墳が大和《やまと》地方に集中していることから、当時の政権は大和の勢力を中心に形成されており、これが初代※神武《じんむ》天皇にはじまるヤマト王権であると考えられている。

記紀神話によると、天照大御神《あまてらすおおみかみ》の孫・瓊瓊杵尊《ににぎのみこと》の子孫にあたる神日本磐余彦尊《かむやまといわれびこのみこと》は天下を治めるのにふさわしい地を求め、三人の兄と皇子たちとともに日向国《ひむかのくに》（現在の宮崎県）から東征を開始した。その途上、大和の豪族・長髄彦《ながすねひこ》や、兄猾《えうかし》・弟猾《おとうかし》兄弟、

※ヤマト王権で実在した最初の大王は、三世紀末頃の第十代崇神天皇だと考えられている。

❖神武天皇略系図

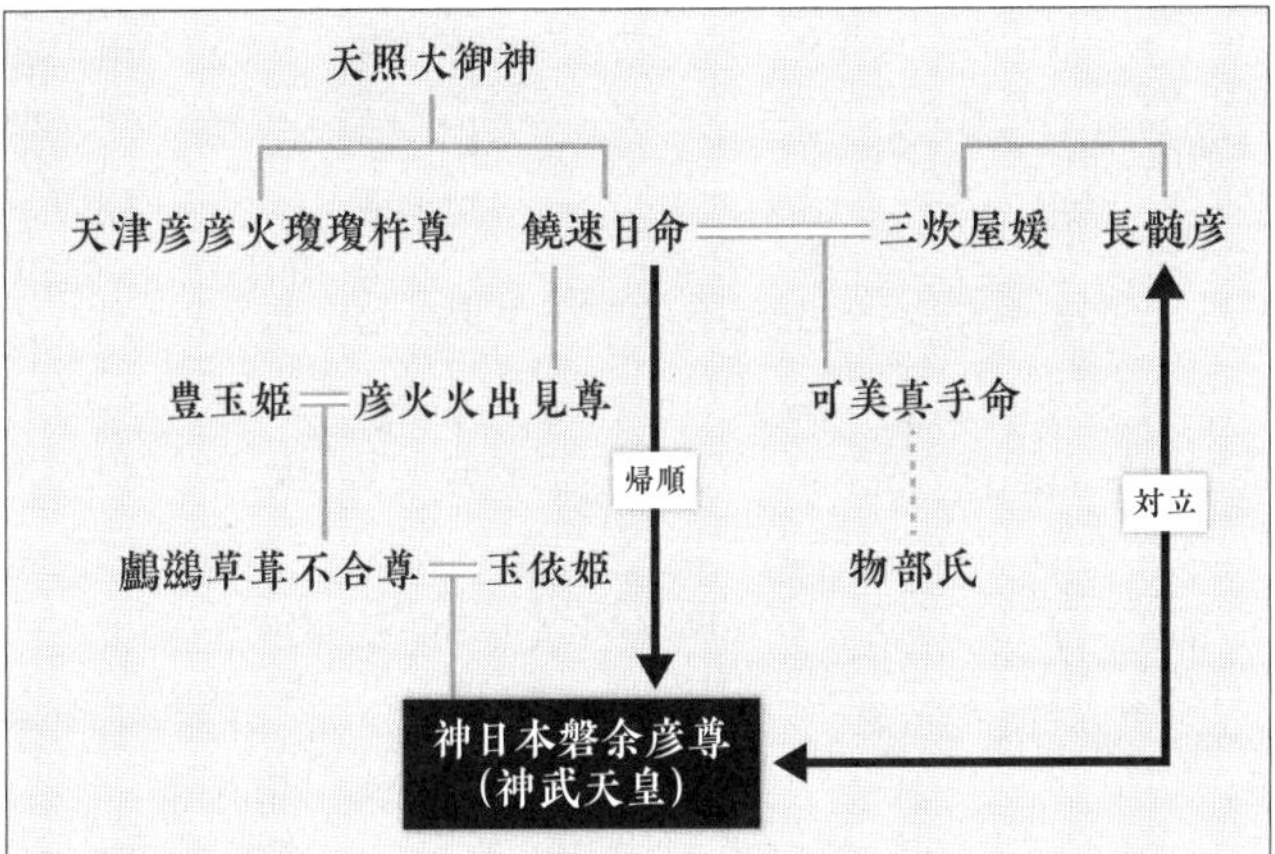

※表記は『日本書紀』による

八十梟帥《やそたける》、兄磯城《えしき》・弟磯城《おとしき》兄弟といった敵対勢力を退け、ついには大和を平定。橿原宮《かしはらのみや》において神武天皇として即位したという。つまり、天孫の一族が先住の氏族らを撃ち破り、ヤマト王権が成立したというのである。

もっとも、『古事記』や『日本書紀』が成立した八世紀は天皇の権力が強大だった時代で、天皇の神格化がはじまった時期でもあることから、記紀には天皇が日本を統治する正当性を示す意図が込められており、神武東征を歴史的事実として見ることは難しい。

◆古墳が示すヤマト王権と地方の首長の関係

古墳には前方後円墳や前方後方墳、円墳、方墳などの種類があり、当時は地位や権力に応じて古墳を築き分けていたという。最も格が高いとされたのは前方後円墳で、ヤマト王権の大王《おおきみ》や、大王と密接な関係にある有力な首長らが葬られた。後円部に前王の遺体を埋納し、前方部で王位継承の儀式を行なった。

前方後円墳が同時多発的に日本列島の各地に築造されたのは、地方に勢力を張る首長らが一人の王を盟主として広域の政治連合を形成したためだという見方がある。これに基づくと、前方後円墳はヤマト王権に服属した証、または同盟締結の証であり、前方後円墳の全国的な広がりはヤマト王権の支配領域が拡張した結果と見ることができよう。奈良盆地内の前方後円墳も箸墓古墳から柳本《やなぎもと》古墳群、大和《おおやまと》古墳群へと南から北へ広がっているが、これもヤマト王権が奈良盆地を制圧したためであるという考えもある。

なお、柳本古墳群の天神山《てんじんやま》古墳には人を埋葬した痕跡がなく、大量の武器類のみが埋葬されていた。わざわざ武器類のみを埋葬する古墳を築造したのは、ヤマト王権の強大な権力を知らしめるためだといわれている。

❖神武東征要図(『古事記』による)

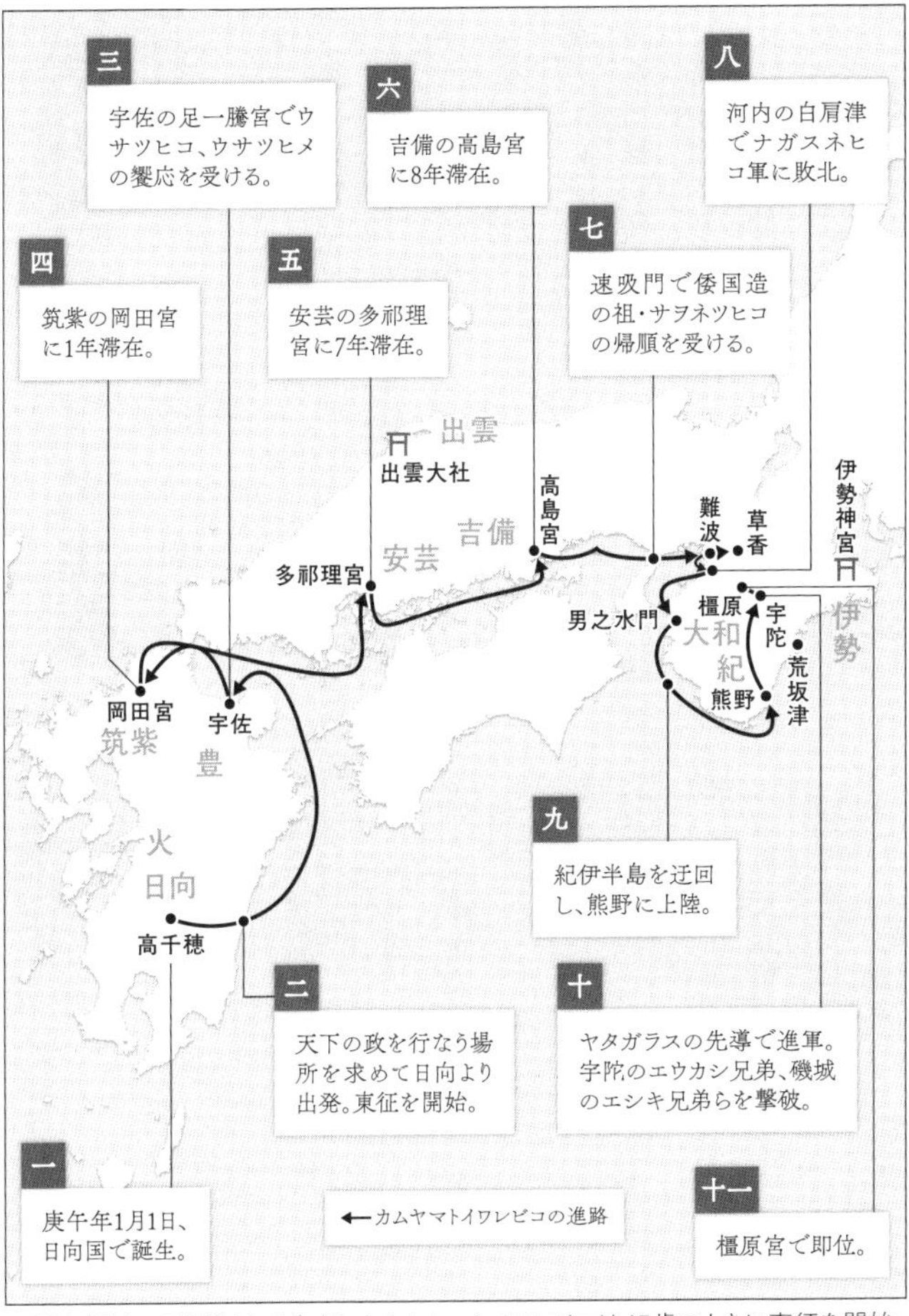

三
宇佐の足一騰宮でウサツヒコ、ウサツヒメの饗応を受ける。
六
吉備の高島宮に8年滞在。
八
河内の白肩津でナガスネヒコ軍に敗北。
七
速吸門で倭国造の祖・サヲネツヒコの帰順を受ける。
四
筑紫の岡田宮に1年滞在。
五
安芸の多祁理宮に7年滞在。
出雲
出雲大社
高島宮
難波
草香
伊勢神宮
吉備
安芸
多祁理宮
男之水門
橿原
宇陀
大和
紀
伊勢
荒坂津
熊野
岡田宮
宇佐
筑紫
豊
火
日向
高千穂
九
紀伊半島を迂回し、熊野に上陸。
二
天下の政を行なう場所を求めて日向より出発。東征を開始。
十
ヤタガラスの先導で進軍。宇陀のエウカシ兄弟、磯城のエシキ兄弟らを撃破。
一
庚午年1月1日、日向国で誕生。
←カムヤマトイワレビコの進路
十一
橿原宮で即位。

天照大御神の5世孫として生まれたカムヤマトイワレビコは45歳のときに東征を開始。敵対勢力を征討し、大和橿原宮で神武天皇として即位したと伝わる。

神話が語るヤマト王権の全国統一過程

四世紀(?)
ヤマトタケルの遠征

◆謎に包まれた四世紀の動向

三世紀末に成立したとされるヤマト王権は大和地方を基盤として勢力を拡張し、四世紀半ばには中部地方から西日本に至る地域を支配下に収めたという。しかしこの時期の日本の動向については中国の史書に記されておらず、その統一過程については謎に包まれている（「謎の四世紀」）。

中国の史書に日本が再び登場するのは五世紀の『宋書《そうじょ》』倭国伝においてであり、そこには倭の讃《さん》・珍《ちん》・済《せい》・興《こう》・武《ぶ》という五人の王（倭の五王※）が宋に遣使したことが記されている。目的は中国王朝から朝鮮半島における軍事支配権の行使を認めてもらうためであり、倭王・武は宋王への上表文の中で、「祖先が自ら先頭に立って東は毛人《えみし》（蝦夷《えみし》）五十五ヵ国、西は衆夷《しゅうい》（熊襲《くまそ》）六十六ヵ国、さらには海北（朝鮮）九十五ヵ

※倭の五王について、済・興・武はそれぞれ允恭・安康・雄略天皇であると考えられる

❖ヤマトタケルの系図

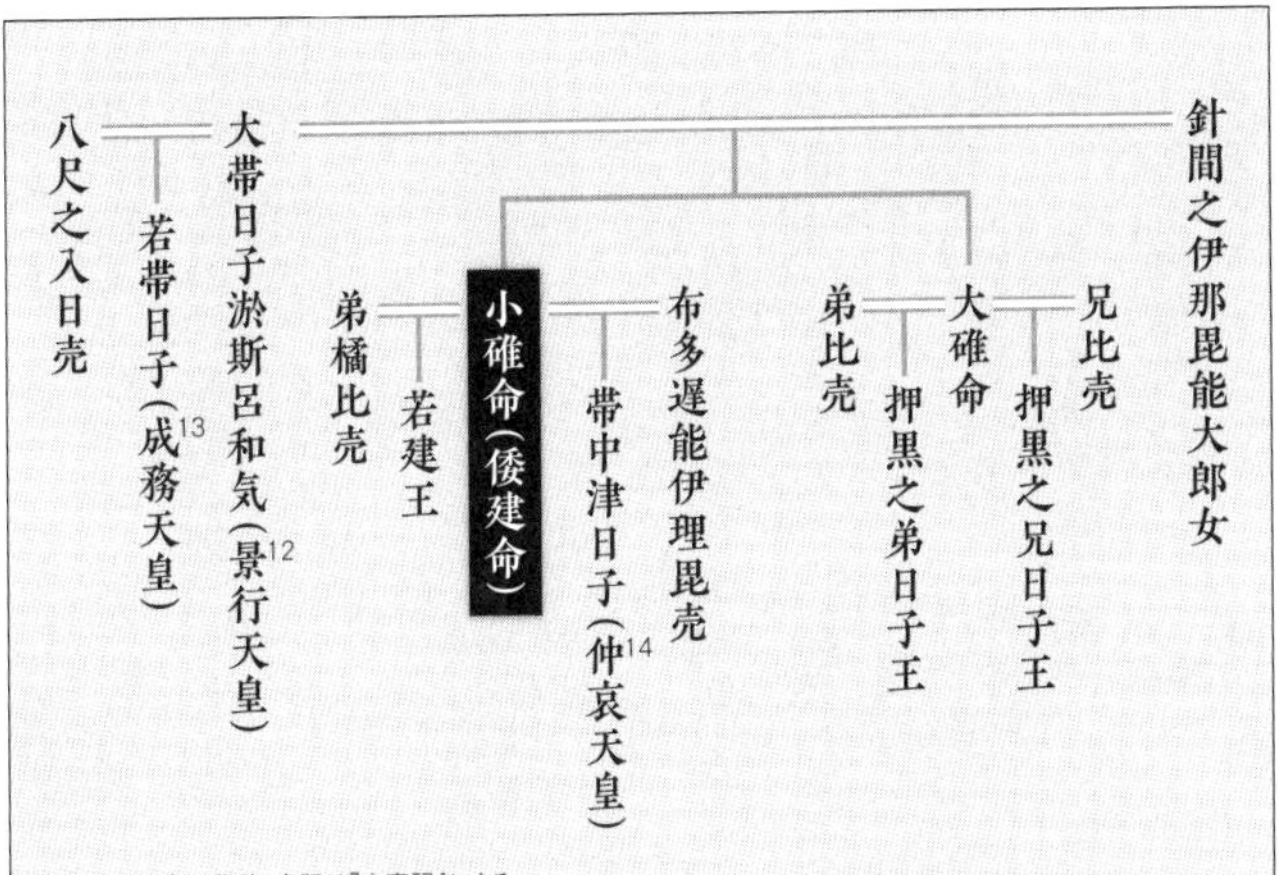
針間之伊那毘能大郎女
兄比売
押黒之兄日子王
大碓命
押黒之弟日子王
弟比売
布多遅能伊理毘売
帯中津日子（仲哀天皇）14
小碓命（倭建命）
若建王
弟橘比売
大帯日子淤斯呂和気（景行天皇）12
若帯日子（成務天皇）13
八尺之入日売
※数字は天皇の代数。表記は『古事記』による

国を平定した」ことなどをアピールしている。

　もちろん多少の誇張は含まれていようが、ヤマト王権がどのように勢力を拡大したのか、その一端をうかがうことができよう。

◆ヤマトタケル伝説

記紀神話における「ヤマトタケル伝説」もまた、ヤマト王権の全国統一の過程を伝えている。

　記紀によって描かれ方、遠征経路などは異なるが、『古事記』によると、粗暴な性格であった小碓命《おうすのみこと》は父景《けい》行《こう》天皇から疎んじられ、西の国の熊《くま》

ているが、讃については応神・仁徳・履中天皇の三説、珍については仁徳・反正天皇の二説がある。

曾建《そたける》兄弟の征討を命じられた。見事熊曾建兄弟を征討した小碓命は、弟の弟建《おとたける》から勇猛ぶりを称賛され、「ヤマトタケル」の名を献上される。

その後、山の神や河の神などを平定し、さらには出雲《いずも》国の出雲建《いずもたける》を征討して大和へと戻ったヤマトタケルだったが、息つく間もなく、今度は東方の国々の征討を命じられる。

ヤマトタケルは父から疎まれていることを嘆きながらも、東征して相模《さがみ》や甲斐《かい》、信濃《しなの》などを次々と平定。しかし帰途、伊吹山《いぶきやま》の神を怒らせてしまったがゆえに病となり、能煩野《のぼの》で病死したという。

このヤマトタケルの伝承は、あくまでも神話に過ぎない。しかし一連の物語は、ヤマト王権が何代にもわたって全国を平定していく歴史を暗示したものだという見方もある。

敵対勢力との間に繰り広げられた戦いの過程で、多くの将軍が活躍し、惜しくも亡くなっていった。その軍事行動をヤマトタケルという悲劇の人物に託してつくられたのが、この英雄譚だったのである。そして「建部《たけるべ》」という地方の軍事集団の氏族が物語を語り継いでいったといわれる。

❖ヤマトタケルの遠征ルート(『古事記』による)

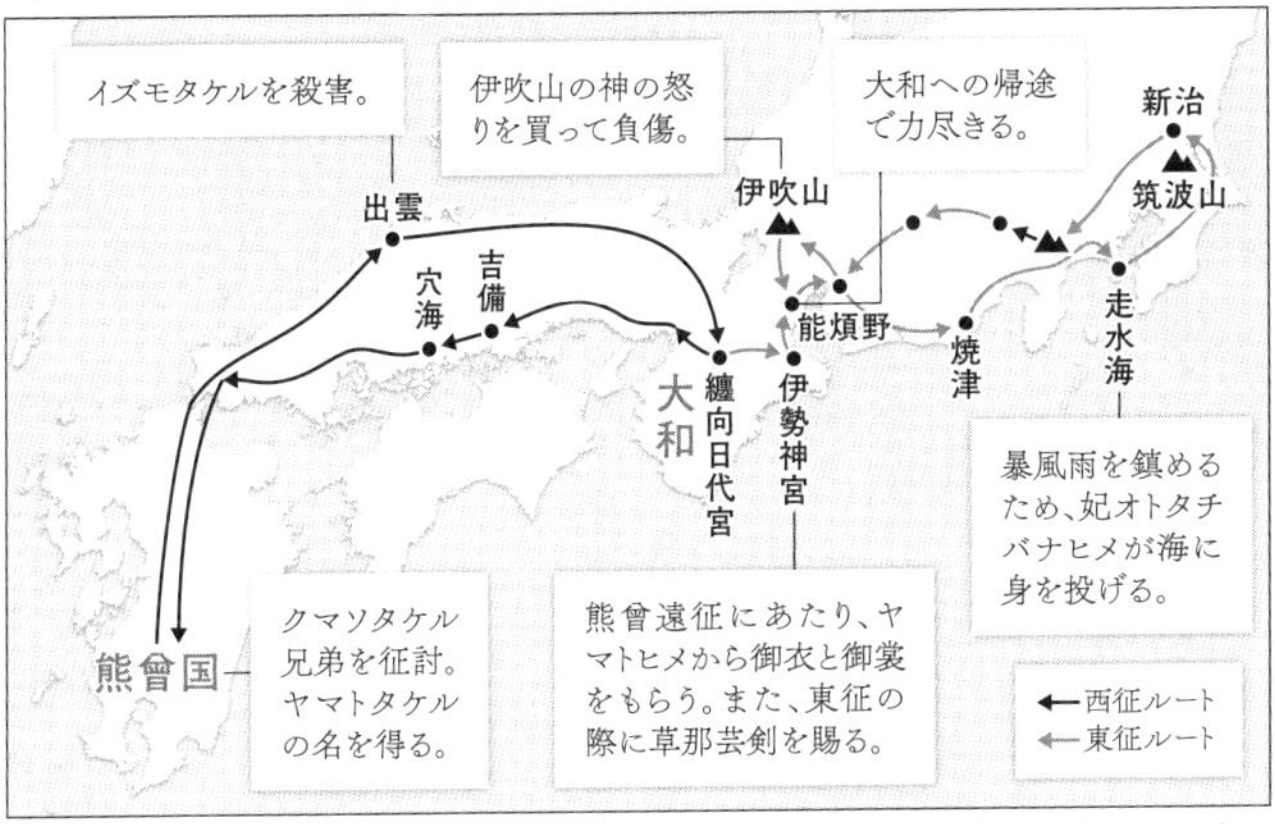

ヤマトタケルは父景行天皇の命を受け、九州から関東にかけての敵対勢力を平定した。

❖ヤマトタケルの遠征ルート(『日本書紀』による)

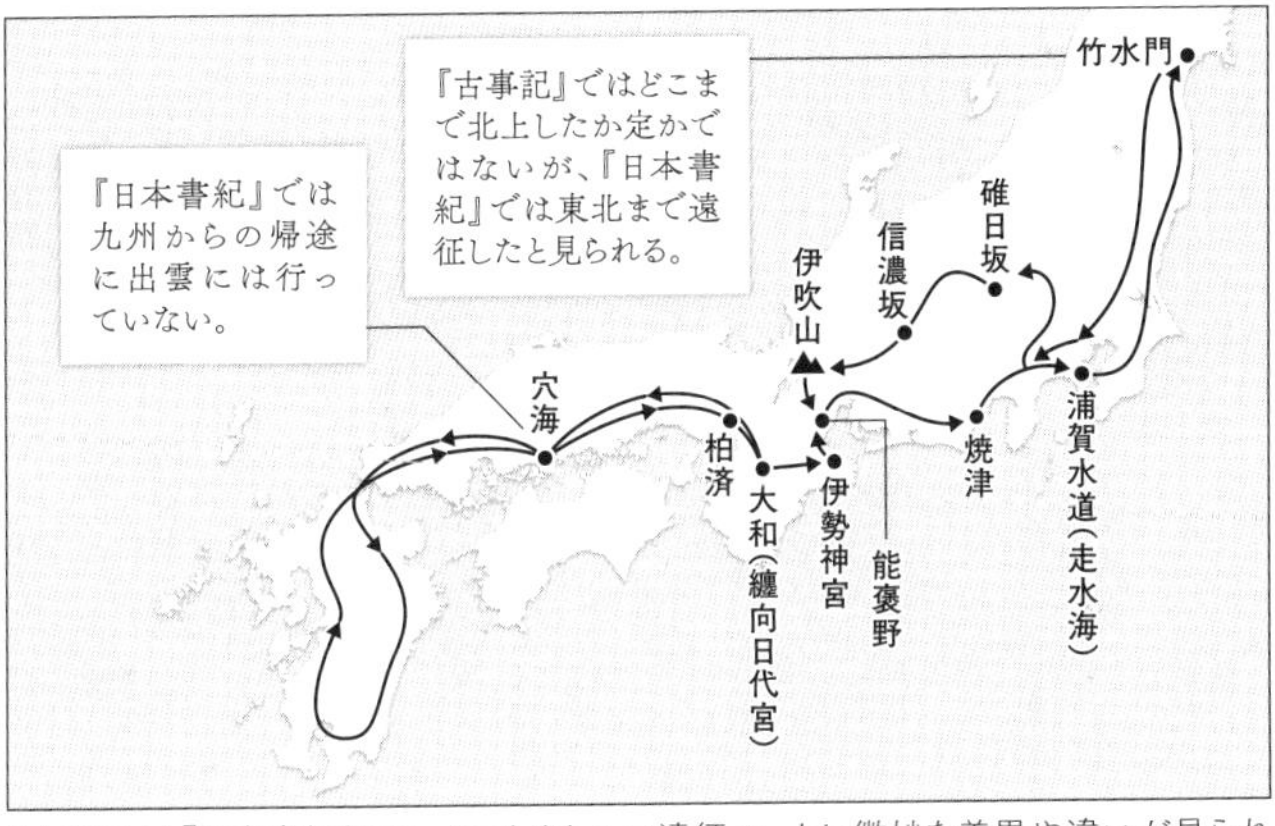

『占事記』と『日本書紀』では、ヤマトタケルの遠征ルートに微妙な差異や違いが見られる。

Column

律令国家が編成した軍団

●律令国家の軍団制

律令時代、国家は諸国に軍隊を設置した。これを軍団という。

軍防令《ぐんぼうりょう》によると、正丁《せいてい》（二十一歳から六十歳までの良民の成年男子）三人ごとに兵士を一人徴発していたというが、実際は正丁四人につき一兵士であったと考えられている。

軍団は千人の兵士で構成され、各軍団には長官として大毅《だいき》（一人）、次官として少毅《しょうき》（二人）、書記官として主帳《しゅちょう》（一人）、二百人の兵長として校尉《こうい》（五人）、百人の兵長として旅帥《りょすい》（十人）、五十人の兵長として隊正《たいしょう》（二十人）、十人の兵長として火長《かちょう》が置かれた。これは古代中国の軍団制の模倣であるとされるが、当時、極めて系統立った統率機構が整備されていた様子がうかがえる。

これらの軍団は、平時には兵士の訓練や諸任務にあたり、戦時には征討軍の主力として活躍した。

養老三年（七一九）には軍団の数の見直しが行なわれ、軍団は「兵士五百人以下」「六百～九百人」「千人」の三つの部隊に大別され、また軍団の統率者（軍毅《ぐんき》）も「毅一人」「大毅一人と少毅一人」「大毅一人と少毅二人」と三つに区分されることとなった。

軍毅は国司の指揮のもと、軍団を率いる大役であったことから、国内の六位以上の者、勲位のある者、武芸の優れた者から任命されるよう規定が定められていた。しかし現実的には、郡司など地方豪族の一族・近親者が任用されるというのが実態だったようである。

●「衛士」と「防人」

兵士は本籍に近い軍団に所属するのが基本であったが、なかには都に出向し、一年間、宮城の警護にあたる者（衛士《えじ》）や、九州に派遣され、三年間、辺境の防備についた者（防人《さきもり》）もいた。

防人は当初、東海道や東山道など東国の兵士が任じられたが、東国の農民の疲弊が甚だしいなどの理由により、天平宝字元年（七五七）には西海道七国の兵士千人が防人の任務につくように改められている。

第一章

中央集権国家の形成と仁義なき勢力争い

【古墳～飛鳥時代】

四～五世紀
朝鮮出兵

碑文が伝える古代日朝関係

◆同盟の証として贈られた七支刀

前述のように、中国の史書には四世紀から五世紀初頭にかけての倭国の動向を伝える記述はない。だが、「七支刀銘文《しちしとうめいぶん》」や「広開土王碑文《こうかいどおうひぶん》」などの史料を紐解くと、当時、倭国が朝鮮半島へ進出していた様子が浮かび上がってくる。

この時代、朝鮮半島は高句麗《こうくり》、百済《くだら》、新羅《しらぎ》という三国鼎立の時代を迎えていた。それに加えて南部には、小国が分立した加耶《かや》（加羅《から》）諸国があった。

四世紀後半になると、高句麗が南下政策を推進し、百済や新羅、加耶諸国に軍事的圧力を加えるようになる。百済はこれに対抗するため、倭国と同盟を締結しようともくろんだ。この同盟の証として百済王から倭王に贈られたのが、七支刀である。

現在、石上神宮《いそのかみ》に伝わる七支刀は全長約七十五センチメートルの鉄刀で、刀身に

❖4世紀末の朝鮮半島情勢

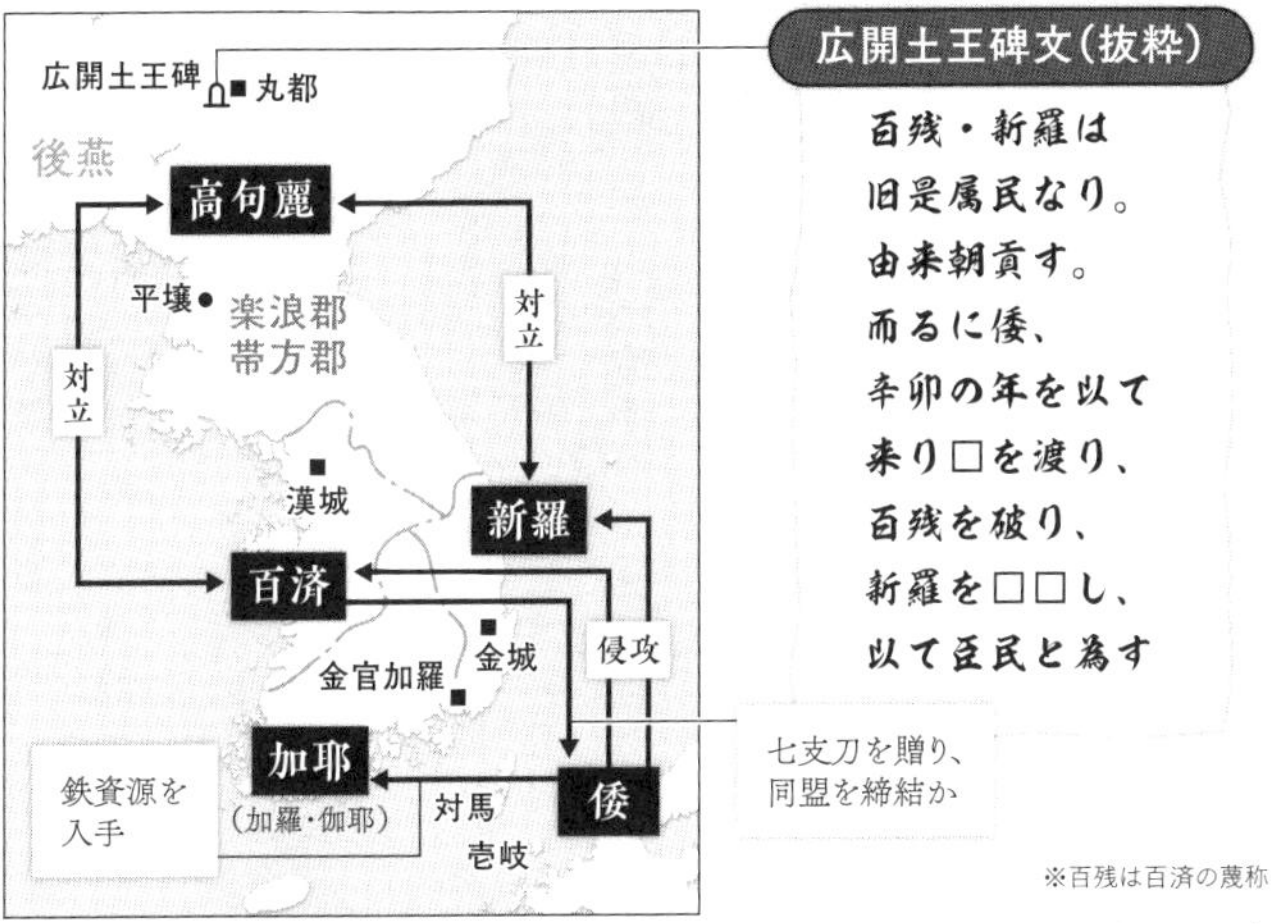

414年に建てられた広開土王碑によると、4世紀末、倭国は朝鮮半島に進出して百済と新羅を臣民としたという。

刻まれた銘文によると、三六九年（推定）に制作されたものだという。『日本書紀』神功《じんぐう》皇后五十二年条（三七二年と推定）の記事にも、「百済の使者が七枝刀《ななつのさやのたち》（七支刀か）と七《ななつ》子《この》（鈴）鏡《かがみ》を献上した」とある。

高句麗と百済は激しい戦いを繰り広げたが、三七一年の戦いでは百済軍が高句麗領の平壌《へいじょう》にまで攻め込み、高句麗王・故国原王《ここくげんおう》を討ち取るという大勝利を収めた。戦後、百済は高句麗の反撃に備えて都を漢城《かんじょう》（現在のソウル付近）に遷した。そして戦勝を祝して倭国に七支刀を贈ったと考えられる。

◆倭・百済連合軍対高句麗軍

広開土王碑文は高句麗十九代好太王《こうたいおう》（広開土王・在位三九一〜四一二年）の業績を称えるもので、四一四年、広開土王の子・長寿王《ちょうじゅおう》によって現在の中国吉林省《きつりん》集安《しゅうあん》市に建てられた。碑文は全一七七五字に及び、そこには倭国が断続的に高句麗と戦った様子が記されている。

碑文によると、三九一年（辛卯《しんぼう》年）、倭国は朝鮮半島に進出し、百済と新羅を「臣民下」に置いた。三九六年には高句麗軍が百済の都を落として百済に服属を誓わせたが、百済は倭国に王子を人質として送ることで同盟関係を強化。三九九年、倭軍とともに新羅へ侵攻し、新羅城などを占領した。だが四〇〇年、倭・百済連合軍は高句麗が新羅に派遣した五万もの援軍の前に敗北。加耶の従抜《じゅうばつ》城まで追撃された。四〇四年にも、倭軍は帯方《たいほう》郡故地にまで侵攻したが、高句麗軍相手に大敗を喫した。

このように、四世紀の倭国は百済や加耶諸国と手を結んで朝鮮半島に出兵し、高句麗と対峙していたことがわかるが、なぜ倭国は朝鮮半島にこだわったのか。それは、鉄資源の入手ルートを確保するためだったと考えられる。また、朝鮮半島南部における軍事権の獲得を図ったと思われるが、倭国のもくろみは失敗に終わった。

❖倭国軍の朝鮮出兵要図（5世紀）

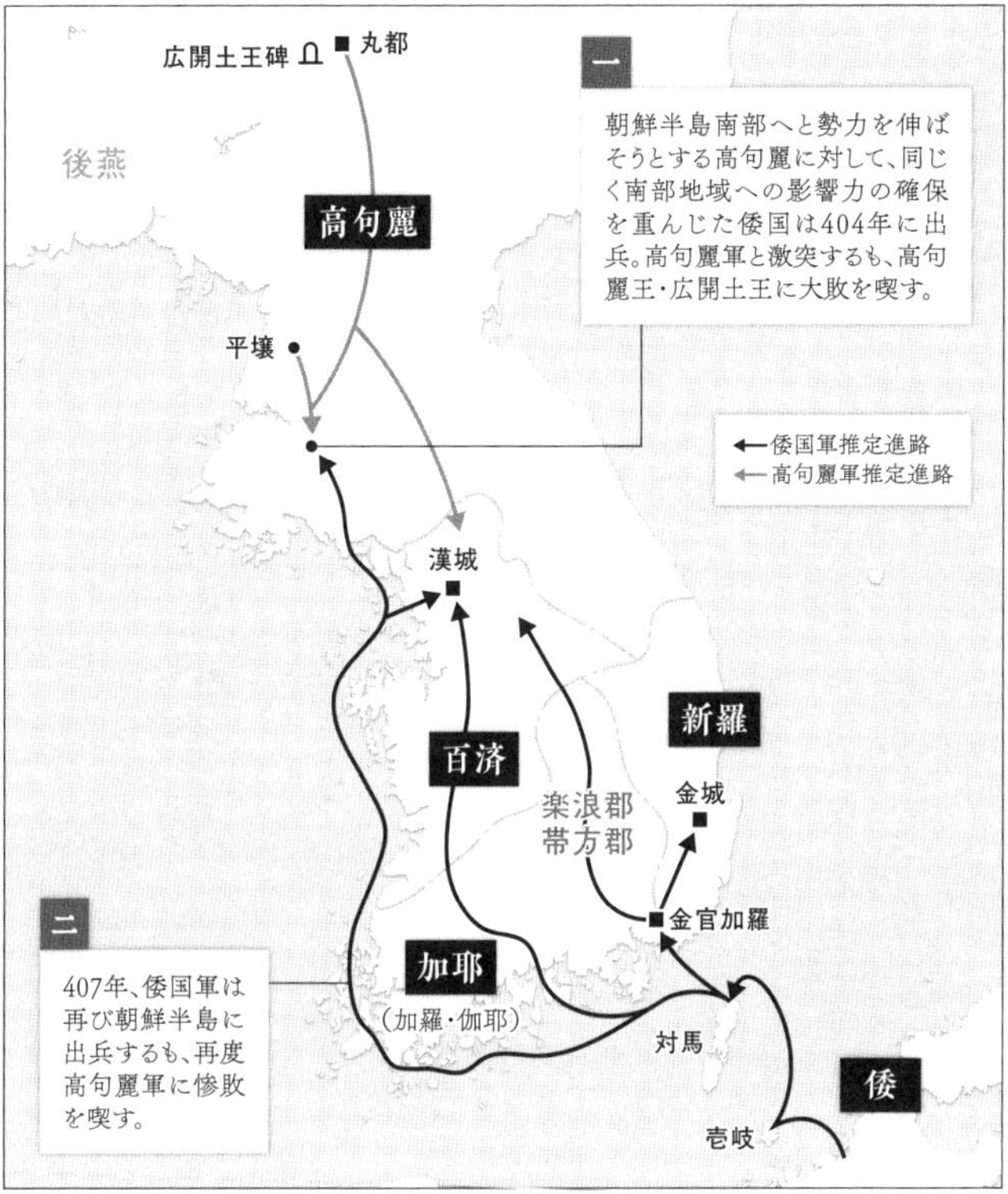
広開土王碑
丸都
一
朝鮮半島南部へと勢力を伸ばそうとする高句麗に対して、同じく南部地域への影響力の確保を重んじた倭国は404年に出兵。高句麗軍と激突するも、高句麗王・広開土王に大敗を喫す。
後燕
高句麗
平壌
倭国軍推定進路
高句麗軍推定進路
漢城
新羅
百済
楽浪郡
帯方郡
金城
金官加羅
二
407年、倭国軍は再び朝鮮半島に出兵するも、再度高句麗軍に惨敗を喫す。
加耶
（加羅・伽耶）
対馬
倭
壱岐

5世紀初頭、朝鮮半島南部の権益を守るため、2度にわたり朝鮮遠征を敢行した倭国だったが、いずれも高句麗軍に大敗を喫した。

大和から河内へ――古墳の移動は何を示すか

四世紀後半
忍熊王の乱

◆王権内部の勢力争い

四世紀後半になると、大王《おおきみ》の墓と考えられている大規模な前方後円墳が奈良盆地南部から北部の佐紀《さき》へ移動（佐紀古墳群）。五世紀に入ると、大阪平野南部の河内地方へと移る（古市《ふるいち》・百舌鳥《もず》古墳群）。古墳群の所在地は王権の中心地と考えられることから、これをもって王権が大和から河内へ移行したとする説がある。※この場合の初代大王は十五代応神《おうじん》天皇とされる。

実際、当時ヤマト王権内では政治の主導権を握る抗争が勃発していた。記紀によると、十四代仲哀《ちゅうあい》天皇と大中比売命《おおなかつひめのみこと》（仲哀の叔父大江王《おおえのきみ》の娘）の間に産まれた忍熊《おしくまの》王《みこ》が同母兄の香坂王《かごさか》（『日本書紀』では麛坂皇子《かごさか》）とともに軍を率い、新羅征討後に筑紫から大和へ凱旋してきた神功皇后と品陀和気命《ほむだわけのみこと》（『紀』では誉田別皇子。のちの

※「ヤマト王権が河内の勢力を包括し、朝鮮半島や中国との通交に便利な地域へ移った」、「ヤマト王権が淀川流

❖忍熊王の乱要図

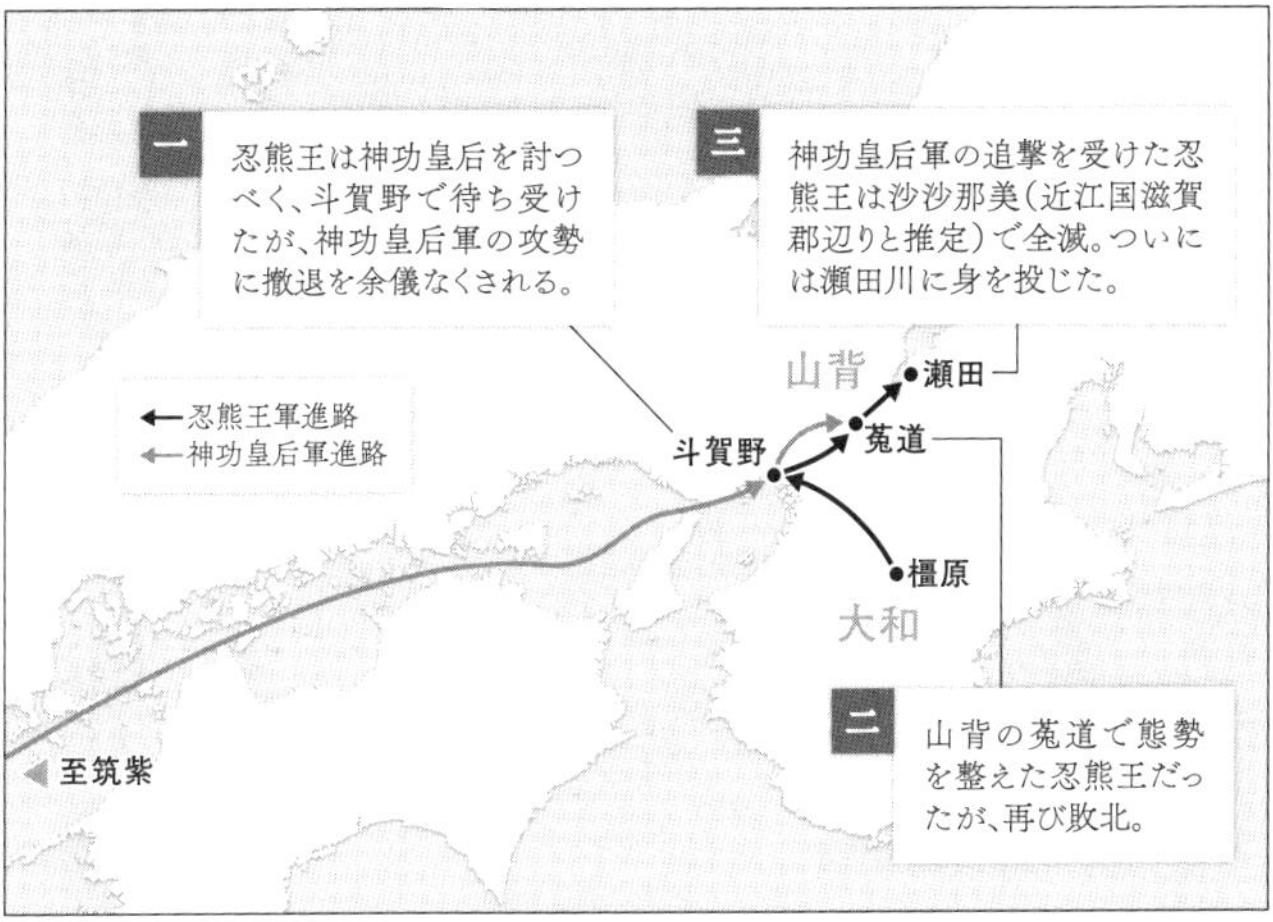
一
忍熊王は神功皇后を討つべく、斗賀野で待ち受けたが、神功皇后軍の攻勢に撤退を余儀なくされる。
三
神功皇后軍の追撃を受けた忍熊王は沙沙那美（近江国滋賀郡辺りと推定）で全滅。ついには瀬田川に身を投じた。
二
山背の菟道で態勢を整えた忍熊王だったが、再び敗北。
←忍熊王軍進路
←神功皇后軍進路
山背
瀬田
菟道
斗賀野
橿原
大和
至筑紫

神功皇后の子・品陀和気命の即位を防ぐべく、神功皇后軍と戦った忍熊王だったが、あえなく敗北した。

応神《おうじん》天皇）を斗賀野《とがの》（現在の神戸市。大阪市北区ともいわれる）で討とうとしたという。しかし忍熊王は皇后方の将軍・難波根子建振熊命《なにわねこたけふるくまのみこと》に敗れ、瀬田川に身を投じて最期を遂げた。

この戦いの背景については諸説唱えられているが、皇后方の建振熊命が大和盆地北東部に勢力を張る和珥《わに》氏の祖にあたることから、大和の有力豪族を自陣へ引き入れた神功皇后と応神天皇がヤマト王権の代表である忍熊王を打倒し、王権内における実権を掌握、政治の中枢を大和から河内へ移したと考えることもできる。

域に勢力を広げるべく、流域に勢力圏を持つ有力豪族と婚姻関係を結んだが、やがて王位を巡って外戚同士が争うようになり、結果、河内に新天地を求めた」などともいわれる。

吉備地方で独自の勢力を築いた豪族による動乱

五世紀
吉備氏の反乱

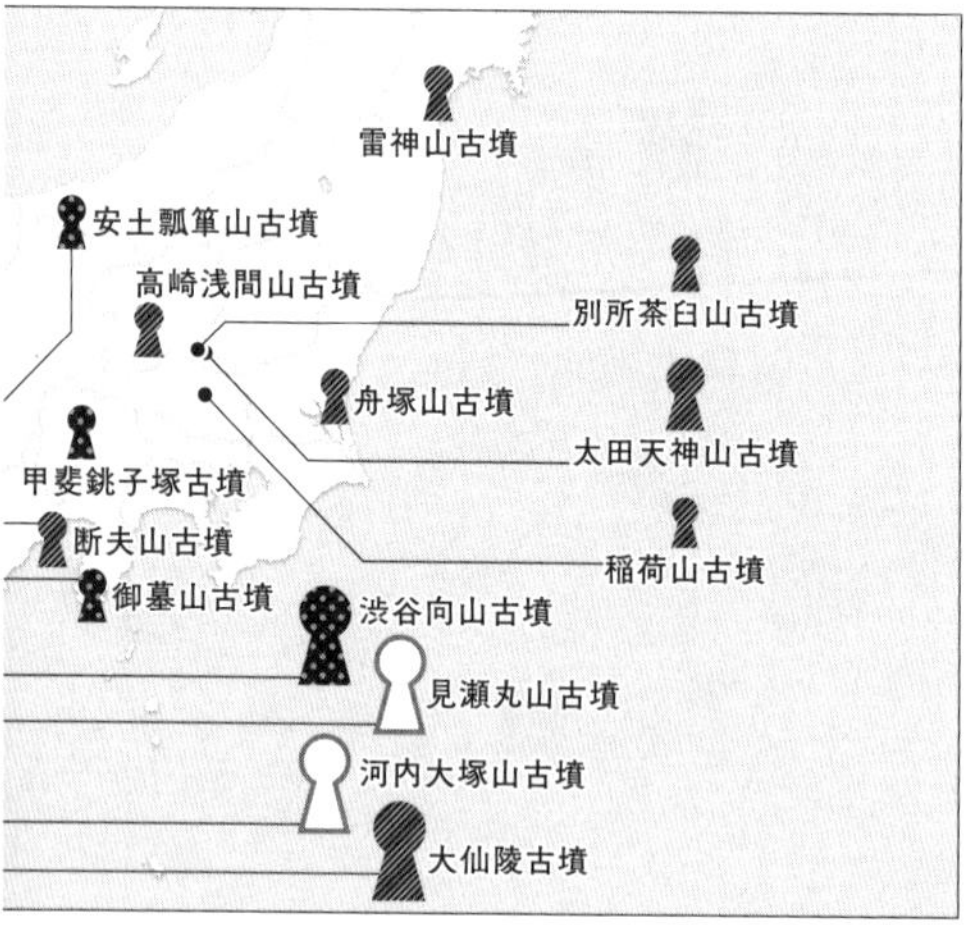
雷神山古墳
安土瓢箪山古墳
高崎浅間山古墳
別所茶臼山古墳
舟塚山古墳
太田天神山古墳
甲斐銚子塚古墳
断夫山古墳
稲荷山古墳
御墓山古墳
渋谷向山古墳
見瀬丸山古墳
河内大塚山古墳
大仙陵古墳

◆吉備氏の反乱伝承

五世紀頃、ヤマト王権の勢力は関東から九州北部にまで及んでいたといわれる。それを裏づけるのが、稲荷山《いなりやま》古墳（埼玉県）と江田船山《えたふなやま》古墳（熊本県）から出土した鉄剣である。それぞれ雄略《ゆうりゃく》天皇を示す「獲《わ》加多支鹵《かたける》大王」の文字が刻まれており、雄略天皇から地方の豪族に下賜されたものだと考えられている。

❖主な前方後円墳の分布図

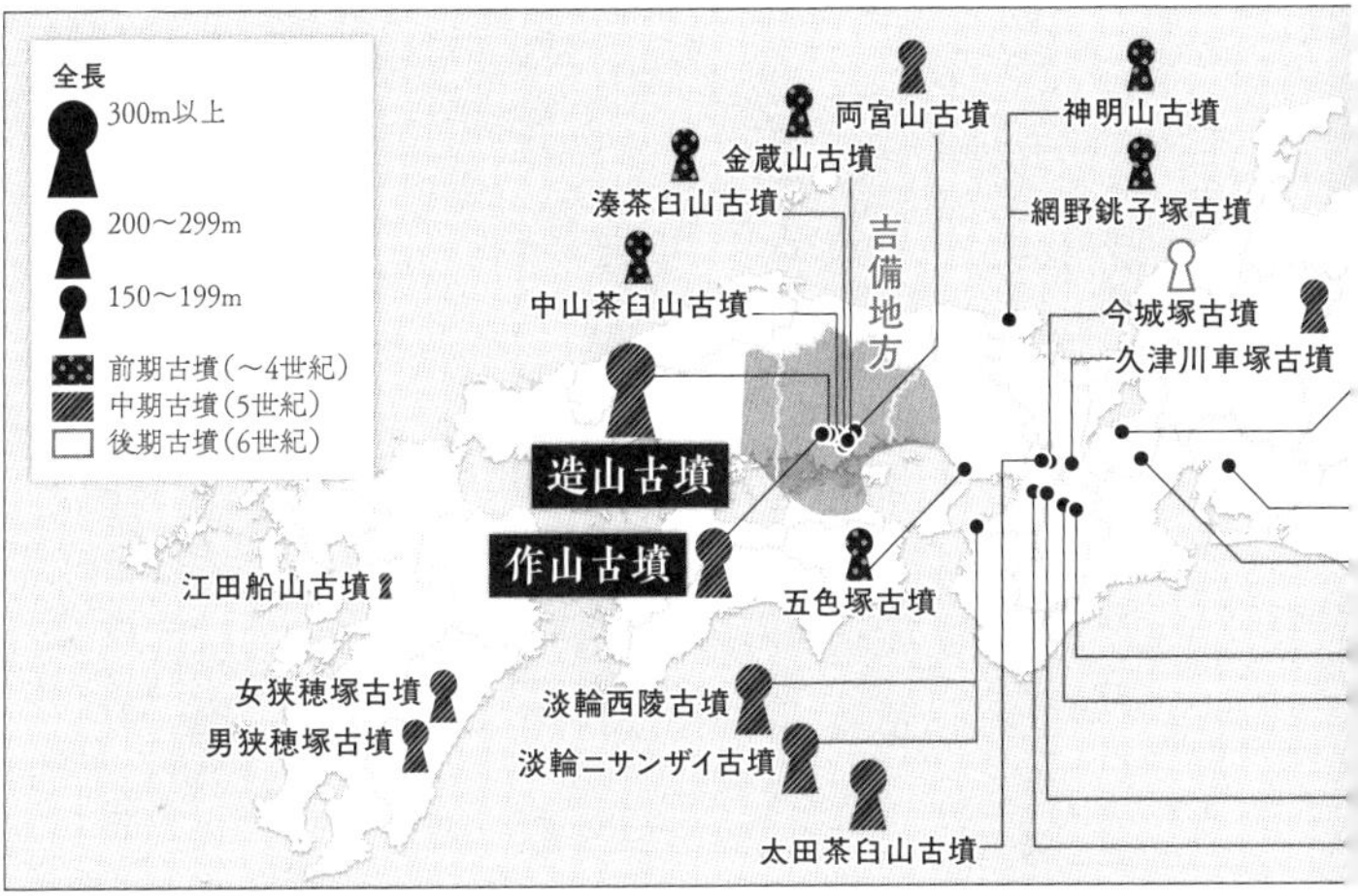
全長
300m以上
200〜299m
150〜199m
前期古墳（〜4世紀）
中期古墳（5世紀）
後期古墳（6世紀）
吉備地方
両宮山古墳
神明山古墳
金蔵山古墳
網野銚子塚古墳
湊茶臼山古墳
中山茶臼山古墳
今城塚古墳
久津川車塚古墳
造山古墳
作山古墳
江田船山古墳
五色塚古墳
女狭穂塚古墳
男狭穂塚古墳
淡輪西陵古墳
淡輪ニサンザイ古墳
太田茶臼山古墳

3世紀末以降、大和地方を中心として大規模な前方後円墳が各地で築かれていった。これはヤマト王権を盟主とする広域の政治連合の形成を示すと考えられている。

ところが、いまだヤマト王権に従わない勢力もあった。吉備《きび》地方（現在の岡山県）を本拠とした吉備氏である。『日本書紀』には、雄略天皇の治世下にあたる五世紀後半、吉備地方の有力首長がヤマト王権に対して三度、反乱を起こしたという伝承が記されている。

第一は、雄略天皇七年（四六三）八月条の吉備下道臣前津屋《きびのしもつみちのおみさきつや》の反乱である。天皇の宮廷に官者《とねり》として仕えていた吉備弓削部虚空《ゆげべのおおぞら》が、前津屋が天皇を呪詛していると密告。これに怒った天皇は軍勢を派遣し、前津屋とその一族七十人を皆殺しにした。

第二は、雄略天皇七年是歳条の吉備上道臣田狭《かみつみちのおみたさ》の反乱である。妻・稚媛《わかひめ》を天皇に奪われた田狭は子の弟君《おときみ》と朝鮮半島南部で謀反を企てるも、これを知った弟君の妻・樟媛《くすひめ》が夫を殺して計画を未然に阻止した。

第三は、清寧《せいねい》天皇即位前紀（四七九）八月条の星川皇子《ほしかわのみこ》の変である。雄略天皇は晩年に清寧天皇を次期大王に指名したが、雄略と稚媛の子・星川皇子が大王位の簒奪をもくろんだ。しかし雄略から後事を託されていた大伴室屋大連《おおとものむろやのおおむらじ》と東漢掬直《やまとのあやのつかのあたい》が軍勢を率いてこれを制圧。応援にかけつけた吉備上道臣の一族も処罰し、彼らが支配する山部を奪った。

◈二つの巨大古墳が示す吉備氏の勢力

これら吉備の反乱伝承については信憑性に疑問が持たれるところであるが、当時の吉備地方がヤマト王権に対抗しうるだけの勢力を有していたことは確かである。それを示唆するのが、岡山県にある造山《つくりやま》古墳・作山《つくりやま》古墳という二つの超巨大前方後円墳の存在だ。前者は全長三百六十メートル、後者は全長二百八十六メートルもあり、河内地方の巨大古墳に匹敵する規模を誇る。

❖吉備地方の反乱伝承

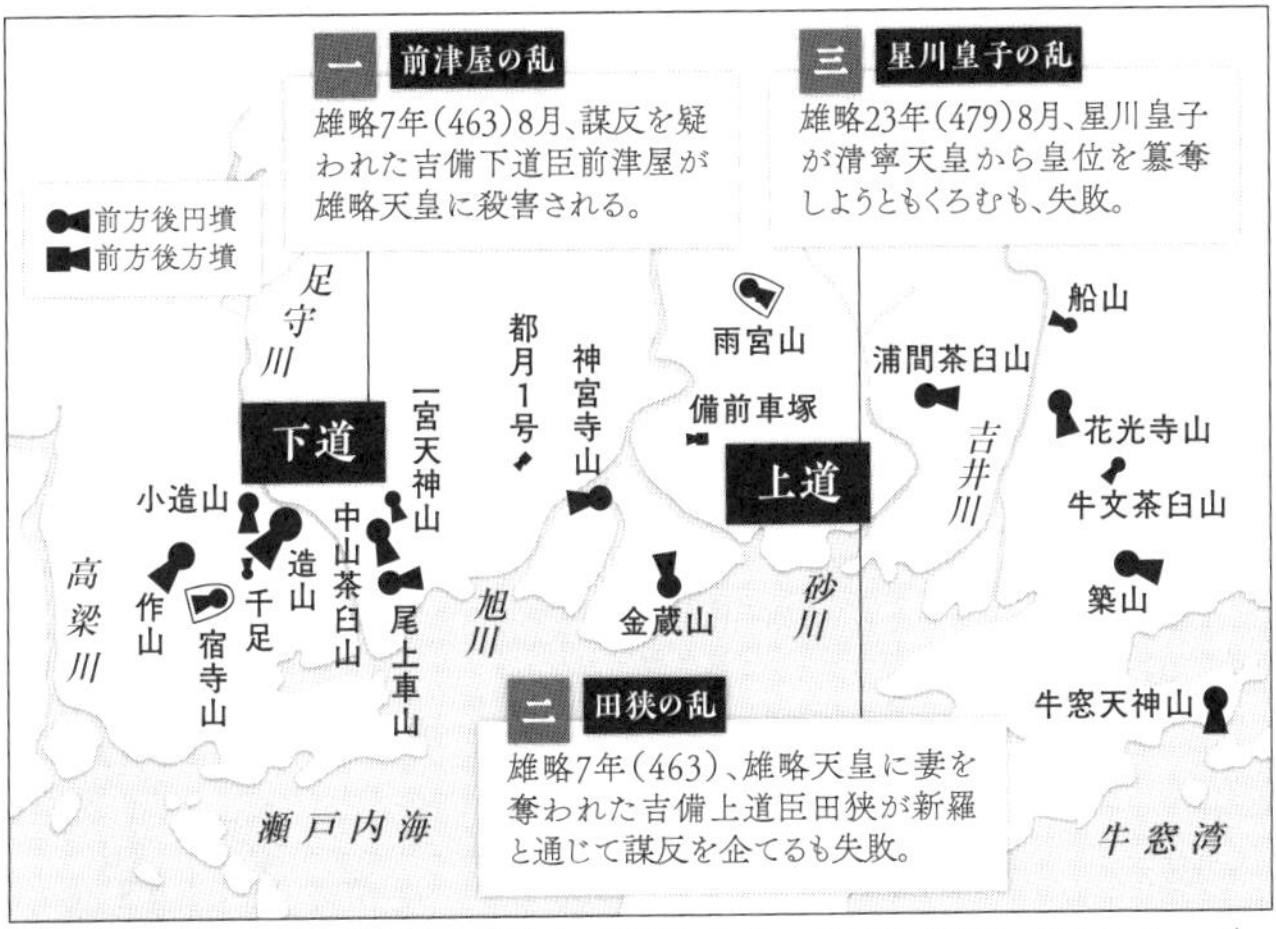
一 前津屋の乱
雄略7年(463)8月、謀反を疑われた吉備下道臣前津屋が雄略天皇に殺害される。
三 星川皇子の乱
雄略23年(479)8月、星川皇子が清寧天皇から皇位を簒奪しようともくろむも、失敗。
前方後円墳
前方後方墳
足守川
下道
上道
都月1号
神宮寺山
雨宮山
備前車塚
浦間茶臼山
船山
花光寺山
牛文茶臼山
吉井川
一宮天神山
小造山
造山
中山茶臼山
尾上車山
千足
作山
宿寺山
高梁川
旭川
金蔵山
砂川
築山
牛窓天神山
二 田狭の乱
雄略7年(463)、雄略天皇に妻を奪われた吉備上道臣田狭が新羅と通じて謀反を企てるも失敗。
瀬戸内海
牛窓湾

『日本書紀』によると、5世紀、吉備地方で3度にわたって反乱が起こったという。一方、反乱ではなく「抗争」だったという説も唱えられている。

古来、吉備は鉄と塩と農産物の生産により、大きな富を築いていた。また、吉備地方の古墳からは馬型帯《たい》鉤《こう》や加耶系の陶質土器といった副葬品が出土しており、朝鮮半島との交流も盛んだったのではないかと見られている。

これに対してヤマト王権は吉備一族との婚姻関係を通じて結びつきの強化を図ったが、吉備氏は王権による支配を潔しとせずに大王と対立。「反乱」というよりも「抗争」の道を選択したのであろう。結果、最終的に戦いに敗れた吉備氏はヤマト王権に組み込まれることになった。

古代史上最大の反乱！筑紫君が朝廷に牙をむく

五二七年
磐井の乱

◆窮地に陥る加耶諸国

雄略天皇の没後、王位は清寧、顕宗《けんぞう》、仁賢《にんけん》、武烈《ぶれつ》と続いたが、武烈が子を成さないまま崩御したことで政権は混乱に陥った。このとき、大連・大伴金村《おおとものかなむら》らが白羽の矢を立てたのが、応神天皇の五世孫で、越国《こしのくに》にいた男大迹王《おおど》だった。こうして五〇七年、男大迹王は河内国樟葉宮《くすはのみや》で即位し、継体《けいたい》天皇となった。※1 時に五十七歳であった。

ところが継体天皇はその後すぐには大和に向かうことができず、ようやく大和磐余《いわれ》宮に入ったのは五二六年のことだったという。一説に、即位に反対する大和の豪族勢力による抵抗が強かったためだといわれるが、真相は定かではない。

一方この時代、朝鮮半島ではヤマト王権と深い交流のあった加耶諸国が窮地に陥っていた。百済と新羅が同盟を締結して高句麗に対抗しつつ、それぞれが領土拡張を図っ

※1 継体天皇は王統の正当性を確保すべく、仁賢天皇の娘・手白香皇女を皇后としている。

ヤマト王権の氏姓制度

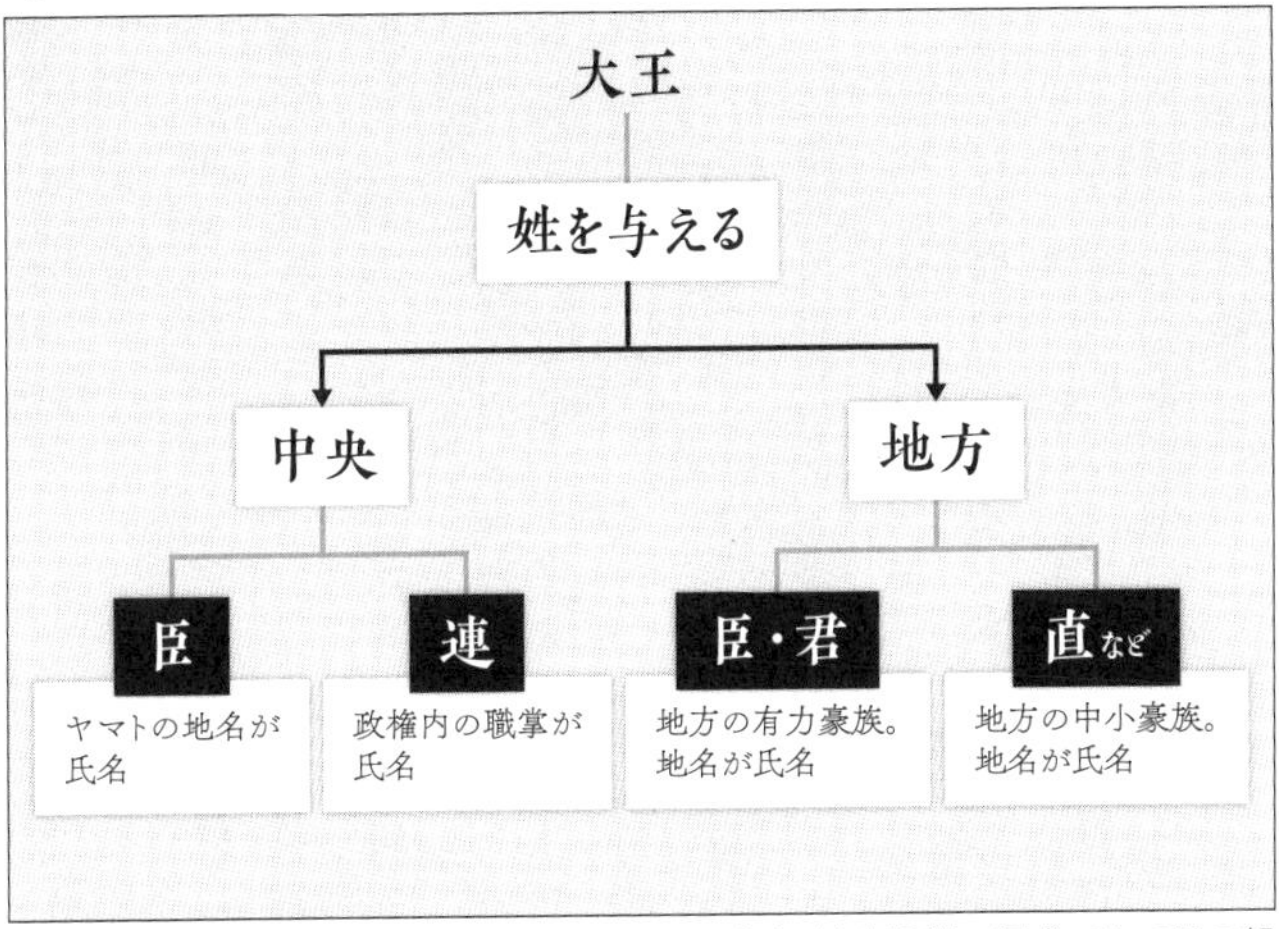

大王は豪族を血縁関係などに基づいて氏という政治・社会組織に編成。そして氏の朝廷内における地位や職掌に応じて姓を与え、一定の身分秩序を生み出した。

て南進策を推進したためである。『日本書紀』によると、五一二年、金村は百済の要求に応じて加耶四県（上哆唎《おこしたり》・下哆唎《あろしたり》・娑陀《さだ》・牟婁《むろ》。現在の全羅南道《ぜんらなんどう》に相当する地域と推定）を「割譲」※2した。さらに翌年には、己汶《こもん》・帯沙《たさ》（蟾津江《せんしんこう》中・下流域）の地も百済に下賜している。これには百済を通じて新羅の南下を防ぐというもくろみがあったが、北部加耶地域の大加耶が新羅と婚姻関係を結び、五二四年には新羅とともに金官《きんかん》国（現在の金海付近）に侵攻するなど、結果的に加耶の離反を招く始末に終わった。

※2　現在は当地を日本が直轄地としていたとする見方はほぼ否定されており、「割譲」というよりも、百済の支配を「承認」したと考えられるようになっている。

◆磐井が反乱を起こす

五二七年、継体はこうした半島情勢の打開を図るべく、近江毛野臣《おうみのけののおみ》に六万の軍を与えて朝鮮半島に派遣した。しかし、新羅と通じた筑紫君磐井《つくしのきみのいわい》が決起。火《ひ》（肥前・肥後）、豊《とよ》（豊前・豊後）を勢力下に収め、高句麗・百済・新羅・加耶からの朝貢船を自領に誘致して毛野軍の進路を遮るという事件が勃発した（磐井の乱）。

『筑後国風土記』によると、当時、磐井は筑紫地方の行政・裁判権を有するなど独自の勢力を築いていたという。もともと北部九州地域は独立性が高く、古くから半島との通交が盛んに行なわれていた。継体天皇の即位で王権が動揺する中、磐井を中心とした北部九州の豪族らが連合して自立をもくろんだのであろう。

これに対して継体は乱を鎮圧すべく、大連・物部麁鹿火《もののべのあらかひ》を派遣した。その後、『日本書紀』には戦いの詳細を示す記事が見えなくなるが、五二八年十一月、麁鹿火は筑紫国御井《みい》郡で磐井軍と激突。激しい戦いの末に磐井を討ち、乱を平定した。※2

戦後、磐井の子・葛子《くずこ》は許しを請うべく、継体に糟屋屯倉《かすやのみやけ》を献上した。これがのちの天皇直轄領である屯倉制の契機となったといい、ヤマト王権による地方支配が一層強化されることとなった。

※2 福岡県の岩戸山古墳が磐井の墓だと考えられている。

❖磐井の乱要図

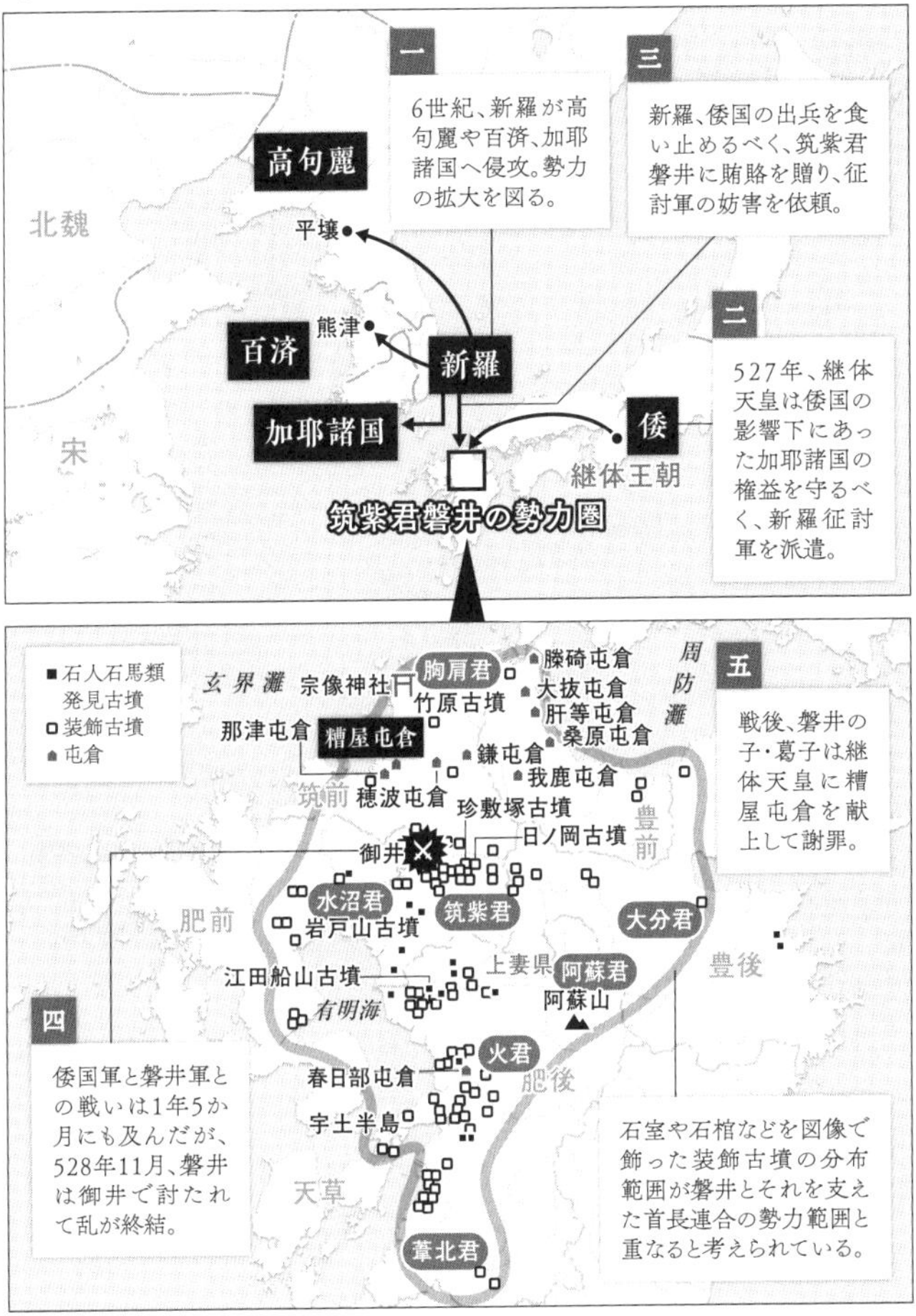
一
6世紀、新羅が高句麗や百済、加耶諸国へ侵攻。勢力の拡大を図る。
三
新羅、倭国の出兵を食い止めるべく、筑紫君磐井に賄賂を贈り、征討軍の妨害を依頼。
二
527年、継体天皇は倭国の影響下にあった加耶諸国の権益を守るべく、新羅征討軍を派遣。
高句麗
北魏
平壌
熊津
百済
新羅
加耶諸国
宋
倭
継体王朝
筑紫君磐井の勢力圏
■石人石馬類発見古墳
□装飾古墳
屯倉
玄界灘
宗像神社
胸肩君
竹原古墳
那津屯倉
糟屋屯倉
膝碕屯倉
大抜屯倉
肝等屯倉
桑原屯倉
鎌屯倉
我鹿屯倉
周防灘
五
戦後、磐井の子・葛子は継体天皇に糟屋屯倉を献上して謝罪。
筑前
穂波屯倉
珍敷塚古墳
日ノ岡古墳
豊前
御井
水沼君
筑紫君
肥前
岩戸山古墳
大分君
豊後
上妻県
阿蘇君
江田船山古墳
有明海
阿蘇山
四
倭国軍と磐井軍との戦いは1年5か月にも及んだが、528年11月、磐井は御井で討たれて乱が終結。
火君
春日部屯倉
肥後
宇土半島
天草
葦北君
石室や石棺などを図像で飾った装飾古墳の分布範囲が磐井とそれを支えた首長連合の勢力範囲と重なると考えられている。

磐井の乱平定後、ヤマト王権は九州の支配体制を強化し、王権の版図に組み込んだ。

加耶諸国の滅亡、失敗に終わった半島政策

五五六年
新羅遠征

◆新羅征討軍の派遣

磐井の乱後、継体天皇は改めて新羅征討軍を派遣したが失敗に終わり、五三一年、志半ばのまま崩御する。その後、記紀によると、王権は安閑《あんかん》、宣化《せんか》と続き、五三九年、欽明《きんめい》天皇が即位した。※

新羅によって加耶諸国の領土が侵食される中、五四〇年、加耶の復興をもくろんだ欽明は百済と連携して「任那日本府《みまなにほんふ》」を設置した。

この任那日本府について、一九七〇年代までは倭国が朝鮮半島南部を支配する拠点だったとする見方が強かったが、近年は否定されている。「任那」という言葉も、朝鮮半島側の文献にはほとんど見られない。ただし、古くから倭国と加耶諸国との交流は密に行なわれており、先進文化国である百済、さらには東アジアの盟主であった中

※欽明天皇の即位年を『上宮聖徳法王帝説』は継体天皇の崩御年としている。記紀に記載された年代とズレが生じていることから、継体の崩御後、王権は安閑・宣

国とつながるためのパイプとして、加耶諸国の複数の場所に外交案件の処理を行なう出先機関を置いていた可能性は十分に考えられる。だが新羅はその後も勢力を拡張し続け、五五四年には百済を破って時の聖《せい》明《めい》王を処刑した。五五六年、欽明は新羅征討軍を派遣したが、新羅軍を撃ち破ることはできなかった。そして五六二年、新羅の侵攻により加耶は滅亡。こうして半島におけるヤマト王権の影響力は失われていったのである。

❖ 欽明天皇の新羅遠征要図

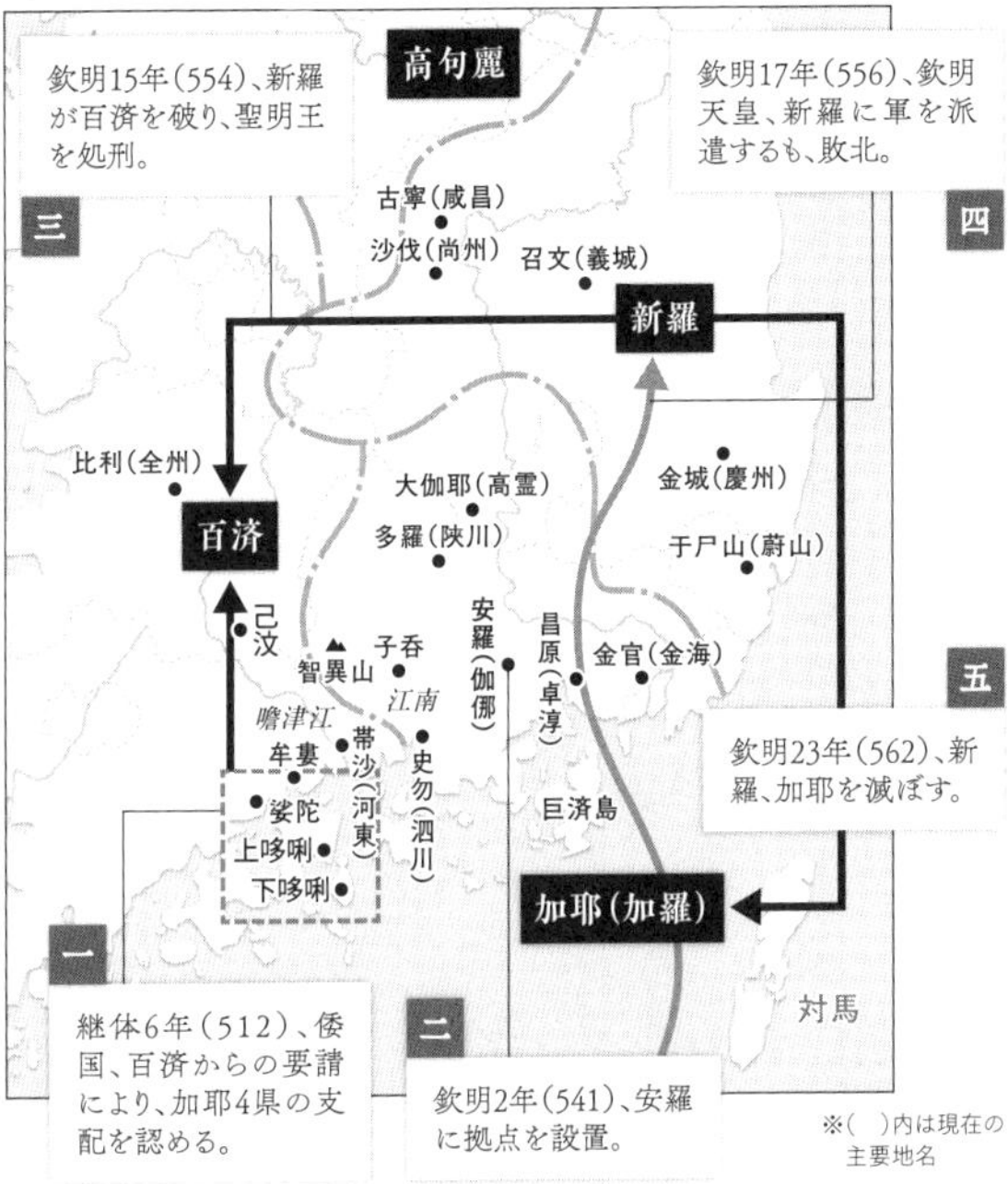
高句麗
新羅
百済
加耶（加羅）
欽明15年（554）、新羅が百済を破り、聖明王を処刑。
欽明17年（556）、欽明天皇、新羅に軍を派遣するも、敗北。
欽明23年（562）、新羅、加耶を滅ぼす。
継体6年（512）、倭国、百済からの要請により、加耶4県の支配を認める。
欽明2年（541）、安羅に拠点を設置。
一
二
三
四
五
古寧（咸昌）
沙伐（尚州）
召文（義城）
比利（全州）
大伽耶（高霊）
多羅（陜川）
金城（慶州）
于尸山（蔚山）
己汶
智異山
子呑
安羅（伽倻）
昌原（卓淳）
金官（金海）
江南
蟾津江
帯沙（河東）
史勿（泗川）
牟婁
娑陀
上哆唎
下哆唎
巨済島
対馬
※（　）内は現在の主要地名

欽明天皇の時代、倭国は新羅の加耶への侵攻を防ぐべく遠征軍を派遣したが、敗北を喫し、朝鮮半島における権益を失うこととなった。

化勢力と欽明勢力に分立し、五三九年、欽明の王権に統一されたとする説がある。また、現在宮内庁が治定している継体天皇陵については、年代が合っていないという指摘が研究者より出ている。

蘇我氏が物部氏を排除し政治の実権を掌握

丁未の変
五八七年

◆蘇我氏の登場

六世紀半ば頃、ヤマト王権の政策は有力豪族の合議制により決定されていた。これを「オオマエツキミ─マエツキミ制」という。オオマエツキミは大臣[※1]・大連の役職を指すと解釈され、大連に古来の軍事氏族である大伴氏と物部氏が、大臣に新興の豪族である蘇我《そが》氏が就任。そしてオオマエツキミの下に国政に参画するマエツキミ（大夫《まえつきみ》）が配され、阿倍《あべ》氏など大和の有力な土豪（臣・連姓の有力者）が任命された。

ところが、政権は大伴氏が長年にわたって独裁体制を敷いていた。これに物部氏や蘇我氏らは反発。欽明天皇の時代の五四〇年、大連・物部尾輿《おこし》は大臣・蘇我稲目《いなめ》（五三六年に就任）と謀り、大連・大伴金村の失政――「加耶四県を百済に割譲した問題」と「磐井の乱の平定失敗」――を糾弾し、金村を失脚させることに成功。金村は大連

※1 通常は「おおおみ」と読まれるが、正しくは「おおまえつきみ」という。

❖仏教の伝来

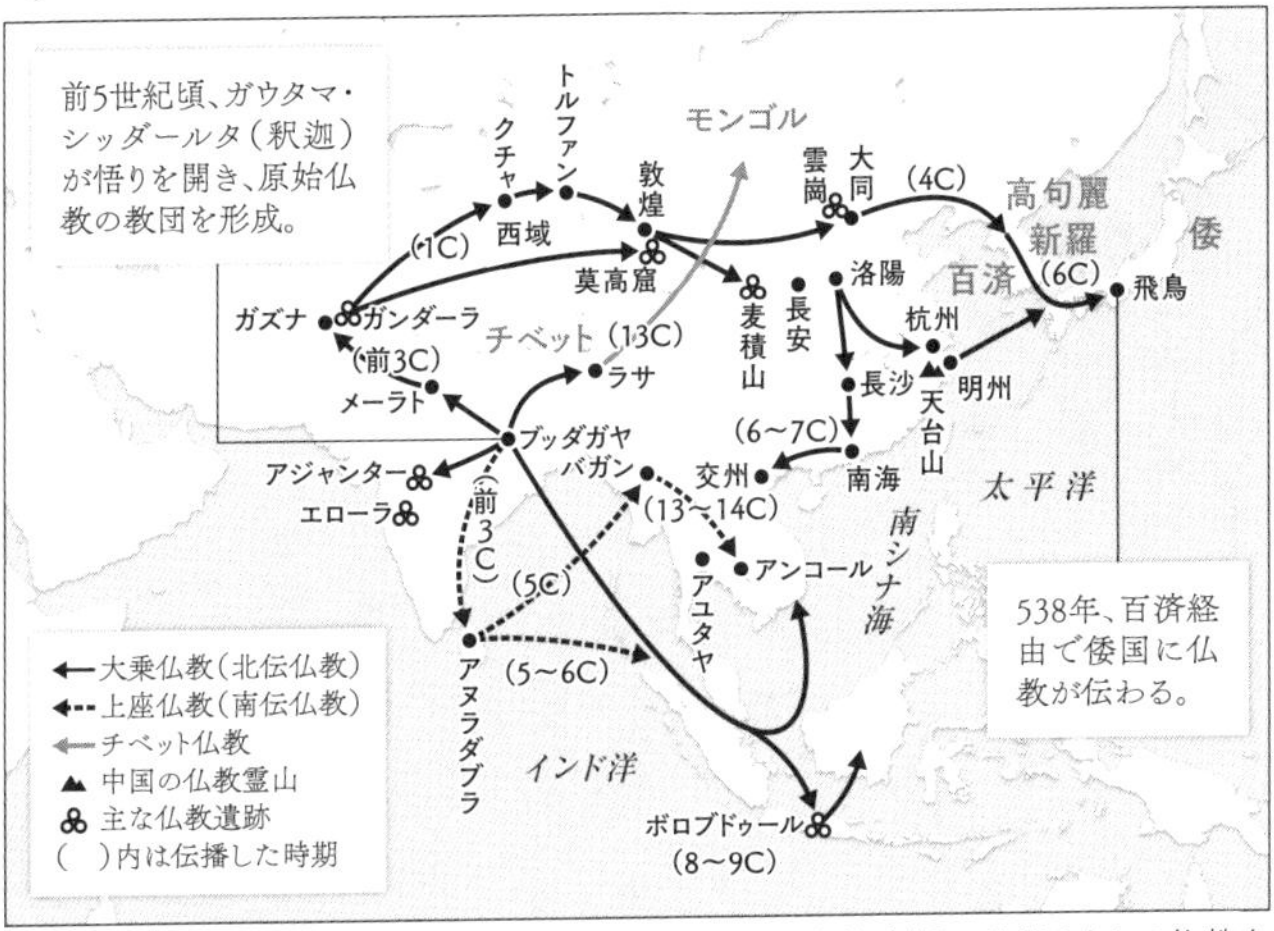
前5世紀頃、ガウタマ・シッダールタ（釈迦）が悟りを開き、原始仏教の教団を形成。
トルファン
クチャ
西域
モンゴル
敦煌
莫高窟
雲崗
大同
(4C)
高句麗
新羅
百済
(6C)
倭
飛鳥
洛陽
長安
麦積山
杭州
明州
長沙
天台山
(1C)
ガズナ
ガンダーラ
(前3C)
メーラト
チベット（13C）
ラサ
ブッダガヤ
バガン
(6〜7C)
交州
南海
太平洋
アジャンター
エローラ
(前3C)
(13〜14C)
南シナ海
アンコール
アユタヤ
(5C)
アヌラダプラ
(5〜6C)
インド洋
ボロブドゥール
(8〜9C)
538年、百済経由で倭国に仏教が伝わる。
大乗仏教（北伝仏教）
上座仏教（南伝仏教）
チベット仏教
中国の仏教霊山
主な仏教遺跡
（　）内は伝播した時期

当時、新羅の侵攻に苦しんでいた百済は倭国への軍事的支援の見返りとして仏教をもたらしたといわれる。

から大夫への降格を命じられた。

ここで、蘇我氏が政治の表舞台に登場することとなる。一説に、蘇我氏は大和国曾我を本拠とする葛城氏の一派とされるが、その出自については謎に包まれている。※2 ともあれ蘇我氏は渡来系氏族との関わりが深く、彼らの先進的な技術や知識を用いて朝廷内で確固たる基盤を構築。斎《いみ》蔵《くら》・内蔵《うちくら》・大蔵《おおくら》の三蔵《みつくら》や屯倉の管理などを通じて王権の強化に取り組む一方で、堅塩媛《きたしひめ》、小姉君《おあねのきみ》という二人の娘を欽明の后とし、外戚としての地位を確保して政治的実権を掌握した。※3

※2 近年では飛鳥地方の開発を主導した渡来人を祖先に持つという説も唱えられている。

※3 物部氏が娘を大王に嫁がせた例は見られない。

◆蘇我氏と物部氏の政治抗争

着実に勢力を伸張させる蘇我氏の存在を、物部氏が面白く思わなかったのは当然のことである。やがて政治の実権を巡り、両氏は激しく衝突することとなる。よく知られるのは、仏教の受容を巡る対立抗争であろう。日本に仏教が伝来したのは、五三八年（『上宮聖徳法王帝説《じょうぐうしょうとくほうおうていせつ》』『元興寺縁起《がんごうじえんぎ》』による）、もしくは五五二年（『日本書紀』による）のことだった。※4

『日本書紀』によると、仏教の受容を巡って崇仏派の稲目と排仏派の尾輿が対立。それは稲目の子・馬子《うまこ》と尾輿の子・守屋《もりや》の代になっても続き、崇仏・排仏論争にとどまらず、皇位継承問題にまで発展した。

欽明の死後、その跡を継いだのは嫡子の敏達《びだつ》天皇である。当初、敏達の皇后は息《おき》長真手王《ながのまてのみこ》の娘・広姫《ひろひめ》だったが、広姫の没後、欽明と堅塩媛の娘・額田部皇女《ぬかたべのひめみこ》（のちの推古《すいこ》天皇）が新たな皇后となった。額田部皇女は馬子の姪にあたることから、勢力拡大を期した蘇我氏の強力な後押しがあったと思われる。

敏達の死後、馬子はやはり蘇我系の用明《ようめい》天皇を擁立した。用明の母は堅塩姫であり、額田部皇女の同母兄にあたる。用明の后の座にも、蘇我系の穴穂部間人《あなほべのはしひと》皇女、蘇我石《いし》

※4 新羅の侵攻で窮地に陥っていた百済王から、ヤマト王権の軍事的支援の見返りとしてもたらされる。

寸名《きな》が収まった。なお、非蘇我系の后としては葛城広子《かずらきのひろこ》がいた。

一方、守屋は用明の異母弟・穴穂部皇子と結びつくことで、勢力の挽回を図った。

五八七年四月、用明が病のために亡くなる。このとき、守屋は穴穂部を擁立しようともくろんだが、穴穂部の同母弟・泊瀬部《はつせべ》皇子（のちの崇峻《すしゅん》天皇）を担いだ馬子は額田部皇女と協力して穴穂部とこれに与した宅部《やかべ》皇子を暗殺した。さらには守屋を討つべく、征討軍を組織した。※5 七月、馬子は征討軍を二手に分けて進軍。河内国渋川《しぶかわ》の守屋邸を襲撃した。このとき、守屋軍は子弟や奴だけで編成されていたというが、精強であり、指揮系統が整っていなかった征討軍は三度も退却を余儀なくされたと伝わる。だが、迹見首赤檮《とみのおびといちい》が守屋を射殺したことで守屋軍は壊滅。こうして、半世紀にも及んだ蘇我氏と物部氏の対立は、蘇我氏の勝利に終わった（丁未《ていび》の変）。

『日本書紀』ではこの抗争を宗教戦争として記すが、それを文字通り史実と考えることはできない。実際、物部氏の本拠である河内の渋川には七世紀前半に物部氏の同族・阿刀《あと》氏によって建立されたと伝わる渋川廃寺があったことがわかっている。崇仏・排仏論争の実態は政治の実権を巡る争いにほかならず、結果、物部氏の勢力の排除に成功した蘇我氏を頂点とする政治体制が構築されることになるのである。

※5 このとき、泊瀬部皇子や竹田皇子といった皇族に加え、紀氏や巨勢氏、膳氏、葛城氏、阿倍氏、平群氏、大伴氏などの有力なマエツキミらも征討軍に馳せ参じた。すでに朝廷内で物部氏は孤立しており、守屋包囲網が形成されていた様子がうかがえる。

❖ 有力豪族の勢力圏

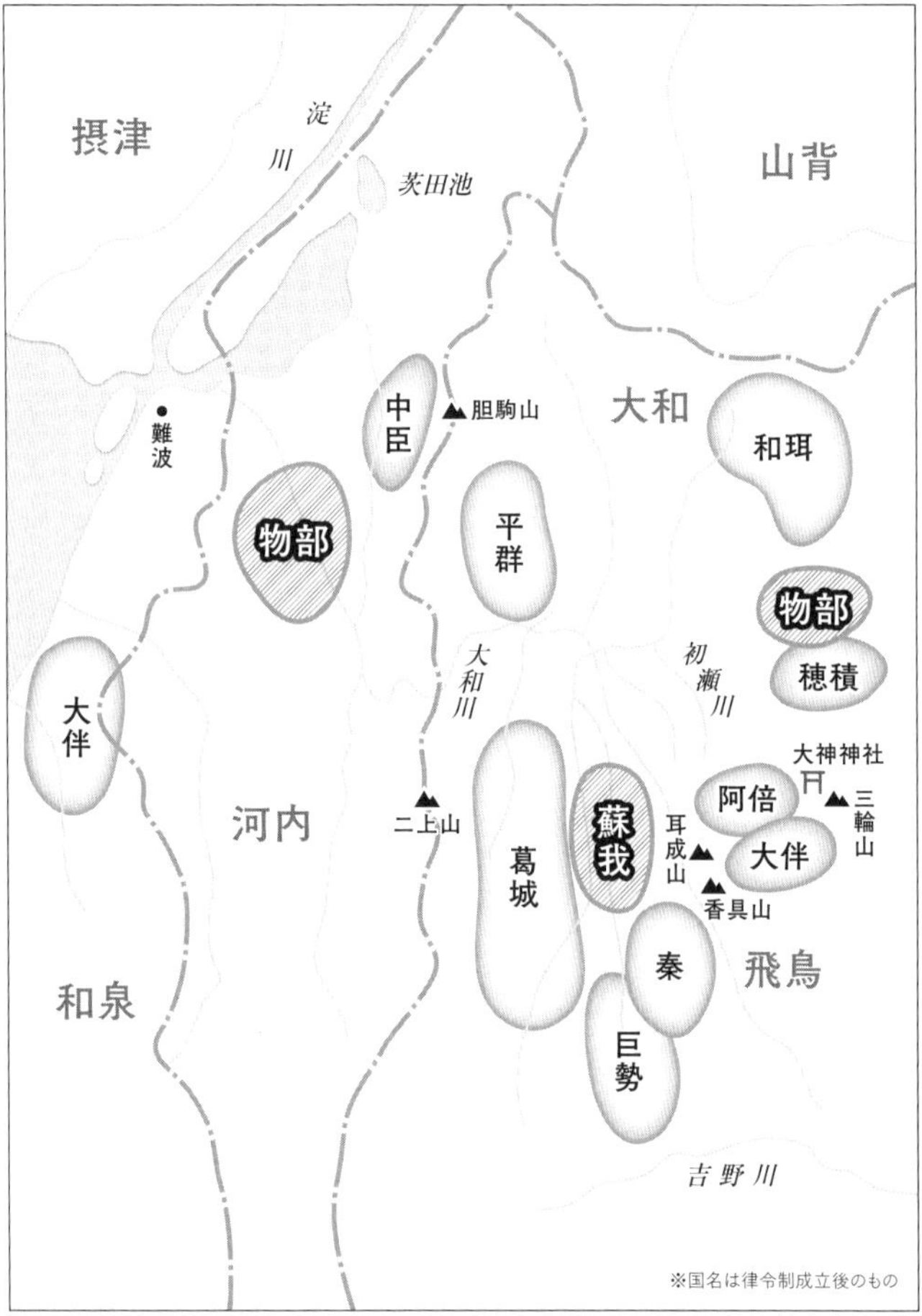
摂津
淀川
茨田池
山背
難波
中臣
胆駒山
大和
和珥
物部
平群
物部
穂積
大和川
初瀬川
大伴
大神神社
阿倍
三輪山
河内
二上山
蘇我
耳成山
大伴
葛城
香具山
秦
飛鳥
和泉
巨勢
吉野川
※国名は律令制成立後のもの

新興の豪族で、渡来系氏族の先進的な技術を用いて朝廷内で確固たる地位を築いた蘇我氏は飛鳥を拠点とした。一方、古来、朝廷の祭祀を担ってきた物部氏は河内国渋川周辺を本拠とし、大和国山辺郡にも勢力を伸ばしていた。

❖衣摺の戦い要図

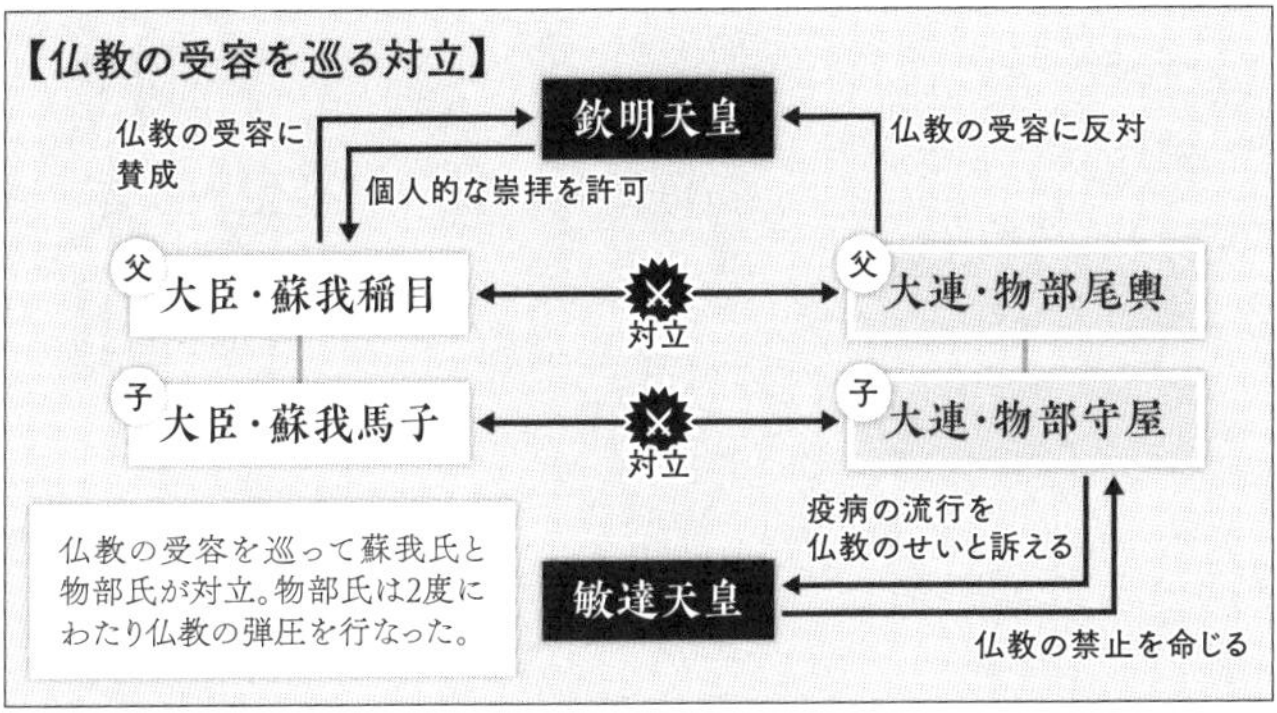
【仏教の受容を巡る対立】
欽明天皇
仏教の受容に賛成
個人的な崇拝を許可
仏教の受容に反対
父
大臣・蘇我稲目
対立
父
大連・物部尾輿
子
大臣・蘇我馬子
対立
子
大連・物部守屋
疫病の流行を仏教のせいと訴える
敏達天皇
仏教の禁止を命じる
仏教の受容を巡って蘇我氏と物部氏が対立。物部氏は2度にわたり仏教の弾圧を行なった。

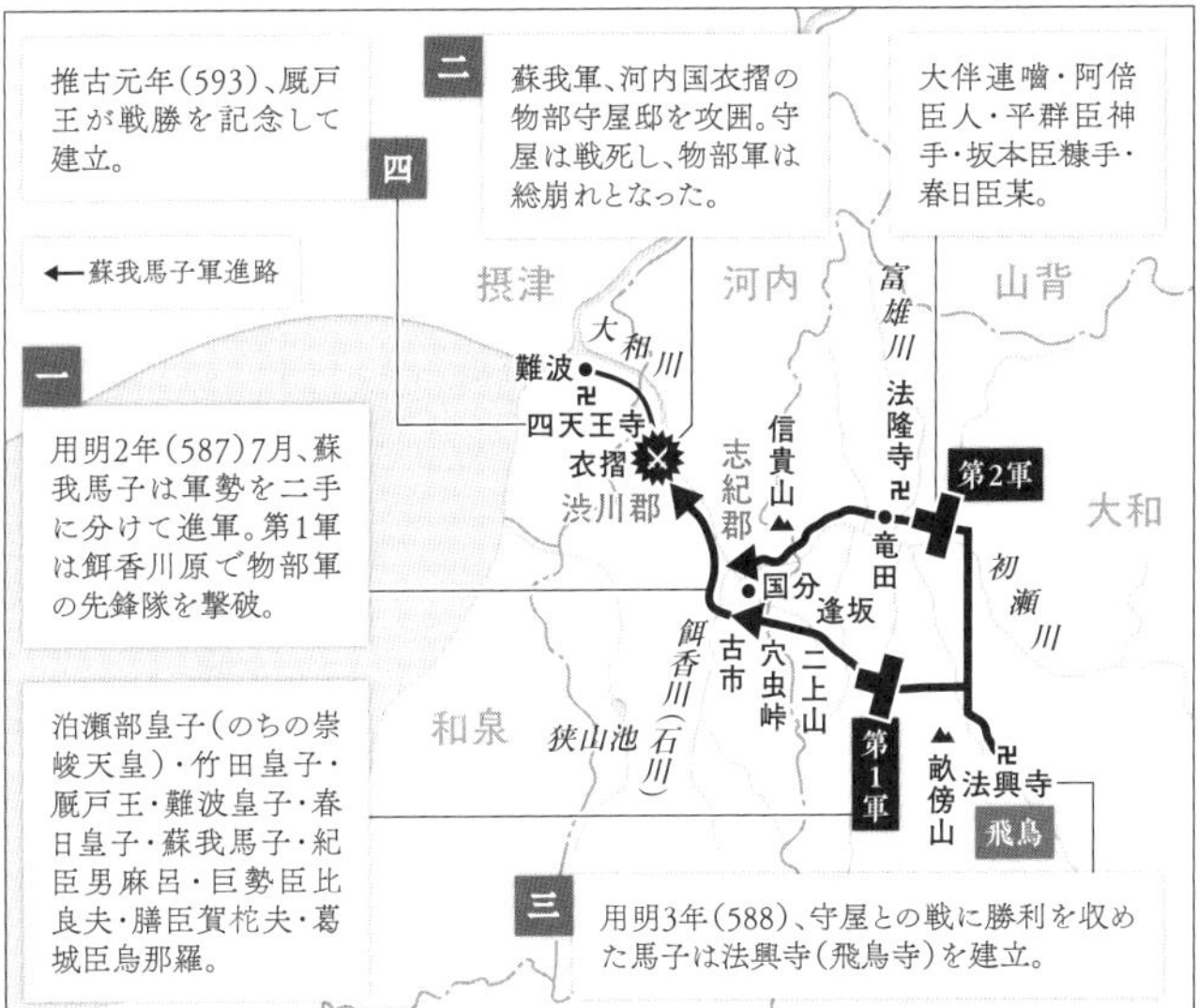
推古元年(593)、厩戸王が戦勝を記念して建立。
二
蘇我軍、河内国衣摺の物部守屋邸を攻囲。守屋は戦死し、物部軍は総崩れとなった。
大伴連嚙・阿倍臣人・平群臣神手・坂本臣糠手・春日臣某。
四
←蘇我馬子軍進路
摂津
河内
山背
富雄川
大和川
難波
四天王寺
衣摺
渋川郡
志紀郡
信貴山
法隆寺
竜田
第2軍
大和
初瀬川
国分
逢坂
餌香川(石川)
古市
穴虫峠
二上山
第1軍
畝傍山
法興寺
飛鳥
和泉
狭山池
一
用明2年(587)7月、蘇我馬子は軍勢を二手に分けて進軍。第1軍は餌香川原で物部軍の先鋒隊を撃破。
泊瀬部皇子(のちの崇峻天皇)・竹田皇子・厩戸王・難波皇子・春日皇子・蘇我馬子・紀臣男麻呂・巨勢臣比良夫・膳臣賀枕夫・葛城臣烏那羅。
三
用明3年(588)、守屋との戦に勝利を収めた馬子は法興寺(飛鳥寺)を建立。

蘇我・物部両氏の対立は崇仏・排仏論争によって激化したといわれるが、物部氏も自身の勢力圏に渋川廃寺を建立していたことから、この戦いは皇位継承に絡んだ勢力争いだったのではないかと考えられている。

前代未聞！臣下による大王殺害の真相とは

五九二年
崇峻天皇暗殺事件

◆大王の異例の死

物部守屋討伐後の五八七年八月、額田部大后と蘇我馬子らに推戴される形で泊瀬部皇子が崇峻天皇として即位した。このとき、王位継承者としては敏達と額田部の間に産まれた竹田《たけだ》皇子もいたが、この時点ではまだ成人していなかった。そこで「中継ぎ」の大王として、崇峻が擁立されたものだと目されている。※

大臣の座には、馬子が再任した。だが、かつて物部氏が就いていた大連には誰も任命されることがなく、こうして蘇我氏が名実ともに豪族の頂点に立つこととなった。

ところが五九二年の冬、朝廷を揺るがすほどの大事件が勃発する。『日本書紀』によると、山猪を献上された崇峻は「この猪の首を斬るように、嫌な男の首を斬り落としたいものだ」とつぶやいた。この言葉が崇峻の后・大伴小手子《こてこ》を通じて馬子の耳に

※『日本書紀』によると、敏達天皇の遺体が埋葬されたのは五九一年のことであったという。つまり、用明・崇峻の治世下にあっても敏達の殯

❖崇峻天皇と蘇我馬子の対立

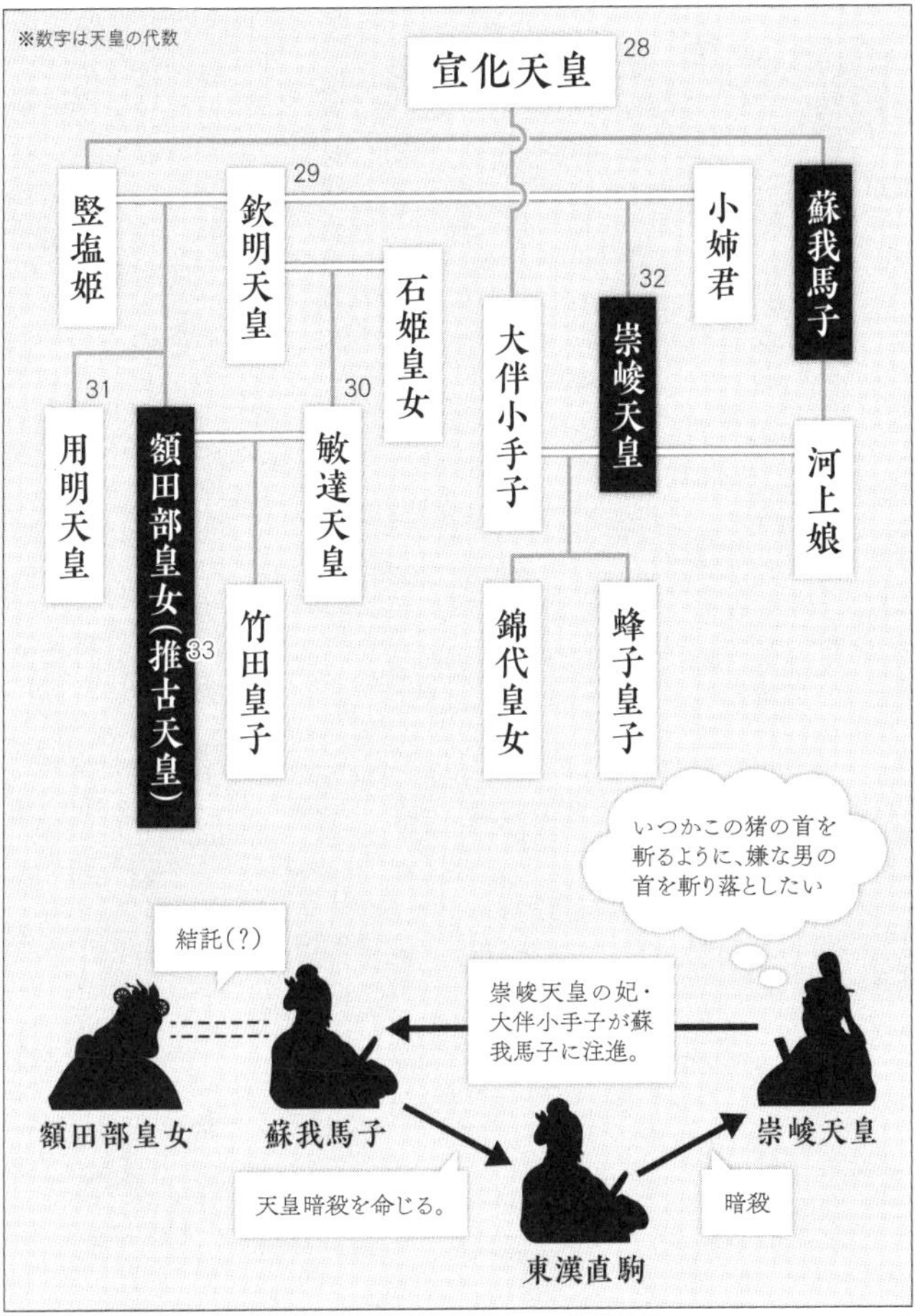

蘇我馬子に擁立されて即位した崇峻天皇だったが、やがて政治の実権を巡って馬子と対立。馬子に暗殺された。

が続いていたということになる。一説に、殯においで次期大王が決定されたといい、それに従うと用明もまた「中継ぎ」の大王だったということになる。

入ると、崇峻の本心を悟った馬子は先手を打ち、東漢直駒《やまとのあやのあたいこま》に命じて大王を暗殺させたのであった。古代、大王をもしのぐほどの権勢を誇った馬子だったが、背が低く、小太りで猪首であったことをコンプレックスに感じていたという。

殺害された崇峻は、その日のうちに倉梯岡陵《くらはしおかのみささぎ》に葬られたと伝わる。

◆崇峻はなぜ殺害されたのか

臣下による大王暗殺という前代未聞の事件が起きたにもかかわらず、朝廷内においてはさしたる混乱や騒動などが起こることはなかった。また、大王が逝去した際は殯宮《もがりのみや》で一定期間遺体を安置するのが通例であったが、『日本書紀』には崇峻の殯宮に関する記事は見られない。

この事件は一体何を意味するのか。一般的には崇峻と馬子の政治的対立が原因だとされるが、それだけがすべてではないだろう。当時は生前譲位という制度が確立されておらず、大王位は終身職だった。大王を強制的に退位させるには、「殺害」という手段を取らざるを得なかったのである。おそらく、崇峻の殺害は馬子のみならず、額田部や大夫らの同意があったのではないかと考えられる。崇峻は、あくまでも竹田が

❖崇峻天皇の暗殺と埋葬

三輪山
大神神社
初瀬川
飛鳥川
香久山
耳成山
畝傍山
飛鳥寺（法興寺）
二上山
高田川
葛城川
曽我川
葛城山
金剛山
多武峰
倉梯岡陵
倉梯柴垣宮
三
崇峻の遺骸はその日の内に倉梯岡陵に葬られたという。奈良県桜井市にある赤坂天王山古墳を倉梯岡陵だとする説がある。
一
崇峻5年（592）10月、蘇我馬子が関与した飛鳥寺（法興寺）の仏堂と歩廊が完成。これには崇峻の協力もあったと思われるが、崇峻と馬子は政治を巡って対立するようになる。
二
11月、馬子は配下の東漢直駒に命じて崇峻暗殺を実行。

逝去した大王の遺骸は一定期間、殯宮に安置されるのが通例であり、崇峻天皇のように逝去したその日に埋葬された例は他にない。

即位するまでの「中継ぎ」の存在に過ぎなかった。だが、その前に竹田は亡くなってしまう。竹田の没年については不詳であるが、守屋征討以来、『日本書紀』にその姿が見えないことから、病に倒れたなど何らかの事態が生じていたものと思われる。推古が臨終の際に竹田の陵に合葬するよう遺詔していることから、母よりも先に死去したのは間違いない。つまり、竹田の死の時点で崇峻の役割は終えたと言うこともできよう。そして馬子ら群臣の総意に基づき、額田部が日本初の女帝・推古として即位することになったのである。

皇位継承を巡る仁義なき争い

六四三年
上宮王家滅亡事件

◆田村皇子と山背大兄王

推古天皇の治世は、三十六年もの長きにわたって続いた。その間、推古と蘇我馬子、さらには推古の甥の厩戸王《うまやとおう》（聖徳太子《しょうとくたいし》）の三者が政治を主導し、冠位十二階の制や十七条憲法などの政策を打ち出していったことはよく知られるところである。※1

その後、六二二年に厩戸王が、六二六年に馬子が没すると、政治の主導権は新たに大臣に任命された馬子の子・蝦夷《えみし》が掌握することとなった。

六二八年三月、推古は病に倒れ、七十五年の生涯を終えた。このとき、自らの死後に後継争いが起こることを予見していた推古は、敏達天皇の孫である田村《たむら》皇子と、厩戸王の子・山背大兄王《やましろのおおえのおう》を小治田宮《おはりだのみや》に呼び、遺詔を伝えている。※2 枕元に呼んだ順番から、推古の本心は田村皇子への皇位継承にあったといわれるが、定かではない。

※1 当時、中国では隋が約四百年振りに統一王朝を樹立した（五八九年）。東アジア情勢が隋を中心に回りはじめる中、倭国としては大王に権力を集中させる中央集

❖上宮王家滅亡事件関係系図

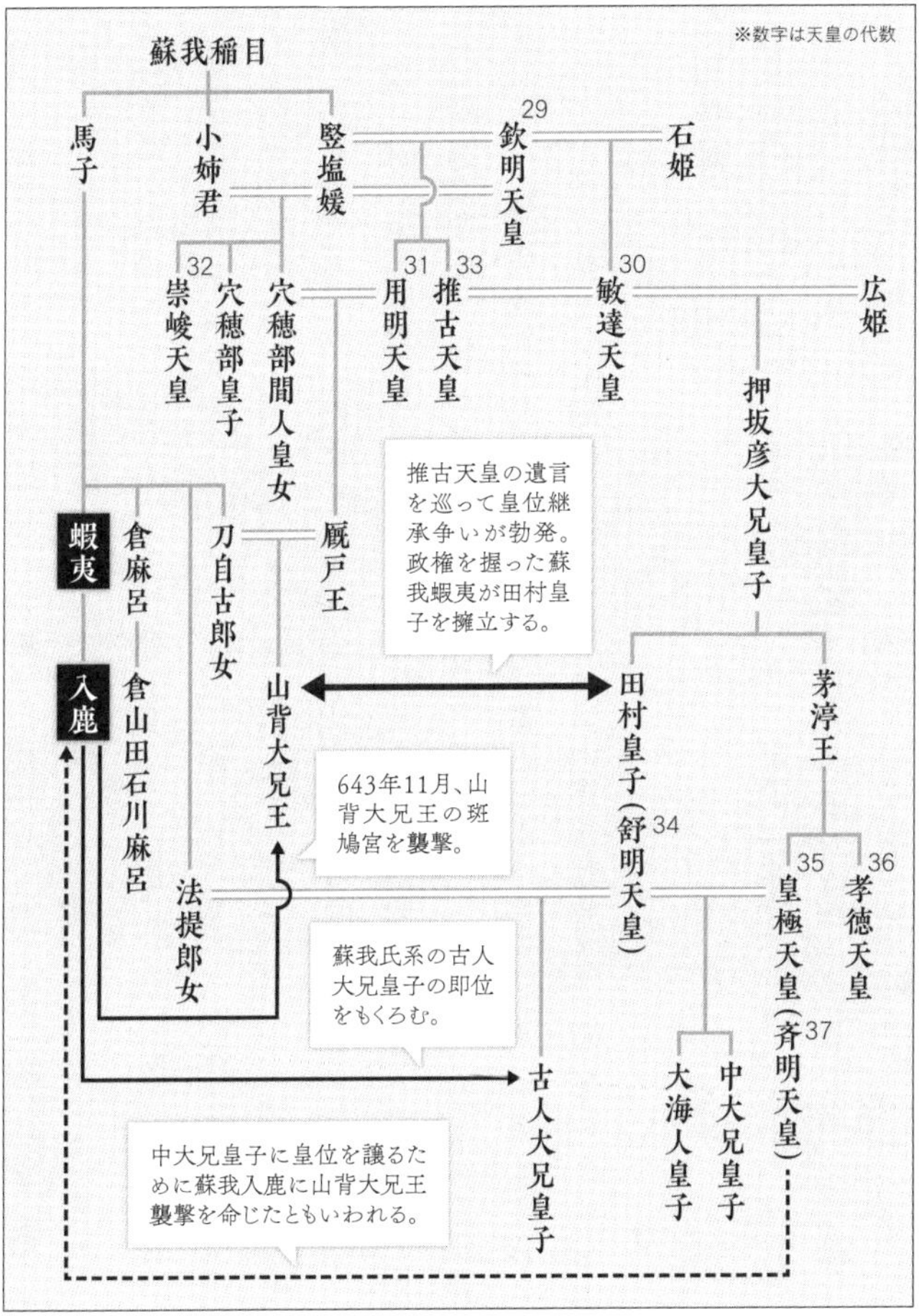
※数字は天皇の代数
蘇我稲目
馬子
小姉君
堅塩媛
29 欽明天皇
石姫
32 崇峻天皇
穴穂部皇子
穴穂部間人皇女
31 用明天皇
33 推古天皇
30 敏達天皇
広姫
押坂彦大兄皇子
推古天皇の遺言を巡って皇位継承争いが勃発。政権を握った蘇我蝦夷が田村皇子を擁立する。
蝦夷
倉麻呂
刀自古郎女
厩戸王
入鹿
倉山田石川麻呂
山背大兄王
田村皇子(舒明天皇) 34
茅渟王
643年11月、山背大兄王の斑鳩宮を襲撃。
法提郎女
35 皇極天皇(斉明天皇) 37
36 孝徳天皇
蘇我氏系の古人大兄皇子の即位をもくろむ。
古人大兄皇子
大海人皇子
中大兄皇子
中大兄皇子に皇位を譲るために蘇我入鹿に山背大兄王襲撃を命じたともいわれる。

権体制を構築し、隋と国交を通じて朝鮮諸国に対する優位性を確立しようとした。

※2
『日本書紀』によると、田村皇子には「天下を治めるのは大任であるから軽々しく考えてはいけない」と詔し、山背大兄王には「群臣の言に耳を傾けるように」と詔したという。

ともかく推古の死後、蝦夷は大夫らを集め、後継者を決めるための合議を開いたが、事態は紛糾。群臣らは田村皇子派と山背大兄王派とに分裂した。

蝦夷が推挙したのは田村皇子だった。蘇我氏の血は引いていないが、蝦夷の妹・法提郎媛《ほほてのいらつめ》との間に古人大兄皇子《ふるひとのおおえのみこ》を儲けていた。古人大兄皇子の将来的な即位を見越したうえでの判断だった。山背大兄王も蘇我氏の血を引いていたが、異母妹の春米女王《つきしねのひめみこ》を妻として多くの子女を儲けていた。山背大兄王の即位は、すなわち蘇我氏の外戚としての地位の弱体化につながる。これは蝦夷としては避けたい事態であっただろう。

一方、蝦夷の叔父・境部摩理勢《さかいべのまりせ》らは山背大兄王を強く推した。蝦夷は摩理勢への説得を試みたが、失敗に終わったため、摩理勢とその一族を殺害。こうして六二九年、田村皇子が舒明《じょめい》天皇として即位した。皇后には敏達の曾孫・宝《たから》皇女が立てられた。

◆入鹿の暴走

蘇我氏の思惑が宮中に渦巻く中、六四一年、舒明は没する。このとき、王位継承候補としては古人大兄皇子のほか、舒明と宝皇女の子で当時十六歳の中大兄皇子《なかのおおえのみこ》がいた。そこで蝦夷は、ひとまず宝皇女を中継ぎとして擁立した（皇極《こうぎょく》天皇）。

❖上宮王家滅亡事件要図

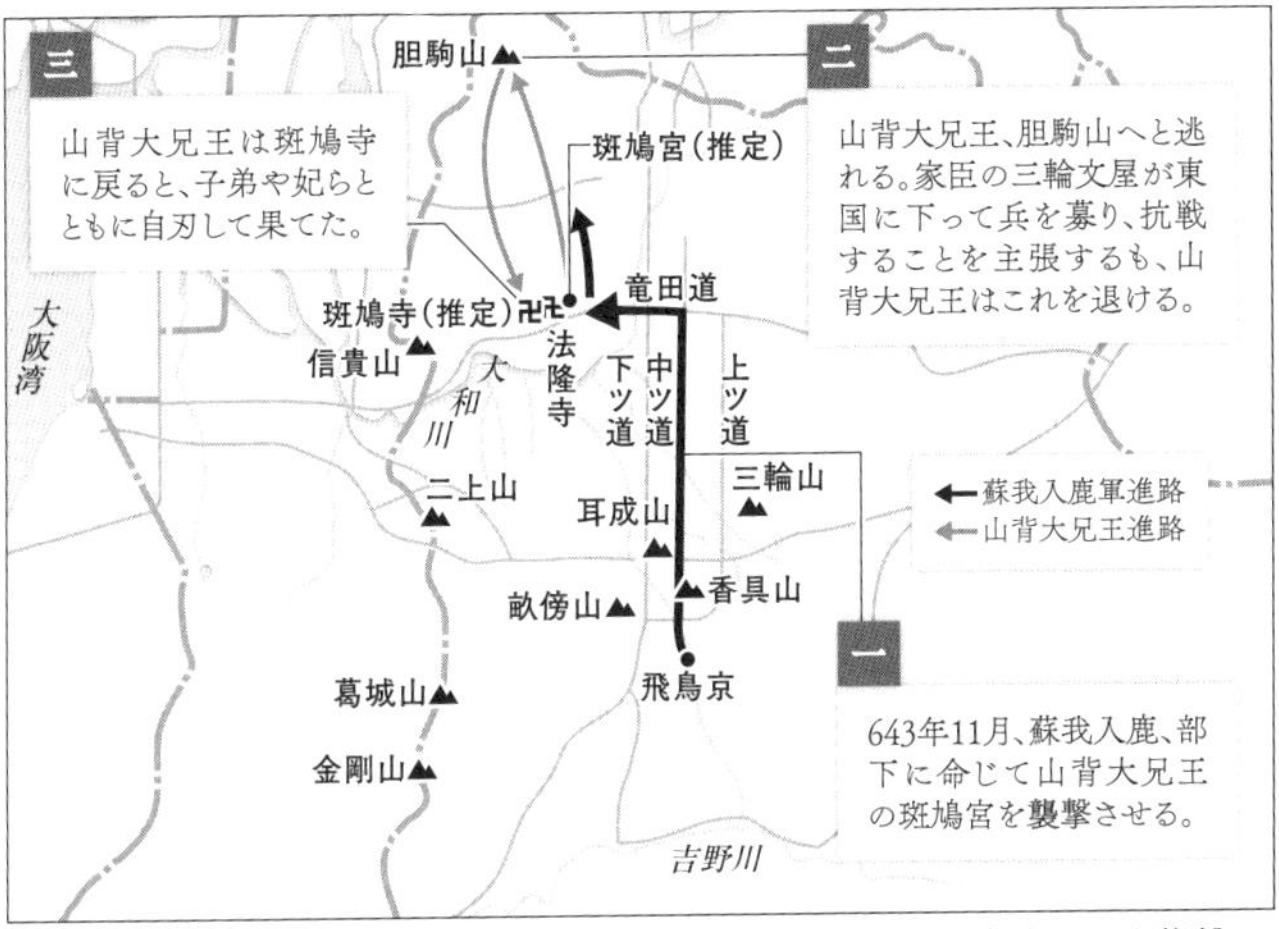
一
643年11月、蘇我入鹿、部下に命じて山背大兄王の斑鳩宮を襲撃させる。
二
山背大兄王、胆駒山へと逃れる。家臣の三輪文屋が東国に下って兵を募り、抗戦することを主張するも、山背大兄王はこれを退ける。
三
山背大兄王は斑鳩寺に戻ると、子弟や妃らとともに自刃して果てた。
蘇我入鹿軍進路
山背大兄王進路
胆駒山
斑鳩宮（推定）
斑鳩寺（推定）
法隆寺
竜田道
信貴山
大阪湾
大和川
下ツ道
中ツ道
上ツ道
二上山
耳成山
三輪山
香具山
畝傍山
飛鳥京
葛城山
金剛山
吉野川

蘇我入鹿は古人大兄皇子の即位にあたって障害となっていた山背大兄王を襲撃し、自害に追い込んだ。

皇極は、蝦夷を引き続き大臣に任ずる。だが蝦夷はこの頃から病を患うようになったため、六四三年十月、子の入鹿《いるか》に紫冠《しかん》を授け、大臣に擬した。実質的には蘇我氏の族長としての位を譲ったものである。こうして入鹿が蘇我氏を率いることになったが、同年十一月、入鹿は古人大兄皇子の即位を確実なものとすべく、強硬手段に打って出る。兵を山背大兄王の斑鳩宮《いかるがのみや》に差し向け、焼き討ちさせたのである。山背王は一旦胆駒山へ逃れたものの、自分のために民を戦に巻き込むのは忍びないとして斑鳩寺で一族ともども自害した。

東アジア情勢の変化と蘇我氏打倒のクーデター

六四五年
乙巳の変

◆唐帝国の成立

皇極天皇が即位した頃から、『日本書紀』には蘇我氏の専横ぶりを伝える記事が増えはじめる。天皇だけに許される八佾《やつら》の舞をしたり、蝦夷・入鹿父子の墓を築いてそれぞれ大陵・小陵と呼ばせたりするなど、自家を皇室になぞらえるようになったという。このような蘇我氏の専横体制に、諸王族・諸豪族は不満を蓄積させていく。

折しも、東アジア世界は大きな変動期を迎えており、中国では六一八年に隋《ずい》が滅亡し、代わって唐《とう》帝国が興った（唐が軍事的に中国を統一したのは六二八年のこと）。

朝鮮半島においても、六四一年、百済で義慈王《ぎじおう》がクーデターを起こして政権を掌握。また高句麗でも六四二年、権臣の泉蓋蘇文《せんがいそぶん》が王を殺害して実権を握るという事件が起こった。いずれも、唐の軍事的圧力を受けた結果、これに対応すべく国内で権力集中

❖7世紀の東アジア情勢

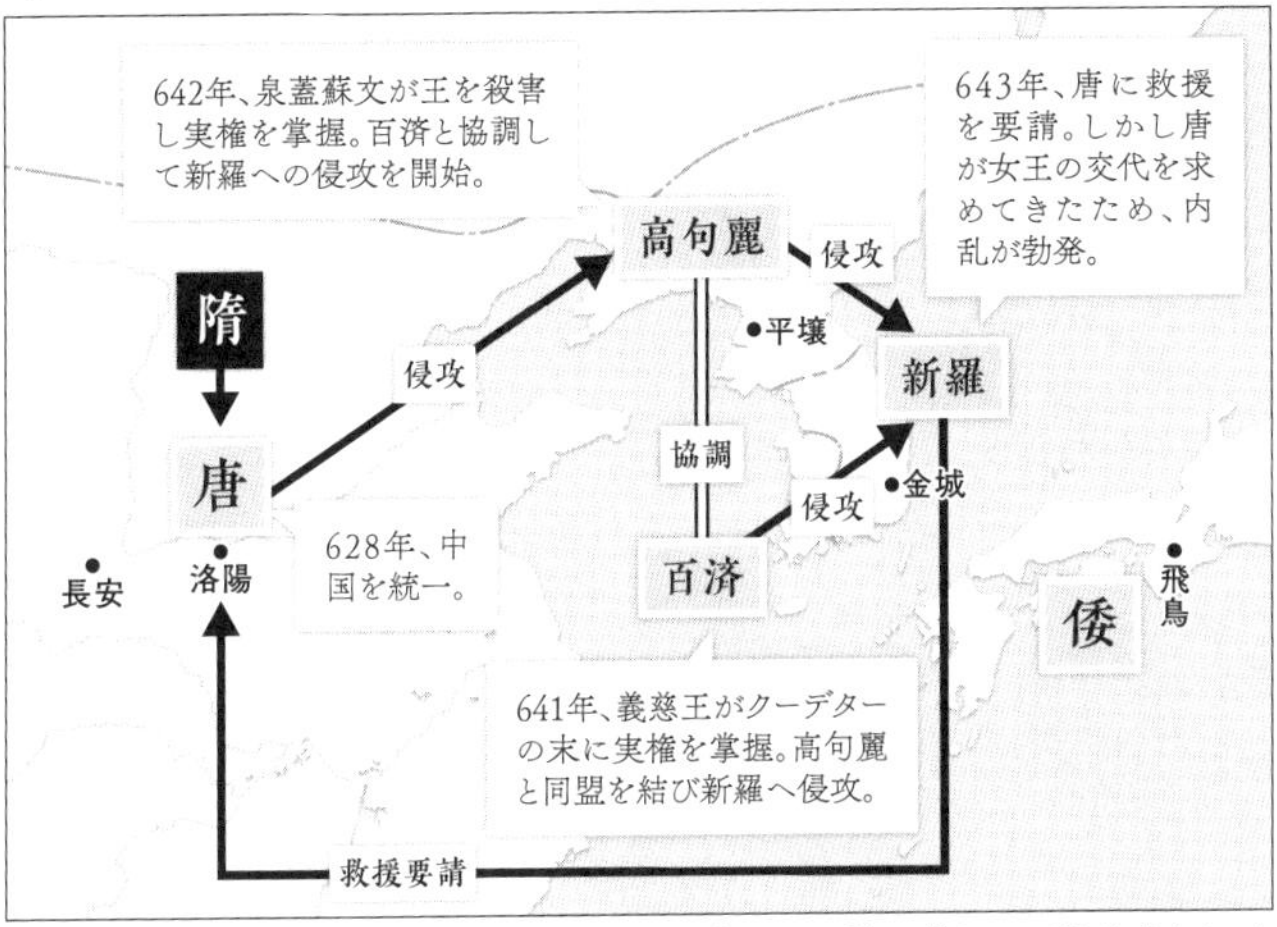
642年、泉蓋蘇文が王を殺害し実権を掌握。百済と協調して新羅への侵攻を開始。
643年、唐に救援を要請。しかし唐が女王の交代を求めてきたため、内乱が勃発。
高句麗
侵攻
隋
平壌
新羅
侵攻
唐
協調
侵攻
金城
628年、中国を統一。
長安
洛陽
百済
飛鳥
倭
641年、義慈王がクーデターの末に実権を掌握。高句麗と同盟を結び新羅へ侵攻。
救援要請

倭国内で蘇我氏が専制政治を敷いていた頃、中国では隋に代わって唐が成立し、また朝鮮半島3国の争いが激化するなど、東アジア情勢は大きく揺れ動いていた。

を図る動きが起こったものである。百済と高句麗は同盟を締結し、新羅への侵攻を開始。これに対して新羅は唐に接近し、救援を求めた※。

そうした状況下の六四四年、唐が版図の拡大をもくろみ、高句麗遠征を開始した。

倭国が唐との間に正式な国交を開いたのは、六三〇年のことである（第一次遣唐使）。唐の動きについては、帰朝した遣唐使や留学生《るがくしょう》らから情報がもたらされた。また、六四三年には、百済使から宮廷内で紛争が起こったこと、高句麗使から国王が殺害される政変が起こったことが伝え

※当時の新羅は善徳（ぜんとく）女王という女帝が君臨していたが、唐は救援の条件として女王の廃位を求めており、これが契機となって六四七年、唐派の毗曇（ひどん）が女王の退位を求めて挙兵するという事件が起きている。

られたという。唐が朝鮮半島を制圧すれば、半島における倭国の権益が失われるばかりか、やがて唐が倭国に侵攻してくる可能性も十分に考えられた。それに対応するためにも、早急に国内の支配を一元化し、大王を中心とした中央集権体制を構築する必要があった。

これにいち早く取り組んだのは、他でもない蘇我氏である。前述の上宮王家滅亡事件も、入鹿が蘇我氏系の天皇のもとで蘇我氏が政治を差配するという権力構造を築こうとした結果と考えることができる。

だがその一方で、もう一人の皇位継承候補である中大兄皇子を支持するグループと、蘇我氏本宗家の動きに不満を抱く同族の蘇我倉《そがくら》氏などが結託。蝦夷・入鹿父子を打倒して新たな中央集権国家を築こうとする動きが起こることとなる。こうして六四五年六月十二日に起こったのが、乙巳《いっし》の変であった。

◆蘇我氏本宗家の滅亡

『日本書紀』によると、中大兄皇子らは飛鳥板蓋宮《あすかいたぶきのみや》で朝鮮三国（高句麗・新羅・百済）が調《みつぎ》を献上するという儀礼があると偽り、入鹿を呼び出した。皇極も出御している。

❖乙巳の変関連系図・要図

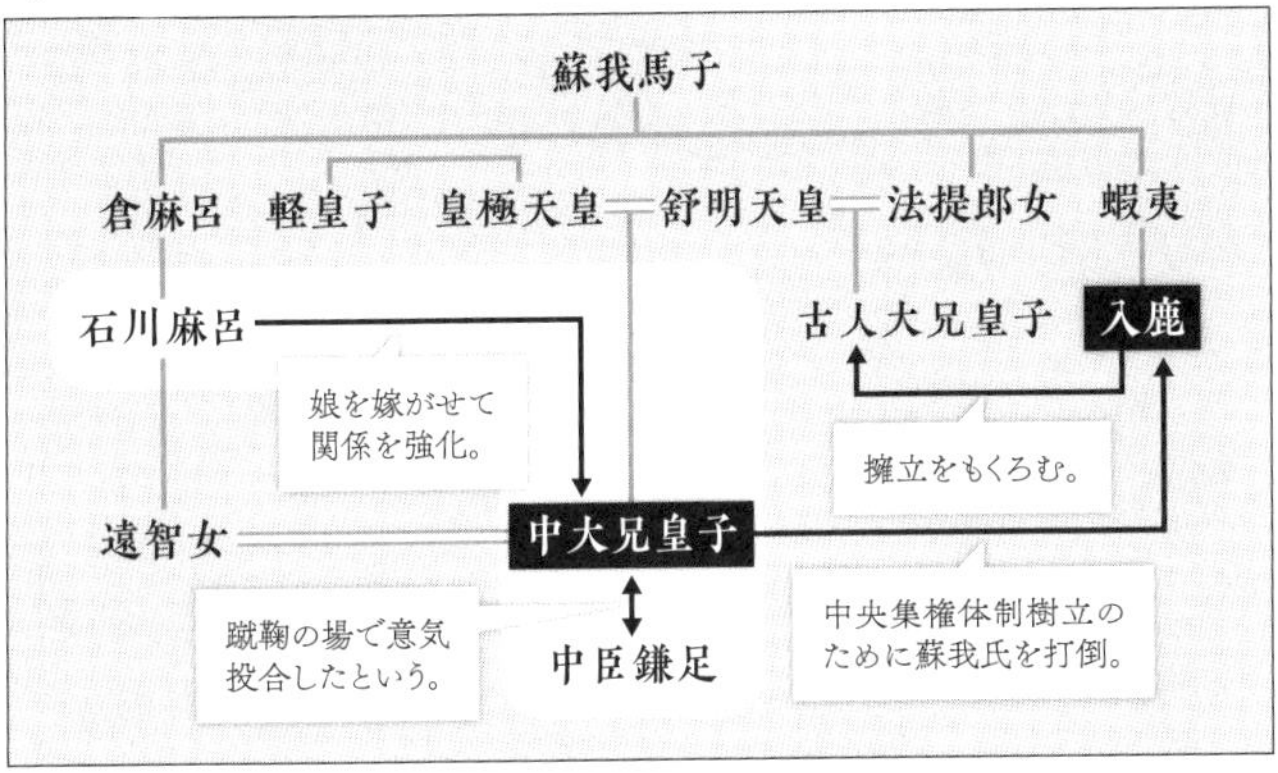

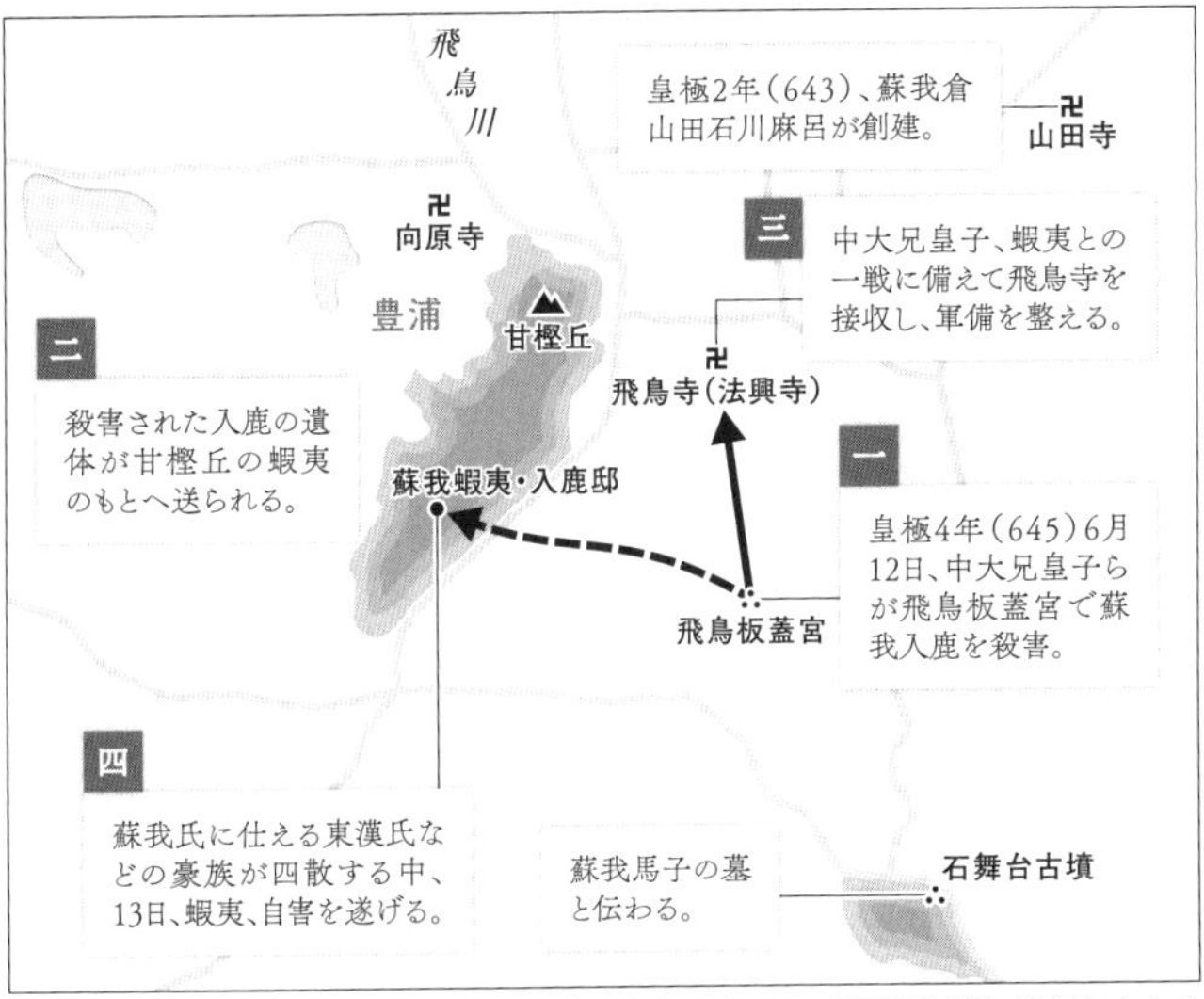

東アジア情勢が軍事的緊張に包まれる中、中大兄皇子らは国政改革に乗り出すために蘇我氏を滅ぼしたと伝わる。

やがて古人大兄皇子や入鹿が見守る中、蘇我倉山田石川麻呂《いしかわまろ》が上表文を読み上げはじめた。とそのとき、中大兄皇子、佐伯子麻呂《さえきのこまろ》らが突然入鹿に斬りかかった。

斬られた入鹿は息も絶え絶えに皇極の御座にすがりつき、「臣に何の罪があるのでしょうか」と言った。だが、皇極は「自分は何も知らない。何事があったか」と返答。中大兄皇子が「鞍作《くらつくり》（入鹿）は天子の王統を滅ぼそうとしている」と上奏すると、皇極は殿中奥に下がり、残された入鹿は子麻呂や葛城稚犬養網田《かずらきのわかいぬかいのあみた》によって斬殺された。同席していた古人大兄皇子はただちにその場を離れ、自分の宮へと逃走した。

その後、入鹿の遺体は蝦夷のもとへ送られ、中大兄皇子らは蝦夷の反撃に備えて飛鳥寺（法興寺）で態勢を整えた。しかし蝦夷は抵抗することなく、自邸に火を放って自刃した。こうして、蘇我氏本宗家は滅亡した。

もっとも、勝者が編纂した『日本書紀』の記述をそのまま鵜呑みにするわけにはいかない。そもそも、三韓進調の儀という国家行事を営むにあたり、果たして本当に数人しか出席しなかったのであろうか。普通であれば群臣らが立ち並ぶはずであるが、もしいたとした場合、入鹿の暗殺を何もせずにただ見守るだけというのは甚だ不自然である。

❖ 改新政権の陣容

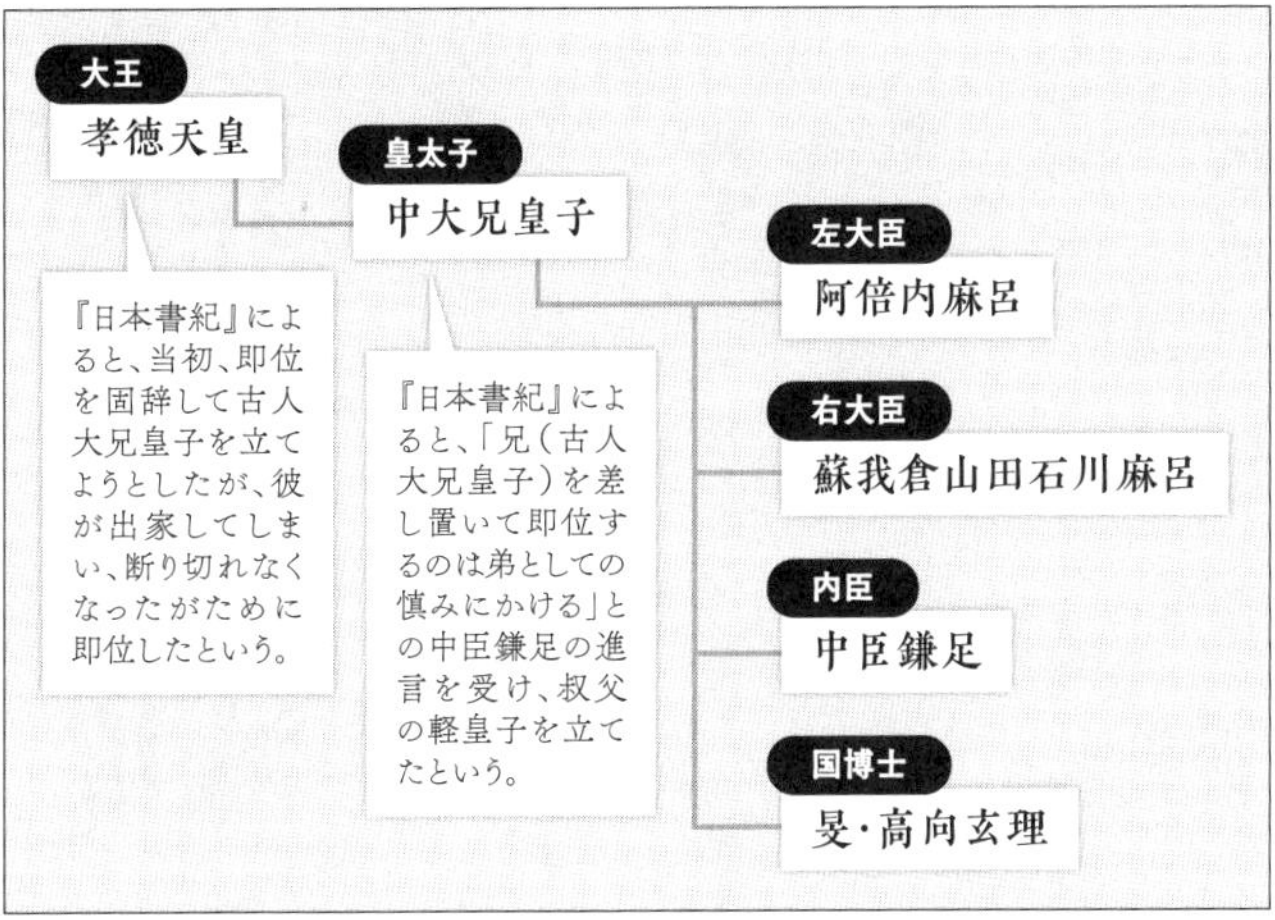
大王
孝徳天皇
『日本書紀』によると、当初、即位を固辞して古人大兄皇子を立てようとしたが、彼が出家してしまい、断り切れなくなったがために即位したという。
皇太子
中大兄皇子
『日本書紀』によると、「兄（古人大兄皇子）を差し置いて即位するのは弟としての慎みにかける」との中臣鎌足の進言を受け、叔父の軽皇子を立てたという。
左大臣
阿倍内麻呂
右大臣
蘇我倉山田石川麻呂
内臣
中臣鎌足
国博士
旻・高向玄理

乙巳の変後、皇極天皇の後を受けて孝徳天皇が即位。中大兄皇子は皇太子として政治の実権を掌握した。

また、国家行事というからには、当然皇極の承認が必要であろう。皇極が直接手を下していないにせよ、少なくとも自身の名を使用することを許可したことは間違いないと思われる。断りつけられた入鹿が中大兄皇子ではなく、皇極にその理由を問い質したのも、入鹿が皇極を事件の首謀者と見なしたためであるという指摘もある。

その他、本当の黒幕は事件後に即位した孝徳《こうとく》天皇（軽《かる》皇子）であり、孝徳と中大兄皇子が協力して蘇我氏本宗家を滅亡に追い込んだという説もあるが、真相は闇の中である。

中大兄皇子の粛清、蘇我系王統の消滅

六四五年
古人大兄皇子事件

◆古人大兄皇子の謀反発覚

乙巳の変後、皇極は中大兄皇子への譲位を申し出た。しかし中大兄皇子は中臣鎌《なかとみのかま》足《たり》の進言を受けて叔父・軽皇子への譲位を主張。そこで皇極は軽皇子に位を譲ろうとしたが、軽皇子もそれを拒み、古人大兄皇子に即位するよう勧める。だが古人大兄皇子も拒否して出家、吉野に隠棲してしまったため、軽皇子が即位することになったと『日本書紀』は伝える。

こうして孝徳天皇を頂点とする新しい政治体制が誕生。中大兄皇子は皇太子※として政治の実権を掌握した（改新政権の陣容はP63参照）。

ところが大化元年（六四五）九月三日、新政権を揺るがす事件が勃発する。古人大兄皇子が蘇我《そがの》田《た》口臣川堀《ぐちのおみかわほり》や物部朴井連椎子《もののべのえのいのむらじしいのみ》らと謀って謀反を企てたのである。十

※当時はまだ「皇太子」という職掌はなく、中大兄皇子が皇位を継承する資格を有す

二日、吉備笠臣垂《きびのかさのおみしだる》が中大兄皇子に自首して事件は発覚。中大兄皇子はただちに兵を発し、古人大兄皇子らを討ったという。

❖古人大兄皇子事件要図

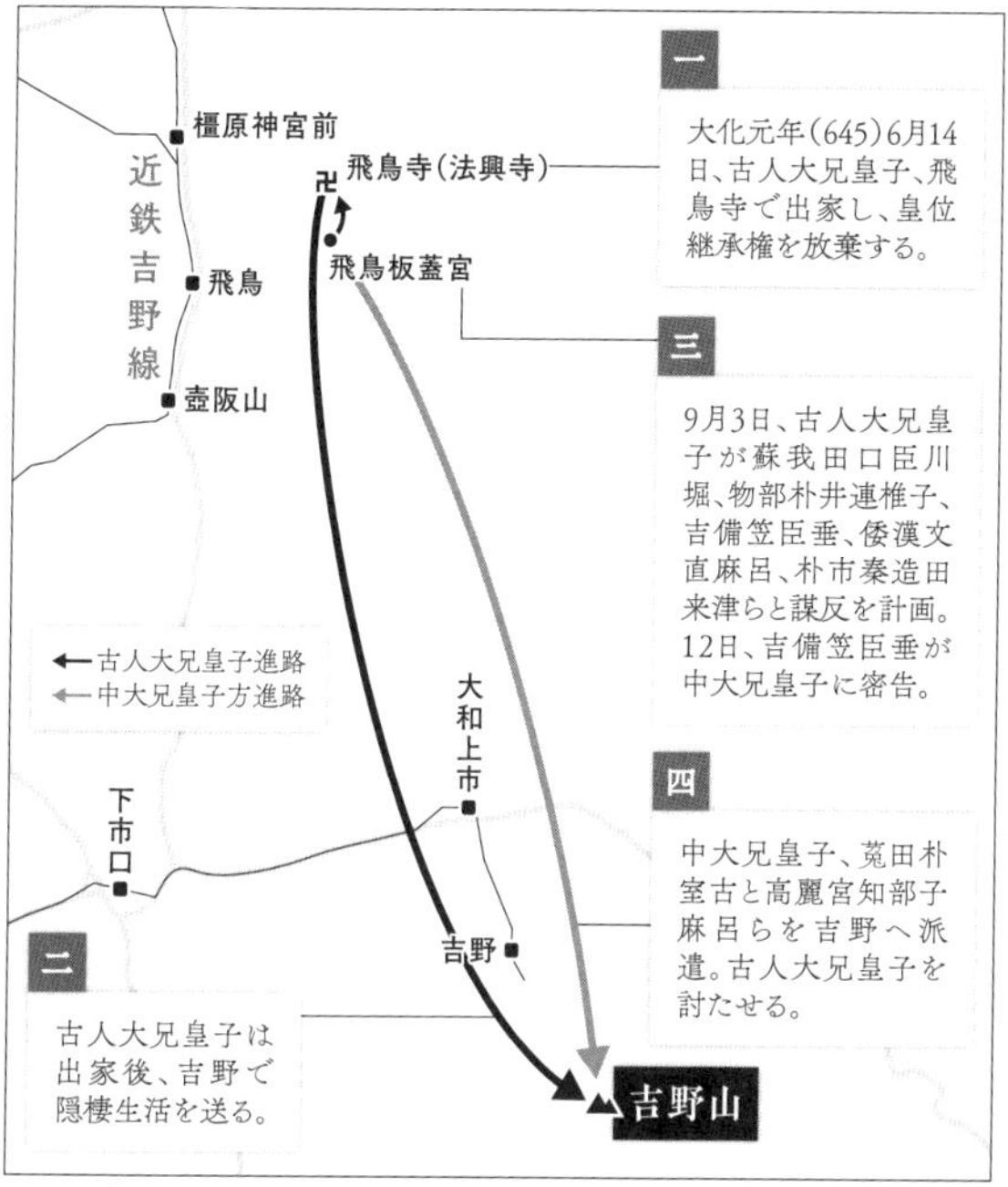

一
大化元年(645)6月14日、古人大兄皇子、飛鳥寺で出家し、皇位継承権を放棄する。
二
古人大兄皇子は出家後、吉野で隠棲生活を送る。
三
9月3日、古人大兄皇子が蘇我田口臣川堀、物部朴井連椎子、吉備笠臣垂、倭漢文直麻呂、朴市秦造田来津らと謀反を計画。12日、吉備笠臣垂が中大兄皇子に密告。
四
中大兄皇子、菟田朴室古と高麗宮知部子麻呂らを吉野へ派遣。古人大兄皇子を討たせる。
橿原神宮前
飛鳥
壺阪山
近鉄吉野線
飛鳥寺(法興寺)
飛鳥板蓋宮
大和上市
下市口
吉野
吉野山
古人大兄皇子進路
中大兄皇子方進路

かつて皇位継承の有力候補であった古人大兄皇子は中大兄皇子により誅殺された。

この事件は、乙巳の変に連なるものであると推測されている。すなわち、中大兄皇子が皇位継承のライバルとなり得る古人大兄皇子と、それを支援する蘇我蝦夷・入鹿父子をともに排除したということである。これにより、蘇我系の王統は完全に消滅した。

ると示すために『日本書紀』の編者が創作したものであるともいわれる。

六五八年
有間皇子事件

実権を一手に収めた中大兄皇子

◆政敵を次々と葬り去る中大兄皇子

中大兄皇子による政敵の粛清は蘇我蝦夷・入鹿父子、古人大兄皇子に留まらなかった。大化五年（六四九）三月には、右大臣・蘇我倉山田石川麻呂が謀反の疑いをかけられ、山田寺で自害を遂げた。じつはこれより前、左大臣・阿倍内麻呂《あべのうちまろ》が没している。左・右大臣は密接な関係にあったといい、中大兄皇子が内麻呂の死去を契機として右大臣勢力を排除し、実権の完全掌握に乗り出したとも考えることができる。

一方、孝徳天皇は大化元年（六四五）に都を外交・軍事の要衝である難波へ遷し、難波長柄豊碕宮《ながらとよさきのみや》を造営したが、政治の実権を巡って中大兄皇子と対立。中大兄皇子は母・皇極をはじめ主だった臣下を率いて飛鳥宮へと戻ってしまった。一人残された孝徳は失意に打ちひしがれ、白雉《はくち》五年（六五四）、病没した。

※『日本書紀』によると、斉明天皇と中大兄皇子が紀伊牟婁温泉に出掛けていたとき、留守官・蘇我赤兄が有間皇子に天皇の失政を語った。有間は自分の心情を察してくれていると喜び、「我が生涯で初めて兵を用いるときがきた」と応

❖有間皇子事件要図

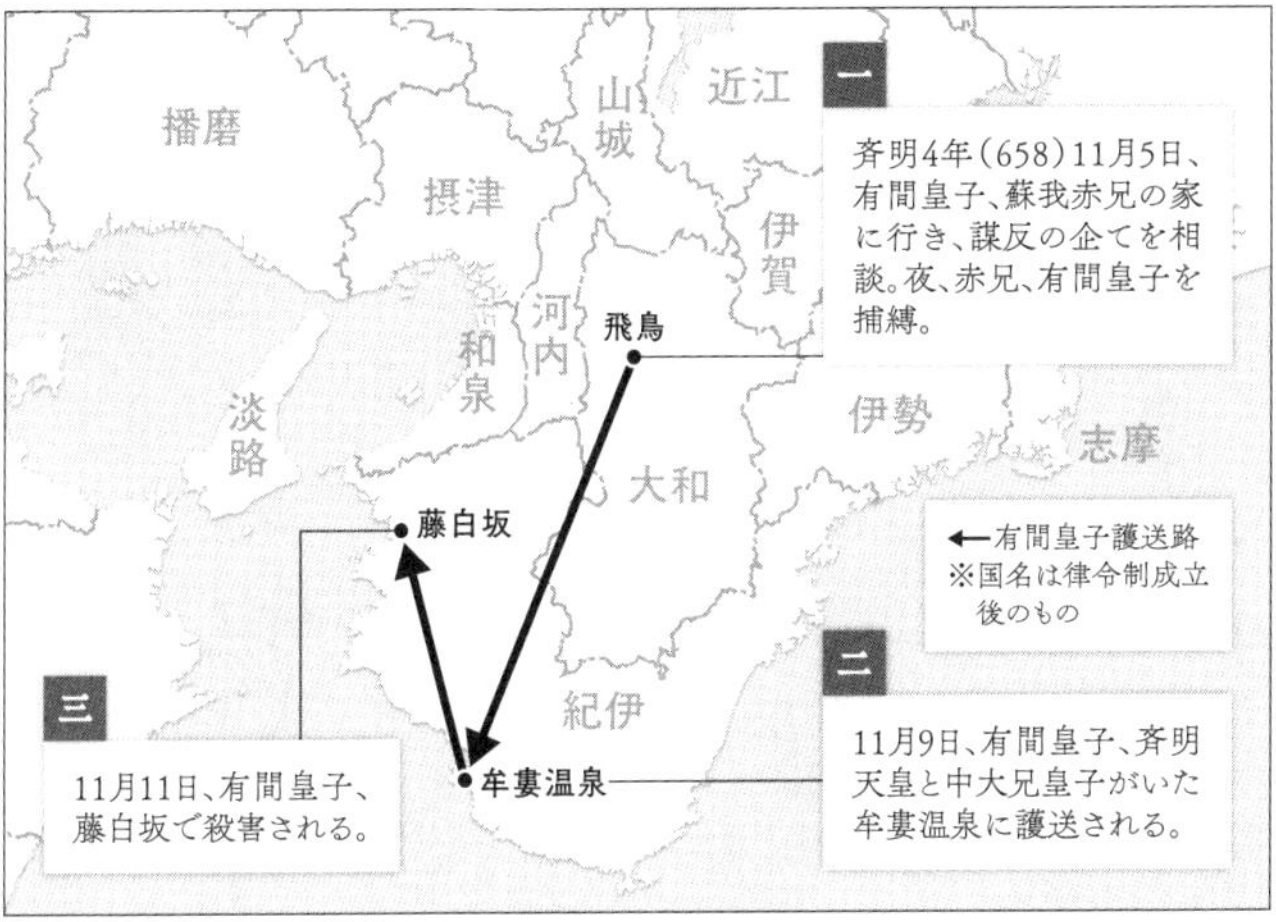
播磨
摂津
山城
近江
伊賀
河内
和泉
淡路
飛鳥
伊勢
志摩
大和
藤白坂
紀伊
牟婁温泉
一
斉明4年（658）11月5日、有間皇子、蘇我赤兄の家に行き、謀反の企てを相談。夜、赤兄、有間皇子を捕縛。
二
11月9日、有間皇子、斉明天皇と中大兄皇子がいた牟婁温泉に護送される。
三
11月11日、有間皇子、藤白坂で殺害される。
←有間皇子護送路
※国名は律令制成立後のもの

中大兄皇子は古人大兄皇子に次いで有力な政敵であった有間皇子の排除にも成功した。

その翌年、皇極が飛鳥宮で再び即位した（重祚《ちょうそ》して斉明《さいめい》天皇）。中大兄皇子は引き続き皇太子として政治の実権を掌握する。

だがこのとき、皇位継承の障害となり得る政敵がいた。孝徳が内麻呂の娘・小足媛《おたらしひめ》との間に儲けた有間《ありま》皇子で、当時十九歳であったと伝わる。その有間皇子も、中大兄皇子の謀略にかかって粛清されることになる※。

こうして朝廷内には中大兄皇子に対抗できるほどの力を持った人物はいなくなり、中大兄皇子が実権を一手に握ることになったのであった。

えた。その後、有間は赤兄の家に赴いて謀反の相談をしたが、夜、赤兄に自宅を囲まれて捕らえられたという。赤兄は蘇我倉山田石川麻呂の弟で、もと中大兄皇子と親しい間柄だったと考えられており、実際、天智朝時には左大臣に起用されている。このことから、赤兄は有間に謀反の疑いをかけるために派遣されたともいわれている。

六五八年

蝦夷戦争①阿倍比羅夫の遠征

蝦夷を従わせた倭国の本当の狙いとは

◆朝廷に服属しなかった「蝦夷」

乙巳の変後に発足した新政権は「改新の詔」を発布して中央の政治改革を進めていく一方で、地方に対しては従来の国造《くにのみやつこ》の支配領域であるクニを解体・分割。評《こおり》（大宝令施行後に郡と改称）という小さい行政組織に再編し、複数の官人による共同統制へと改めた。それまで地方支配を委任していた国造の権力を削減することで、中央集権体制を実現しようとしたものである。

もっとも、この時代にはまだ日本列島全域が朝廷の支配下に収まっていたわけではなく、国造が置かれていた北限は太平洋側では現在の宮城県阿武隈《あぶくま》川河口以南まで、日本海側では新潟平野までであったと考えられている。それより北側の地域には、朝廷の影響下に置かれることのない「蝦夷《えみし》」と呼ばれる人々が住んでいた。

❖蝦夷の居住範囲と柵の設置

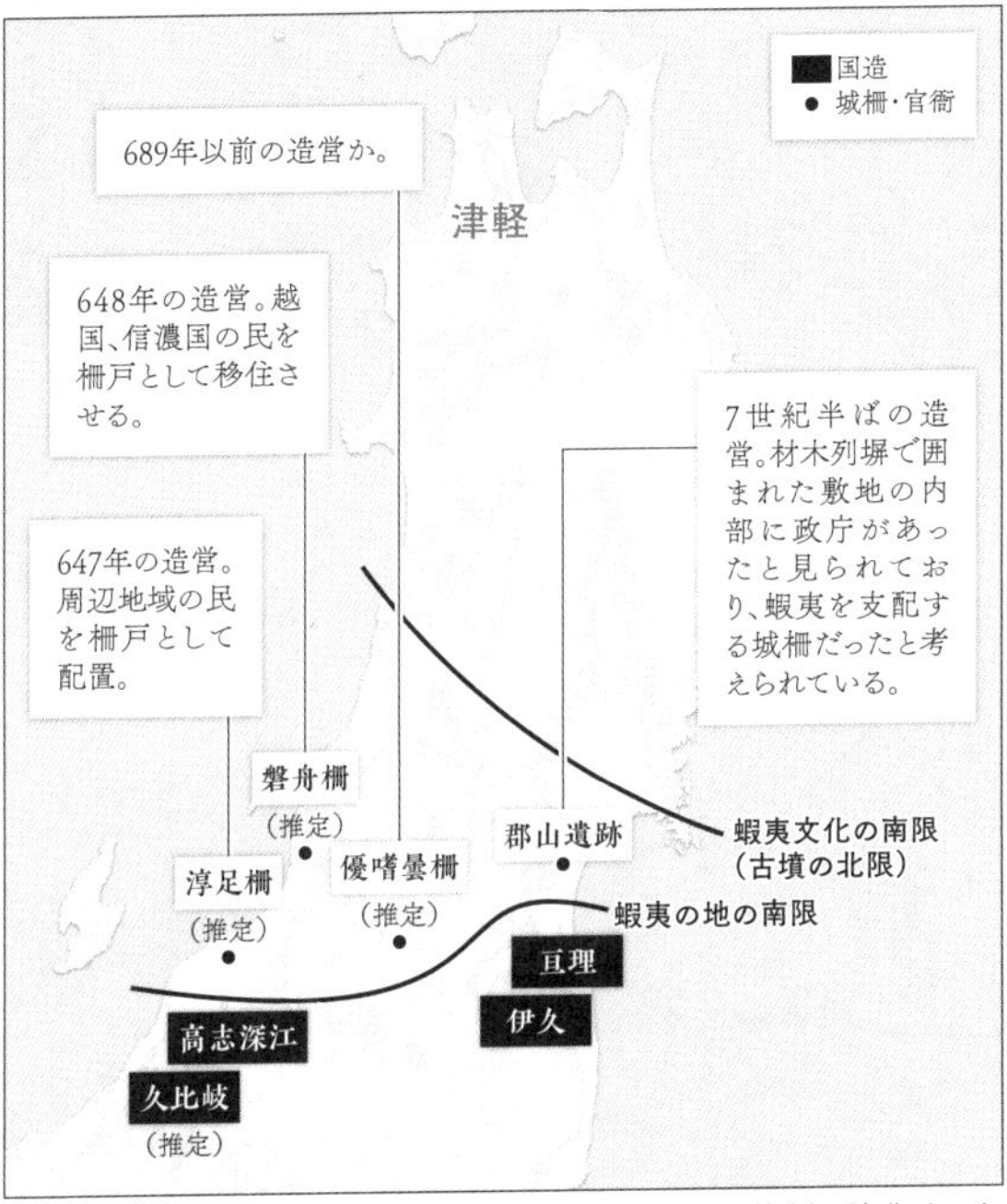
国造
城柵・官衙
689年以前の造営か。
津軽
648年の造営。越国、信濃国の民を柵戸として移住させる。
7世紀半ばの造営。材木列塀で囲まれた敷地の内部に政庁があったと見られており、蝦夷を支配する城柵だったと考えられている。
647年の造営。周辺地域の民を柵戸として配置。
磐舟柵（推定）
郡山遺跡
蝦夷文化の南限（古墳の北限）
優嗜曇柵（推定）
渟足柵（推定）
蝦夷の地の南限
亘理
伊久
高志深江
久比岐（推定）
大化の改新後、時の政権は東北の蝦夷に対する支配体制を強化するため「柵」を設置した。

新政権は、この朝廷の支配の及ばない東北地域にまで勢力圏を拡大しようと考える。

そこで大化三年（六四七）には越国《こしのくに》（のちの越前・越中・越後国）に渟足柵《ぬたりのき》（現在の新潟県新潟市付近）を、さらに翌大化四年（六四八）には磐舟柵《いわふねのき》（現在の新潟県村上市付近）を設置。※1 太平洋側でも七世紀半ばに郡《こおり》山《やま》遺跡I期官衙《かんが》を置き、蝦夷支配の拠点とした。※2 これらの城柵には周辺地域から柵戸《きのへ》と呼ばれる移民が置かれている。

※1 柵は砦のような施設のこと。

※2 『日本書紀』には記されていないが、発掘調査の結果、陸奥国にも城柵が置かれていたことが分かった。古い時期のものを「I期官衙」、新しい時期のものを「II期官衙」と呼ぶ。

◆東北経営の進展

斉明天皇の治世下の斉明四年（六五八）、ついに北征が開始される。北征軍の指揮を命じられたのは、越国守・阿倍比羅夫《あべのひらふ》である。

百八十艘もの艦隊を率いた比羅夫は、おそらく渟足柵から北上し、齶田《あぎた》（秋田）浦へと進軍。齶田・渟代《のしろ》（能代）二郡を制圧した。その後、比羅夫は有間浜《ありま》（十《と》三《さ》湊《みなと》付近か）で渡《わたり》嶋《しま》（北海道）の蝦夷

❖阿倍比羅夫の遠征関連図（658年）

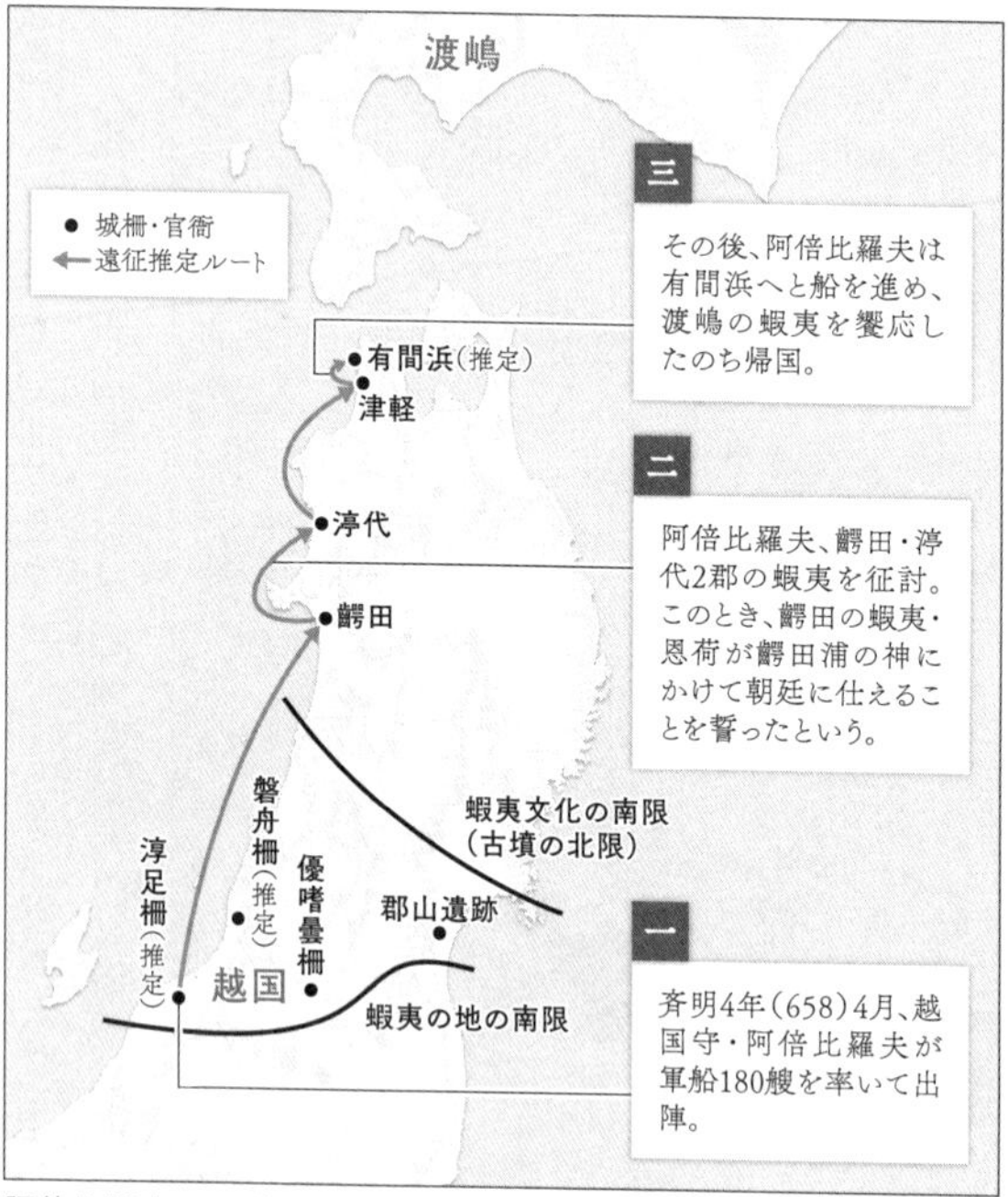
渡嶋
● 城柵・官衙
← 遠征推定ルート
三
その後、阿倍比羅夫は有間浜へと船を進め、渡嶋の蝦夷を饗応したのち帰国。
有間浜（推定）
津軽
二
阿倍比羅夫、齶田・渟代2郡の蝦夷を征討。このとき、齶田の蝦夷・恩荷が齶田浦の神にかけて朝廷に仕えることを誓ったという。
渟代
齶田
蝦夷文化の南限
（古墳の北限）
磐舟柵（推定）
優嗜曇柵
渟足柵（推定）
郡山遺跡
越国
蝦夷の地の南限
一
斉明4年（658）4月、越国守・阿倍比羅夫が軍船180艘を率いて出陣。

阿倍比羅夫による蝦夷征討後、朝廷は齶田・渟代2郡の郡領を設置するとともに、齶田の蝦夷・恩荷に小乙上の冠位を授けた。

❖ 阿倍比羅夫の遠征関連図（660年）

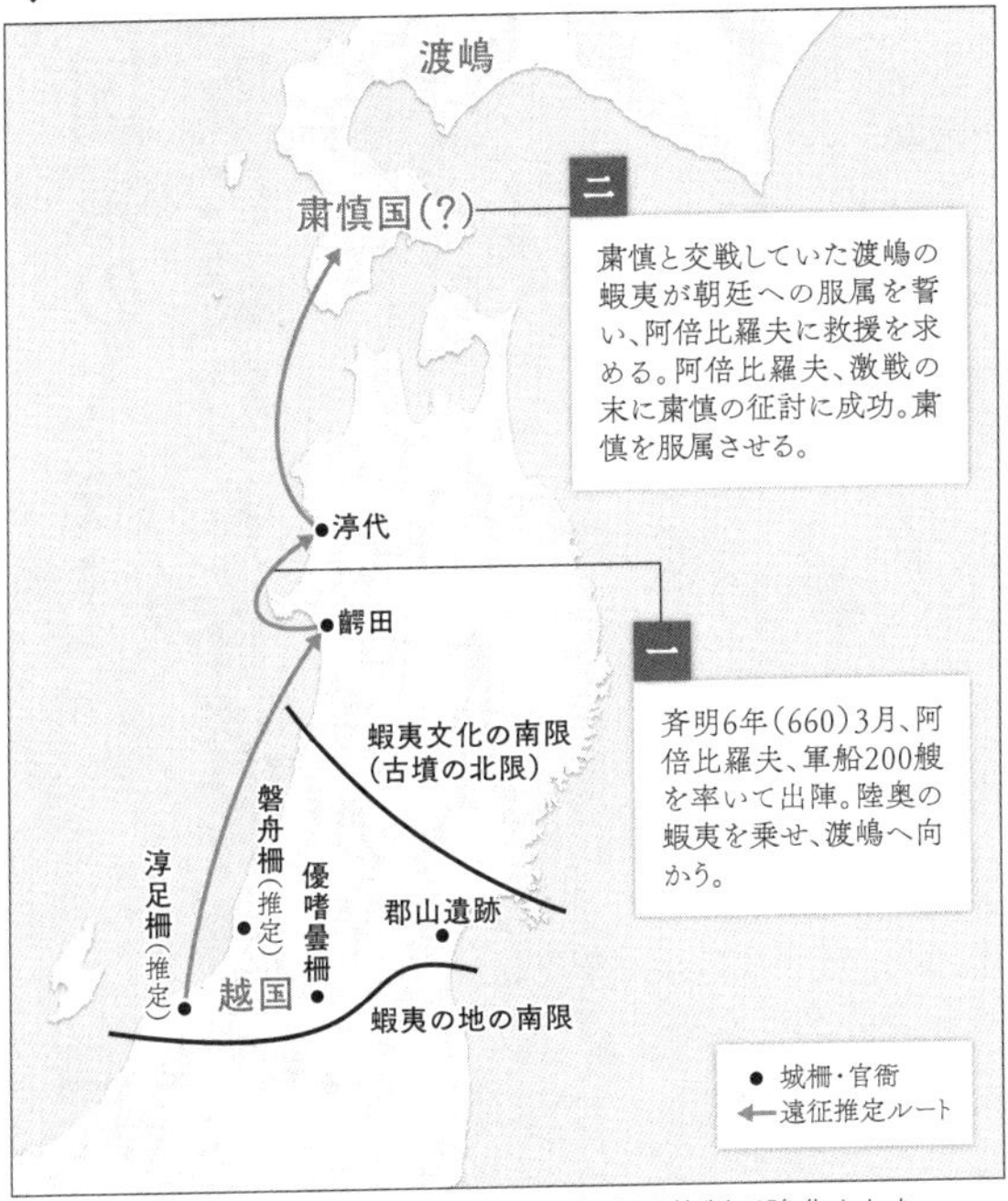
渡嶋
粛慎国（?）
二
粛慎と交戦していた渡嶋の蝦夷が朝廷への服属を誓い、阿倍比羅夫に救援を求める。阿倍比羅夫、激戦の末に粛慎の征討に成功。粛慎を服属させる。
渟代
齶田
一
斉明6年（660）3月、阿倍比羅夫、軍船200艘を率いて出陣。陸奥の蝦夷を乗せ、渡嶋へ向かう。
蝦夷文化の南限（古墳の北限）
磐舟柵（推定）
優嗜曇柵
淳足柵（推定）
郡山遺跡
越国
蝦夷の地の南限
城柵・官衙
遠征推定ルート

阿倍比羅夫の北方遠征により、朝廷の蝦夷支配体制が強化された。

を饗応して帰国した。翌斉明五年（六五九）、比羅夫は再び艦隊を率いて遠征を開始。齶田・渟代・津軽の蝦夷に加えて胆振鉏《いぶりさえ》（不明）の蝦夷を一か所に集めて饗宴を催したという。

さらに斉明六年（六六〇）の第三次遠征では渡嶋の大河（石狩川か）のほとりで謎の種族である粛慎《みしはせ》と戦ったという。激しい戦闘の末、比羅夫は粛慎勢を撃破。こうして粛慎は朝廷への服属を誓い、朝貢しに来るようになったと伝わる。※3

※3 これらの軍事行動には勢力拡大という目的があったが、それ以外にも倭国が倭人と異なる民族を従えていることを国の内外に示すという思惑があったと考えられている。実際、斉明五年七月、第四回遣唐使を派遣した際、わざわざ蝦夷の男女二人を同行させ、唐の皇帝に謁見させている。

倭国軍の大敗、失敗に終わった百済救援

六六三年
白村江の戦い

◆百済の滅亡

斉明天皇が即位した斉明元年（六五五）頃から、朝鮮半島情勢は激動期を迎える。当時、半島内では唐・新羅（羅唐同盟）対高句麗・百済（麗済同盟）という対立軸が明確となっていた。斉明五年（六五九）四月には、百済が新羅国内へと侵攻し、独《どく》山《さん》・桐岑《とうしん》の二城を奪った。これに対し、新羅は唐の高宗《こうそう》に救援を要請する。高宗は高句麗征討の一環として百済の征討を決意。翌斉明六年（六六〇）三月、左武衛《さぶえい》大将軍・蘇定方《そていほう》を神丘道行軍大摠管《しんきゅうどうこうぐんだいそうかん》に任じ、水陸十三万の大軍をもって百済の王都・泗沘《しひ》を攻めさせた。一方、新羅の武烈《ぶれつ》王も嵎夷《ぐうい》道行軍摠管に任じられ、五万の兵を率いて陸路、百済領へ侵攻した。七月十二日、唐・新羅軍は百済王都を包囲。十八日、百済の義慈王は降伏し、ここに百済は滅亡することとなった。※1 しかし八月、百済国内では唐

※1 その後、唐は

❖7世紀後半の東アジア情勢と百済の滅亡

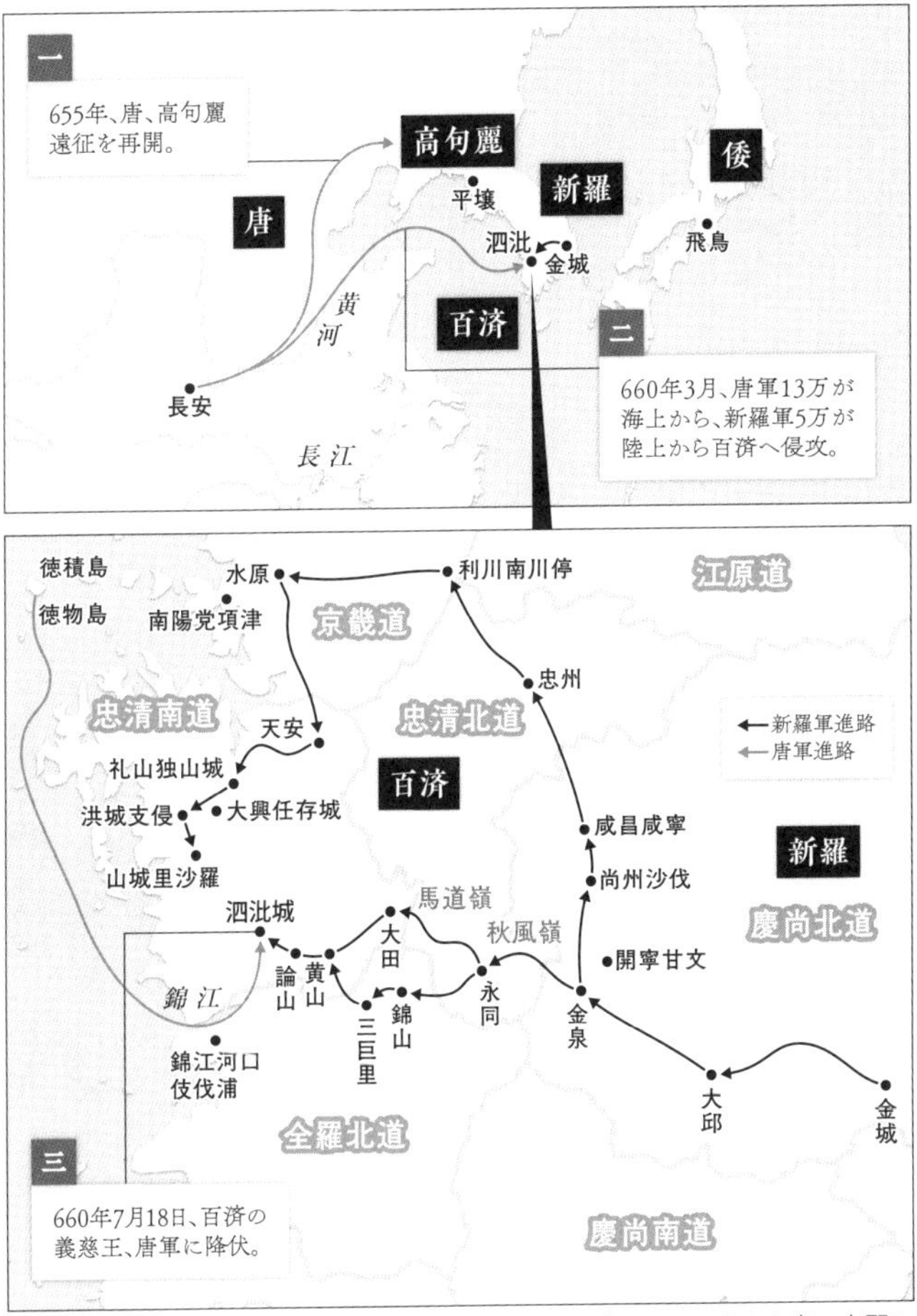

660年、百済は唐・新羅軍の侵攻を受けて滅亡したが、遺民たちはなおも唐の支配に抵抗した。

百済に都督府を五つ設置すると、百済人を長官に任命して間接統治を行なった。これを羈縻政策という。

の支配に反発した百済遺民が蜂起し、早くも復興運動を展開しはじめた。

倭国が百済の滅亡を知ったのは、九月のことである。百済復興運動の中心人物の一人であった僧・道琛《どうちん》の使者が斉明のもとを訪れ、新羅が唐を引き込んで百済を滅ぼしたこと、恩卒《おんそつ》・鬼室福信《きしつふくしん》らが各地の遺民を糾合して抵抗を続けているが、唐はあえて介入してこないことなどを報告した。続いて十月には福信の使者が訪れて唐の捕虜百余人を献じるとともに、倭国に人質として滞在していた義慈王の子・余豊璋《よほうしょう》の送還と、援軍の派遣を要請した（『日本書紀』）。これに対して斉明は、百済の救援を決意。十二月、難波宮に行幸して武器の準備や軍船の建造などを命じると、斉明七年（六六一）正月六日、大王自ら援軍を率いて西征を開始した。※2

◆大敗を喫した倭国軍

難波津から出港した斉明は、大伯海《おおくのうみ》（現在の岡山県瀬戸内市邑久《おく》町の海）を経て十四日、伊予の熟田津《にぎたつ》の石湯行宮《いわゆのかりみや》（現在の愛媛県松山市道後温泉）に到着。ここで二か月余、逗留した。※3 その後、一行は三月二十五日に娜大津《なのおおつ》（現在の博多港）の磐瀬《いわせ》行宮に入り、五月九日、朝倉宮に遷居した。だが七月二十四日、斉明は崩御してしまう。

※2 このときの倭国には唐と直接対決をするという意識はなかったという説もある。『日本書紀』に「百済のために、まさに新羅を伐たんと欲して」とあるように、倭国の思惑はあくまでも百済の復興と、古くから半島経営で対立を続けてきた新羅との決着をつけることにあったと考えられている。

❖斉明天皇の遠征ルート

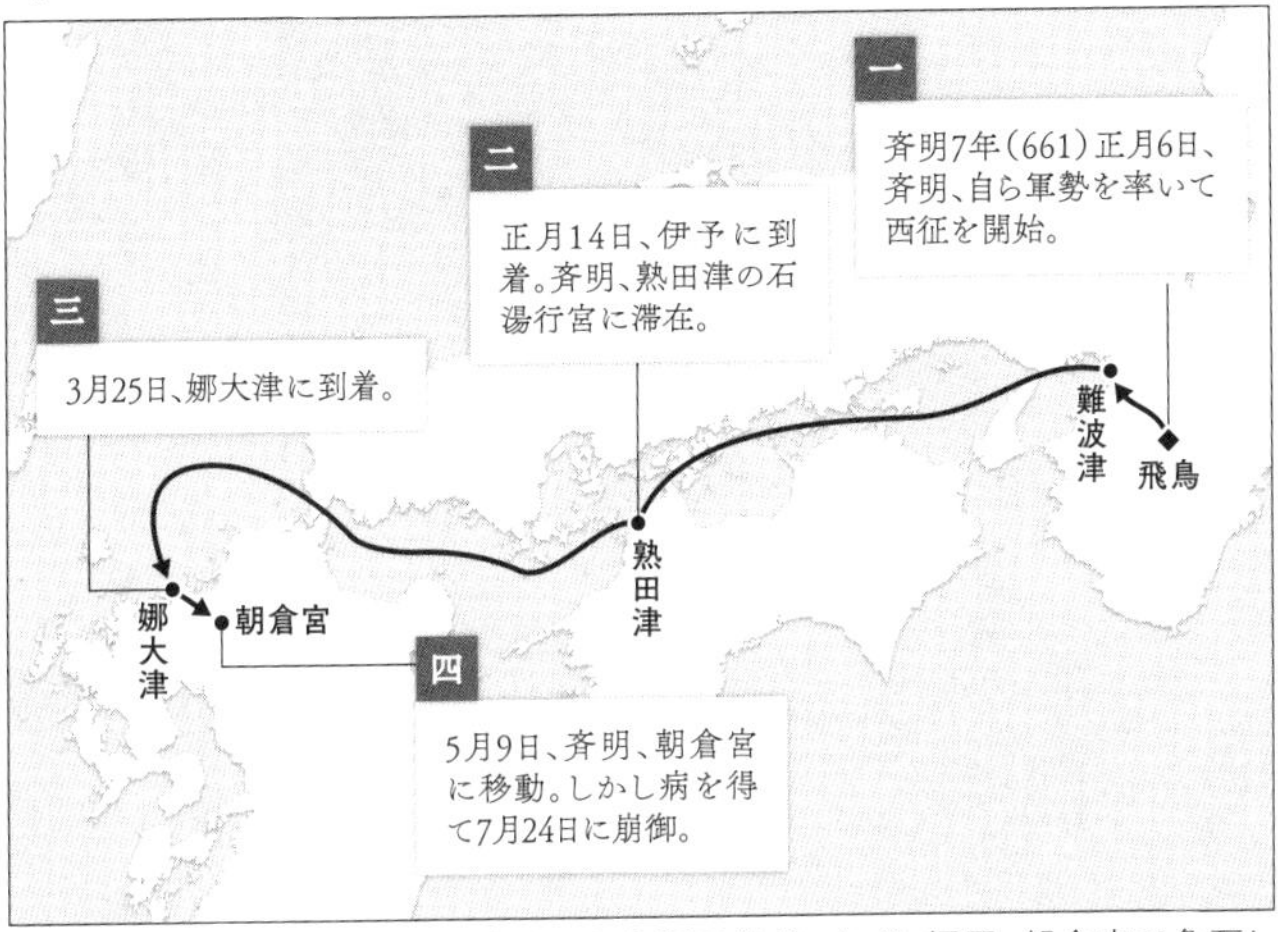
一
斉明7年（661）正月6日、斉明、自ら軍勢を率いて西征を開始。
二
正月14日、伊予に到着。斉明、熟田津の石湯行宮に滞在。
三
3月25日、娜大津に到着。
四
5月9日、斉明、朝倉宮に移動。しかし病を得て7月24日に崩御。
飛鳥
難波津
熟田津
娜大津
朝倉宮
百済遺臣からの要請を受けて出兵した斉明天皇だったが、福岡・朝倉宮で急死した。

そこで中大兄皇子が称制《しょうせい》という形で大王位を代行し、百済救援軍の指揮を執った。

八月、中大兄皇子は百済救援の第一陣として前将軍大花下《だいけげ》・阿曇比羅夫《あずみのひらふ》、小花下・河辺百枝《かわべのももえ》らに武器や食糧を持たせて派遣した。翌月には大山下《だいせんげ》・狭井檳榔《さいのあじまさ》らに五千余の兵を預け、豊璋を帰国させている。

そして天智《てんじ》二年（六六三）三月、新羅を討つべく、前将軍・上毛野稚子《かみつけののわかこ》、間人大蓋《はしひとのおおふた》、中将軍・巨勢神前訳語《こせのかむさきのおさ》、三輪根麻呂《みわのねまろ》、後将軍・阿倍比羅夫《あべのひらふ》、大宅鎌柄《おおやけのかまつか》ら二万七千の軍勢を派遣した。このとき、征討軍

※3　『備中国風土記』逸文によると、中大兄皇子が備中国下道郡迩摩郷（現在の岡山県倉敷市真備町上二万・下二万）で二万人の兵士を徴発したとあることから、東国を含む兵士の動員、またこれから斉明が入る予定であった朝倉橘広庭宮（現在の福岡県朝倉市付近）の造営に時間を要したと考えられる。

の派遣までに時間がかかったのは、当時はまだ戸籍が存在しておらず、どの場所にどのくらいの人口がいたかを把握できていなかったためである。また、全国から兵を徴発する体制が構築されておらず、在地の豪族に依拠せざるを得なかったことから、どの程度の軍勢を動員できるかも予測することができなかった。それでも、可能な限りの臨戦態勢は取ったものと考えられる。

かくして、倭国軍は八月二十七日の白村江《はくそんこう》の戦いを迎えることとなる。※4

『日本書紀』によると、十七日、唐・新羅連合軍が百済復興軍の拠点であった州柔《つぬ》（周留《する》）城を攻囲。一方、唐水軍は白村江に百七十艘の軍船を配備した。

二十七日、上毛野・間人らが率いる前軍が白村江に到着。唐水軍に襲いかかったが、すでに隊列を整えて待ち構えていた唐水軍の攻撃の前に後退を余儀なくされた。

翌二十八日、再び両軍は激突する。だが、単調な突撃を繰り返す倭水軍に対し、唐水軍は軍船を左右に分け、両翼から倭水軍を包囲・挟撃してきたため、倭水軍は成す術なく大敗を喫してしまった。『旧唐書《くとうじょ》』劉仁軌《りゅうじんき》伝によると、「煙焔《えんえん》天に漲《みなぎ》り、海水皆赤し。賊衆大潰す」という有様であったという。

その後、州柔城も陥落。百済の復興は夢と終わった。

※4 日本では白村江と言っているが、中国や韓国の資料は白江であり、地点についても錦江河口、東津江河口など諸説ある。

❖白村江の戦い要図

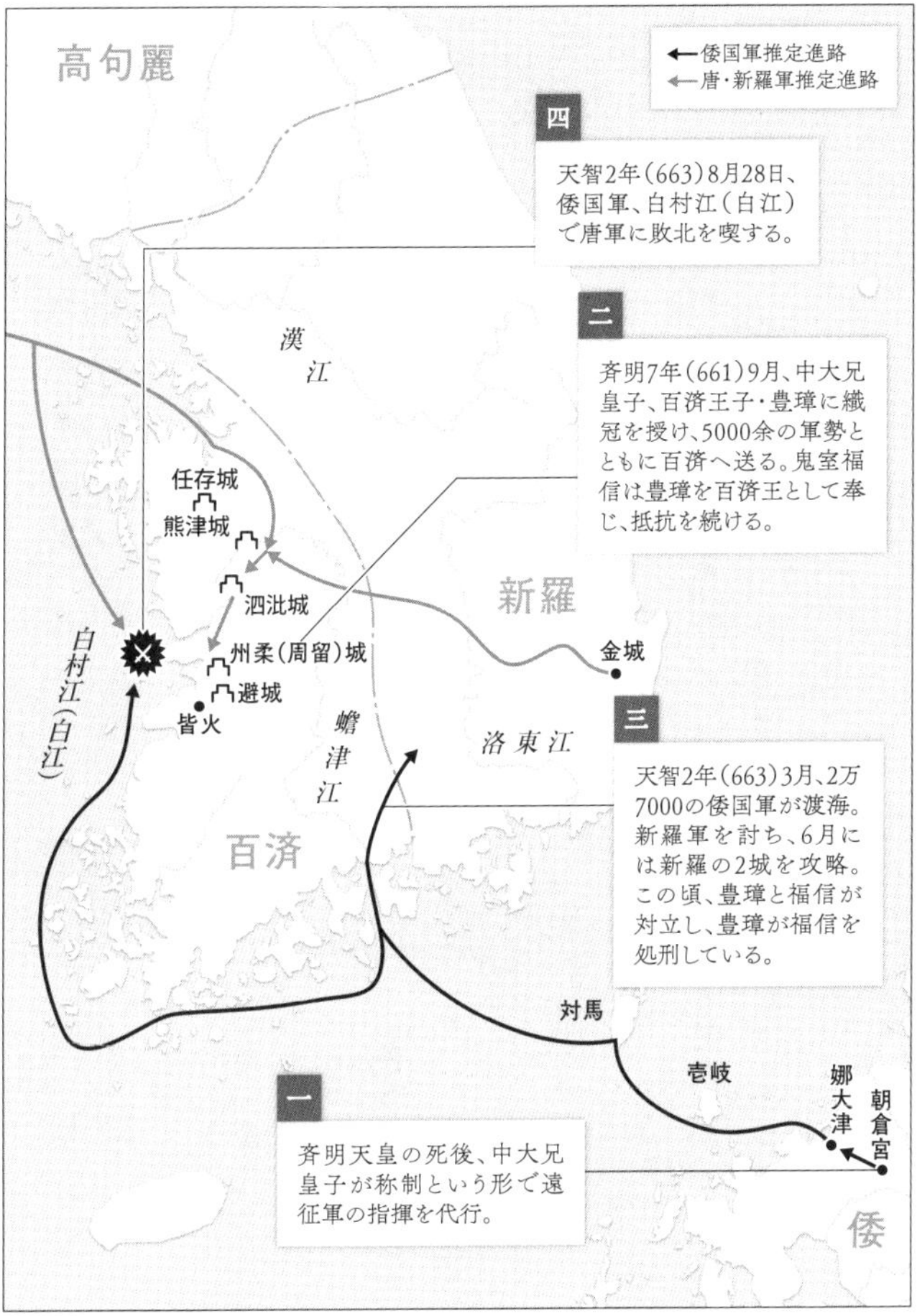
高句麗
←倭国軍推定進路
←唐・新羅軍推定進路
四
天智2年（663）8月28日、倭国軍、白村江（白江）で唐軍に敗北を喫する。
二
斉明7年（661）9月、中大兄皇子、百済王子・豊璋に織冠を授け、5000余の軍勢とともに百済へ送る。鬼室福信は豊璋を百済王として奉じ、抵抗を続ける。
漢江
任存城
熊津城
泗沘城
州柔（周留）城
避城
皆火
白村江（白江）
新羅
金城
三
天智2年（663）3月、2万7000の倭国軍が渡海。新羅軍を討ち、6月には新羅の2城を攻略。この頃、豊璋と福信が対立し、豊璋が福信を処刑している。
洛東江
蟾津江
百済
対馬
壱岐
娜大津
朝倉宮
一
斉明天皇の死後、中大兄皇子が称制という形で遠征軍の指揮を代行。
倭

倭国は百済復興のために援軍を派遣したが、白村江で唐軍に敗北。豊璋は高句麗に逃れ、ここに百済は名実ともに滅亡した。

天智の後継を巡る骨肉の争い

六七二年
壬申の乱

◆唐の侵攻に備えた防衛対策

白村江での敗戦は、倭国に大きな衝撃を与えた。中大兄皇子は豊璋の弟・禅広《ぜんこう》など亡命百済貴族の受け入れを進めるとともに、唐・新羅の侵攻に備えた防衛体制の構築に追われることとなる。まず天智三年（六六四）二月、中大兄皇子は弟の大海人《おおあま》皇子を通じて「甲子《かっし》の宣《せん》」を発し、二十六階級からなる新たな冠位制度を導入したり、豪族を大氏・小氏・伴 造《とものみやつこ》へと再編成して氏上を決めるなど、様々な国政改革を推し進めていった。この場合の氏は中央豪族のみで地方豪族は含まれていないと考えられているが、中央豪族の氏上を定めることで氏族の勢力範囲を明確なものとし、中央豪族をより厳密に統制するという狙いがあったといわれる。

また国土防衛のため、対馬《つしま》、壱岐《いき》、筑紫《つくし》の三国に防人《さきもり》を配備し、合わせて緊急連絡

❖壬申の乱関連系図

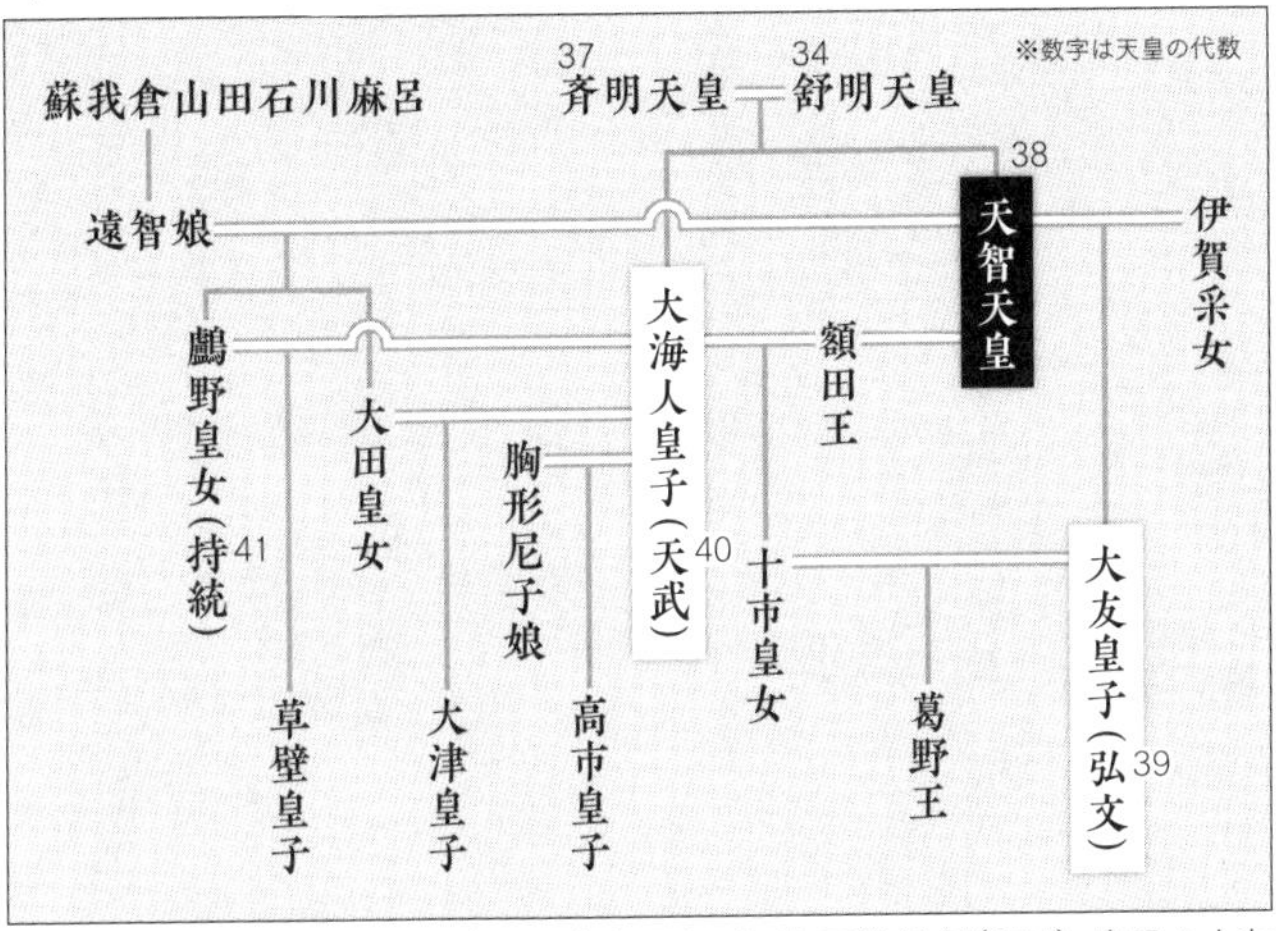

当初、天智天皇は弟の大海人皇子を皇太子としたが、天智10年（671）、実子の大友皇子を太政大臣に任命。大友皇子即位へ向けた布石を打った。

用の狼煙台を設置した。半島に近い筑紫には、博多湾から侵攻してくる敵に備えた水城《みずき》という長大な防塁を構築。※1 その他、筑紫から瀬戸内海沿岸、そして大和にかけて朝鮮式山城※2を造営した。朝鮮式山城の築造を主導したのは、亡命百済貴族である。

さらには、都を飛鳥から近江大津《おうみおおつ》宮へと遷した。大津は渋川水系で難波津と結ばれる一方、琵琶湖水系を通じて北陸の敦賀《つるが》とも結ばれた水陸交通の要衝だった。仮に唐が難波津にまで攻め寄せたとしても、大津から日本海へと逃れるルートを確保することができる。遷都には、このよ

※1 水城の土塁の下辺は70メートル以上、高さは9メートルに及ぶ。

※2 基肄城（福岡県）、大野城（福岡県）、鬼ノ城（岡山県）、高安城（奈良県）などが知られる。

うな意図があったと見られている。そして天智七年（六六八）正月、この大津宮で、中大兄皇子はついに天智天皇として即位したのであった。

だが、まだ半島情勢は予断を許さず、天智天皇は強固な中央集権国家の構築に力を注いでいく。その一環として天智九年（六七〇）につくられたのが、庚午年籍《こうごねんじゃく》と呼ばれる最初の全国的な戸籍である。これにより、評 司《こおりのつかさ》が評内の諸豪族配下の人民を掌握することが可能となり、徴兵や徴税、労働力の徴発などを速やかに行なえる体制が整えられることとなった。※3

◆後継者を巡る対立構造

天智天皇の即位後、皇太子に任じられたのは弟の大海人皇子だった。※4

だが、やがて天智は実子の大友《おおとも》皇子に位を譲りたいと考えるようになり、天智十年（六七一）正月、大友皇子を国政の最高責任者である太政大臣に任じた。ただし、この太政大臣というポストが皇太子と同じ立場を意味していたかどうかについては意見が分かれるところである。※5 この頃から天智は病がちとなる。十月十七日には大海人皇子を病床に呼び、後事を託すと譲位の意志を見せた。だが大海人皇子は身の危険を感

※3 その後の朝鮮半島情勢について触れておくと、六六八年、唐と新羅が高句麗を滅ぼしている。のち半島経営を巡って新羅と唐は対立するが、新羅が唐勢力を追い出すことに成功し、六七六年、新羅が朝鮮半島で初の統一国家となった。

※4 一説に大海人皇子のほうが年長であるといわれたり、酒席の場で天

じてこれを拒否。「皇后・倭姫王《やまとひめのおおきみ》を次の大王とし、大友皇子を儲君《もうけのきみ》」とするように提案すると、自身はただちに出家し、十九日、吉野《よしの》に隠棲した。

十二月三日、天智は没した。その後、大友皇子が即位したかどうかは明らかではないが、明治政府は江戸期に編まれた『大日本史』上の即位説を採って明治三年（一八七〇）、「弘文《こうぶん》天皇」の諡号を贈っている。ただし、仮に大友皇子が即位していたとすると、大海人皇子の挙兵は大王家に対する反逆行為ということになる。『日本書紀』が大友皇子の即位を記さず、空位期間を設けているのは、天武天皇は反乱を起こして王位を簒奪したわけではないということを示すためのものだったともいえる。いずれにせよ、大友皇子が当時、朝廷を主宰する立場にあったことは間違いないだろう。

翌天武元年（六七二）五月、大友皇子は先帝の墓を築くという名目で兵を徴発した。※6 この報告を聞いた大海人皇子は大友皇子が吉野を攻めるに違いないと確信し、挙兵を決意。※7 吉野を脱出すると、すぐさま近江から東国への出入り口にあたる不破関《ふわ》（現・関ヶ原）を封鎖し、東国の兵を集める方針に出た。大海人皇子は吉野から伊賀《いが》、伊勢《いせ》、美濃《みの》と移動し、六月二十七日、不破に臨時の御所を設け、本陣を敷いた。吉野を出立したときにはわずか四十人ほどだったというが、この頃には二万以上の軍勢を擁して

智が大海人を殺害しようとする（『藤氏家伝』）など、この兄弟の関係性については謎に包まれた点が多い。

※5
『懐風藻』によると大友皇子は「博学多通で文武の才幹があった」というから、単に溺愛していただけではなかったようだ。

※6
新羅出兵を見据えた徴兵だったともいわれる。

いたという。

　大友皇子方が大海人皇子の挙兵を知ったのは、六月二十六日のことだった。大友皇子は東国、飛鳥《あすか》、筑紫、吉備と兵の動員を命じる使者を送ったが、東国に派遣した使者は大海人皇子方の手に捕らえられ、筑紫大宰《おおみこともち》、吉備総領《そうりょう》からは兵の派遣を断られるなど、思うように兵を動員することができなかった。

　そのような状況下、ついに戦端が開かれることとなる。戦線が展開したのは二か所。一つは古京・飛鳥で、旧来の豪族たちがなおも勢力を保持していた。もう一つは、大津宮が位置する近江である。飛鳥には、天智天皇の政策に不満を抱く諸豪族が大勢いた。二十九日には大伴《おおともの》吹負《ふけい》が大海人皇子方として挙兵。近江朝廷方の興兵使・穂積《ほづみの》百足《ももたり》らを撃ち破り、飛鳥宮の制圧に成功している。

　一方、不破から大津宮を目指した大海人皇子の主力軍は、近江朝廷軍を次々と撃ち破りながら進軍。二十二日、瀬田橋に至った。このとき、近江朝廷軍は大友皇子自ら軍を率いたが、激戦の末に大海人皇子軍がこれを降した。敗れた大友皇子は山前《やまさき》まで逃走、そこで自害を遂げた。

　こうして約一か月に及んだ内乱は、大海人皇子の勝利に終わったのであった。

※7
『日本書紀』壬申紀には、大海人皇子は近江朝廷方の不穏な動きを見て、やむを得ず挙兵したように描かれるが、近年、大海人皇子の挙兵は計画的だったとする説も唱えられている。

❖ 壬申の乱要図（6月22日～28日）

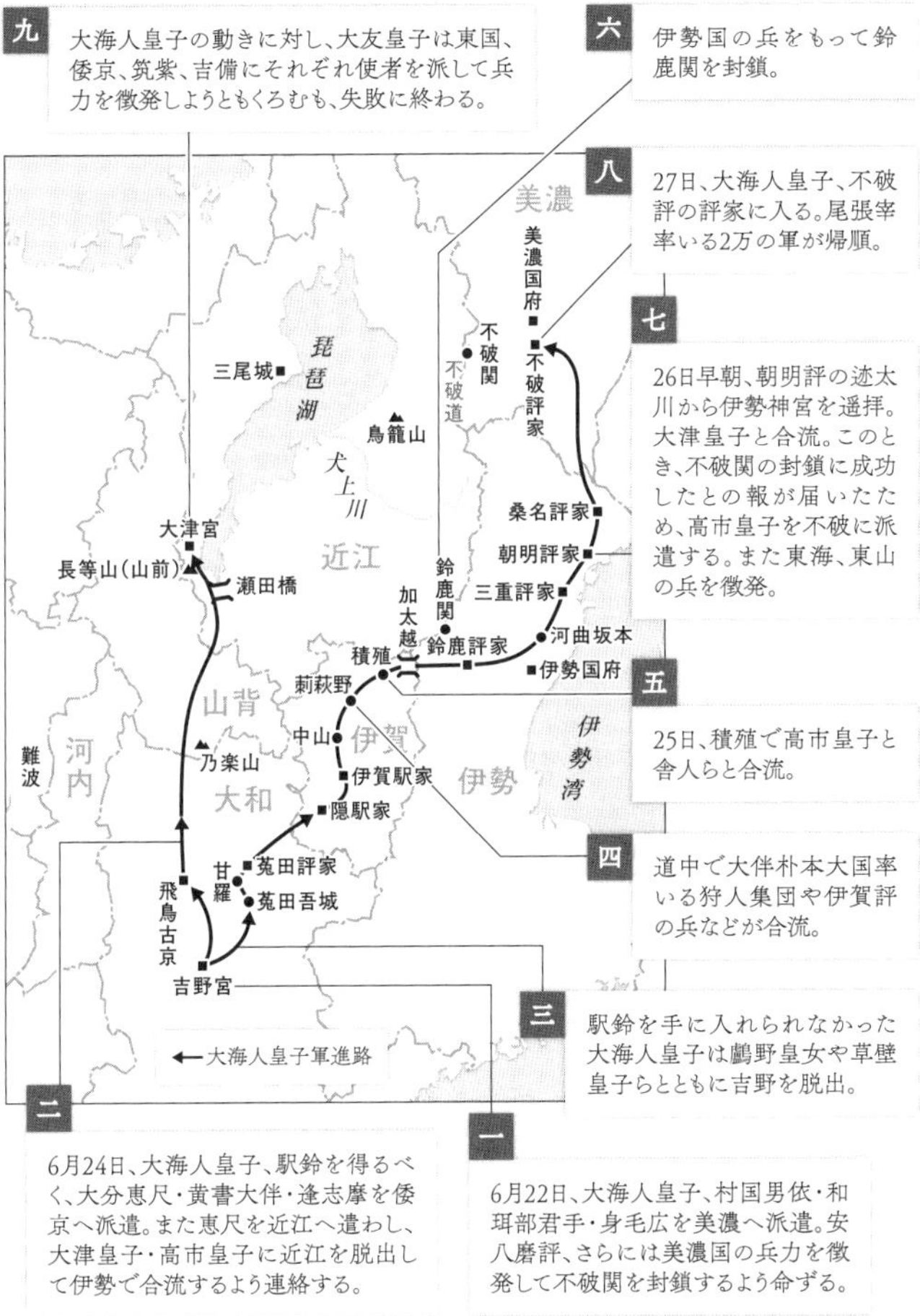
九
大海人皇子の動きに対し、大友皇子は東国、倭京、筑紫、吉備にそれぞれ使者を派して兵力を徴発しようともくろむも、失敗に終わる。
六
伊勢国の兵をもって鈴鹿関を封鎖。
八
27日、大海人皇子、不破評の評家に入る。尾張宰率いる2万の軍が帰順。
七
26日早朝、朝明評の迹太川から伊勢神宮を遥拝。大津皇子と合流。このとき、不破関の封鎖に成功したとの報が届いたため、高市皇子を不破に派遣する。また東海、東山の兵を徴発。
五
25日、積殖で高市皇子と舎人らと合流。
四
道中で大伴朴本大国率いる狩人集団や伊賀評の兵などが合流。
三
駅鈴を手に入れられなかった大海人皇子は鸕野皇女や草壁皇子らとともに吉野を脱出。
二
6月24日、大海人皇子、駅鈴を得るべく、大分恵尺・黄書大伴・逢志摩を倭京へ派遣。また恵尺を近江へ遣わし、大津皇子・高市皇子に近江を脱出して伊勢で合流するよう連絡する。
一
6月22日、大海人皇子、村国男依・和珥部君手・身毛広を美濃へ派遣。安八磨評、さらには美濃国の兵力を徴発して不破関を封鎖するよう命ずる。
美濃
美濃国府
不破関
不破評家
不破道
三尾城
琵琶湖
鳥籠山
犬上川
大津宮
長等山（山前）
瀬田橋
近江
桑名評家
朝明評家
三重評家
鈴鹿関
加太越
河曲坂本
鈴鹿評家
積殖
伊勢国府
莿萩野
山背
中山
伊賀
難波
河内
乃楽山
伊賀駅家
伊勢
伊勢湾
大和
隠駅家
甘羅
菟田評家
菟田吾城
飛鳥古京
吉野宮
← 大海人皇子軍進路

吉野を脱した大海人皇子は各地で兵を徴発するとともに不破関、鈴鹿関を封鎖した。

❖ 壬申の乱要図（6月29日〜7月7日）

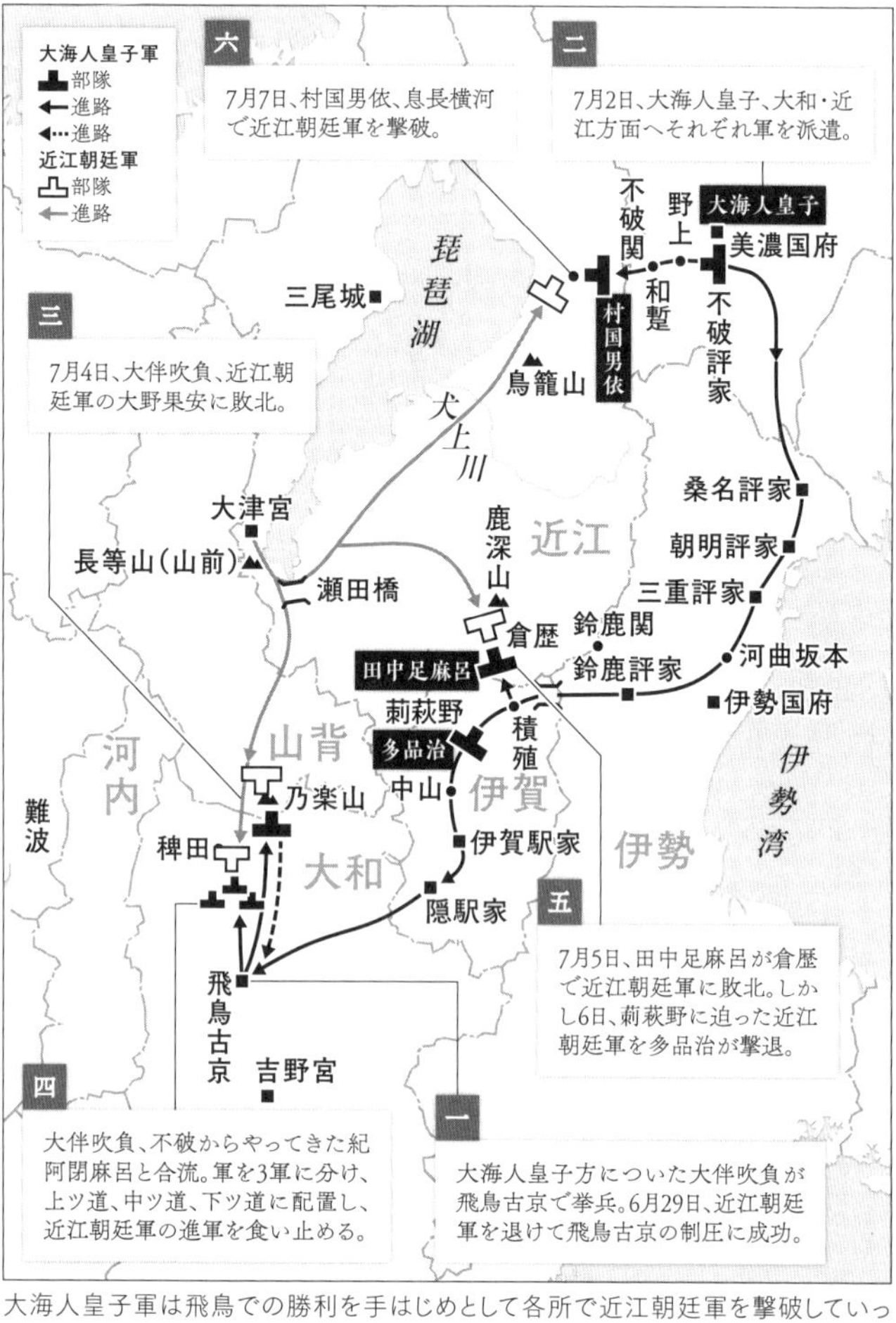

大海人皇子軍
部隊
進路
進路
近江朝廷軍
部隊
進路
六
7月7日、村国男依、息長横河で近江朝廷軍を撃破。
二
7月2日、大海人皇子、大和・近江方面へそれぞれ軍を派遣。
三
7月4日、大伴吹負、近江朝廷軍の大野果安に敗北。
五
7月5日、田中足麻呂が倉歴で近江朝廷軍に敗北。しかし6日、莿萩野に迫った近江朝廷軍を多品治が撃退。
四
大伴吹負、不破からやってきた紀阿閉麻呂と合流。軍を3軍に分け、上ツ道、中ツ道、下ツ道に配置し、近江朝廷軍の進軍を食い止める。
一
大海人皇子方についた大伴吹負が飛鳥古京で挙兵。6月29日、近江朝廷軍を退けて飛鳥古京の制圧に成功。
大海人皇子
美濃国府
野上
不破関
和蹔
村国男依
不破評家
琵琶湖
三尾城
鳥籠山
犬上川
桑名評家
朝明評家
三重評家
河曲坂本
伊勢国府
鈴鹿関
鈴鹿評家
近江
鹿深山
倉歴
大津宮
長等山（山前）
瀬田橋
田中足麻呂
莿萩野
積殖
多品治
中山
伊賀
伊賀駅家
隠駅家
伊勢
伊勢湾
山背
河内
難波
乃楽山
稗田
大和
飛鳥古京
吉野宮

大海人皇子軍は飛鳥での勝利を手はじめとして各所で近江朝廷軍を撃破していった。

❖壬申の乱要図（7月8日～23日）

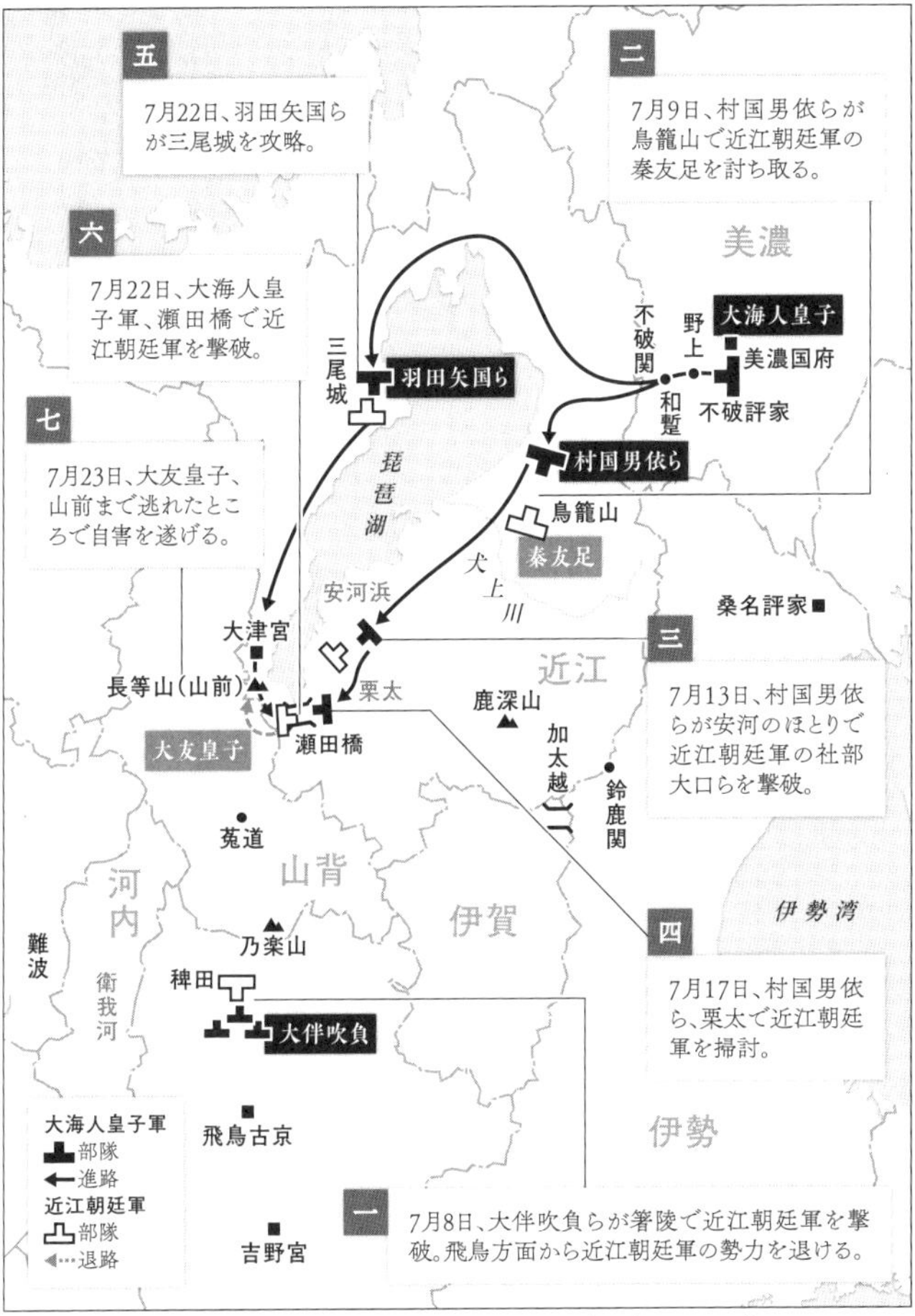
五
7月22日、羽田矢国らが三尾城を攻略。
二
7月9日、村国男依らが鳥籠山で近江朝廷軍の秦友足を討ち取る。
美濃
六
7月22日、大海人皇子軍、瀬田橋で近江朝廷軍を撃破。
大海人皇子
不破関
野上
美濃国府
三尾城
羽田矢国ら
和蹔
不破評家
七
7月23日、大友皇子、山前まで逃れたところで自害を遂げる。
琵琶湖
村国男依ら
鳥籠山
秦友足
犬上川
安河浜
桑名評家
大津宮
三
近江
長等山（山前）
栗太
鹿深山
7月13日、村国男依らが安河のほとりで近江朝廷軍の社部大口らを撃破。
瀬田橋
大友皇子
加太越
鈴鹿関
菟道
山背
河内
伊賀
伊勢湾
四
難波
乃楽山
7月17日、村国男依ら、栗太で近江朝廷軍を掃討。
稗田
衛我河
大伴吹負
大海人皇子軍
部隊
進路
近江朝廷軍
部隊
退路
飛鳥古京
伊勢
一
7月8日、大伴吹負らが箸陵で近江朝廷軍を撃破。飛鳥方面から近江朝廷軍の勢力を退ける。
吉野宮

壬申の乱の結果、大友皇子を降した大海人皇子が天武天皇として即位した。

大津による皇位転覆か、鸕野皇后の陰謀か

六八六年
大津皇子の変

◆後継者を決めかねた天武

天武二年（六七三）、大海人皇子は飛鳥浄御原《きよみはら》宮で即位。天武天皇となった。壬申の乱で近江朝廷が滅び、朝廷を支えた畿内の諸豪族が一掃されたことを受け、天武は天皇を頂点とした中央集権体制の強化に取り組む。※「大王」号に代わって新しく「天皇」号が創出されたのも、この時代のことだといわれている。

一方、天武は多くの皇妃を抱えていたことから、皇子女の数も大人数にのぼった。その中で皇位継承の有力候補だったのは、鸕野《うの》皇后（のちの持統《じとう》天皇）との間に産まれた第二子・草壁《くさかべ》皇子と、天智の娘で鸕野の同母姉・大田《おおた》皇女を母とする第三子・大《おお》津《つ》皇子である。

なお、第一子の高市《たけち》皇子は母が地方豪族の出身だったことから、皇位継承候補から

※天武十三年（六八四）には八色の姓を制定。皇族と天皇に連なる氏の者を上位に、旧豪族の上位であった臣・連を下位に置くことで、天皇の豪族に対する優位性を

❖大津皇子事件要図

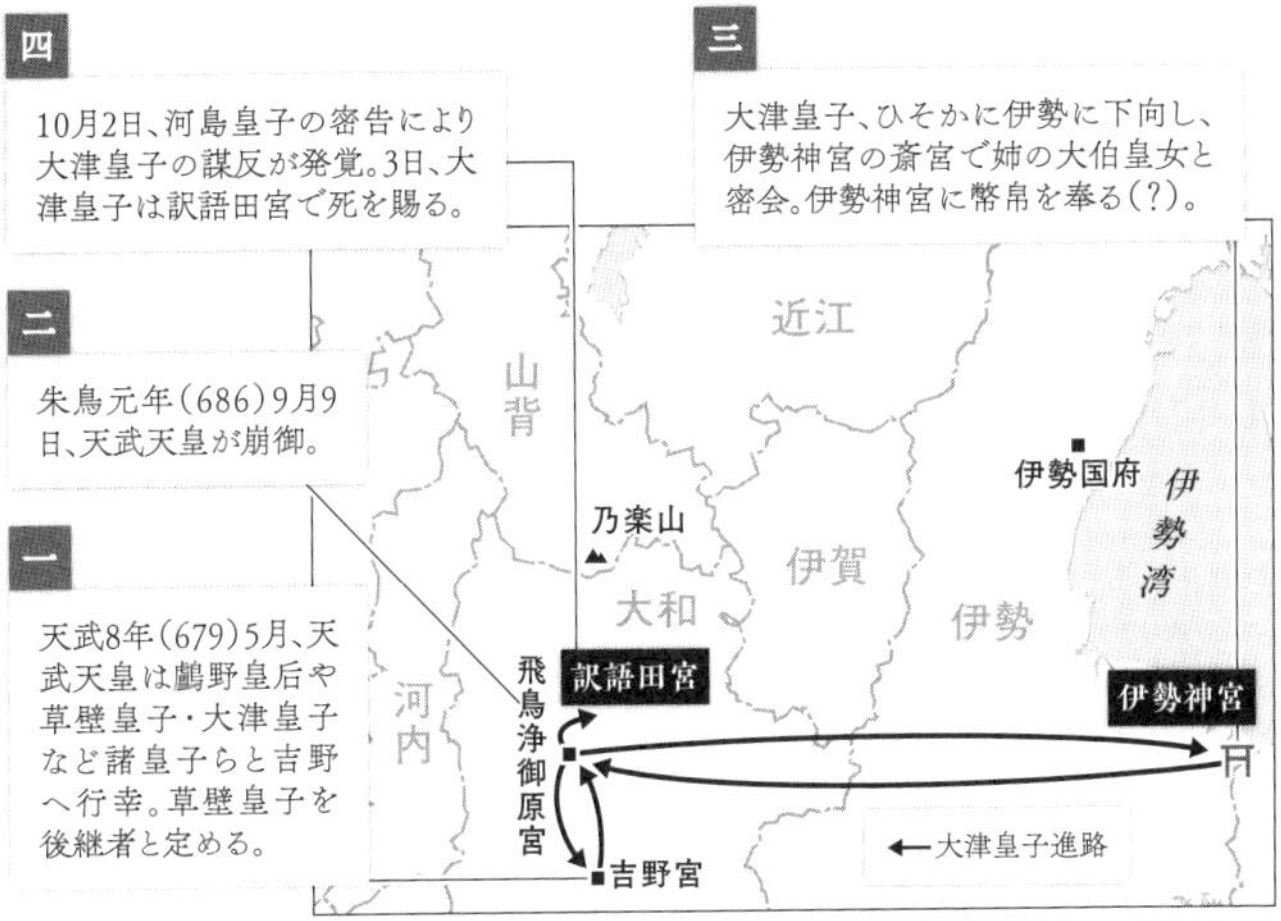
四
10月2日、河島皇子の密告により大津皇子の謀反が発覚。3日、大津皇子は訳語田宮で死を賜る。
三
大津皇子、ひそかに伊勢に下向し、伊勢神宮の斎宮で姉の大伯皇女と密会。伊勢神宮に幣帛を奉る(?)。
二
朱鳥元年(686)9月9日、天武天皇が崩御。
一
天武8年(679)5月、天武天皇は鸕野皇后や草壁皇子・大津皇子など諸皇子らと吉野へ行幸。草壁皇子を後継者と定める。
近江
山背
伊勢国府
伊勢湾
乃楽山
伊賀
大和
伊勢
河内
飛鳥浄御原宮
訳語田宮
伊勢神宮
吉野宮
←大津皇子進路

天武天皇の死後、大津皇子は謀反の疑いで自害に追いやられた。一説に、草壁皇子の確実な即位をもくろんだ鸕野皇后の陰謀だったともいわれる。

は外れている。

当初、天武は草壁皇子を自身の後継者とした。天武八年（六七九）には鸕野をはじめ、大津や高市など諸皇子を引き連れて吉野に行幸し、草壁を盛り立てるよう盟約を交わしている（吉野の盟約）。そして草壁の成人を待ち、天武十年（六八一）、正式に立太子した。だがその二年後、天武は大津を国政に参画させ、政治的発言力を持たせてしまう。才気闊達で宮廷内の人望も篤かった大津を寵愛していたがゆえのものであった。こうして皇位継承に火種を残したまま、朱鳥《しゅちょう》元年（六八六）九月九日、

示した。政権の中枢にも皇子や皇族などを配し、いわゆる皇親政治を展開した。

天武は死去した。

◆大津皇子の謀反が発覚

天武の死後、ひとまず鸕野が称制を敷いて一時的に政務を執った。だが、天皇が死に、そして次の天皇が即位しない政治的にも不安定な状況下の十月二日、大津の謀反が発覚する。大津と親しい河島皇子《かわしまのみこ》の密告によるもので、大津は従者ら三十余人とともに逮捕され、三日、訳語田宮《おさだのみや》で死を賜った。

この大津皇子謀反事件は、鸕野が草壁を即位させるために仕組んだ陰謀だったとする見方が一般的である。実際、逮捕者の中で実際に処罰されたのは新羅僧の行心《こうじん》と、帳内《ちょうだい》の礪杵道作《ときのみちつくり》のみで、中臣臣麻呂《なかとみのおみまろ》・巨勢多益須《こせのたやす》などのように、のちの持統朝で復権した者がいる点や、謀反発覚から逮捕に至るまでの過程が早過ぎる点など、この事件には不審な点が数多く見られるのである。しかし持統三年（六八九）、草壁は病のためにこの世を去ってしまう。このとき、草壁の遺児・軽皇子《かるのみこ》（のちの文武《もんむ》天皇）はまだ七歳であり、幼過ぎて即位できなかった。そこで持統四年（六九〇）、軽皇子に皇位を受け継ぐまでの中継ぎの天皇として鸕野が即位した。持統天皇の誕生である。

第二章

律令国家の完成と暗躍する藤原氏

【奈良時代】

南九州で朝廷に抗った天孫の子孫

七二〇年
隼人の乱

◆朝廷の支配に反発した隼人

持統《じとう》十一年（六九七）八月、持統天皇は孫の軽皇子《かるのみこ》に譲位した。文武《もんむ》天皇の誕生である。このとき、まだ十五歳だった文武の後見人として、持統は中臣《なかとみの》（藤原《ふじわら》）鎌《かま》足《たり》の子・不比等《ふひと》を抜擢した。大宝《たいほう》元年（七〇一）には、持統太上天皇と不比等の主導のもと、大宝律令《りつりょう》※1が完成。ここに、天皇を頂点とした律令制に基づく中央集権国家が完成した。また、こうして政治の表舞台に登場した不比等により、藤原氏はのちの隆盛の礎を築くこととなる。

しかし、それでも東北や九州南部といった辺境地域の国土経営は不安定な状態にあった。養老《ようろう》四年（七二〇）二月二十九日には、南九州の隼人《はやと》が朝廷に反乱を起こし、大隅国守《おおすみのくにのかみ》・陽侯史麻呂《やこのふひとまろ》を殺害するという事件を起こした。※2史料上、隼人が明確に

※1 律・令ともに現存しないが、のちの養老律令（七五七年施行）と内容面に大差はないと考えられている。養老律令は『令集解』や『令義

❖隼人関連系図

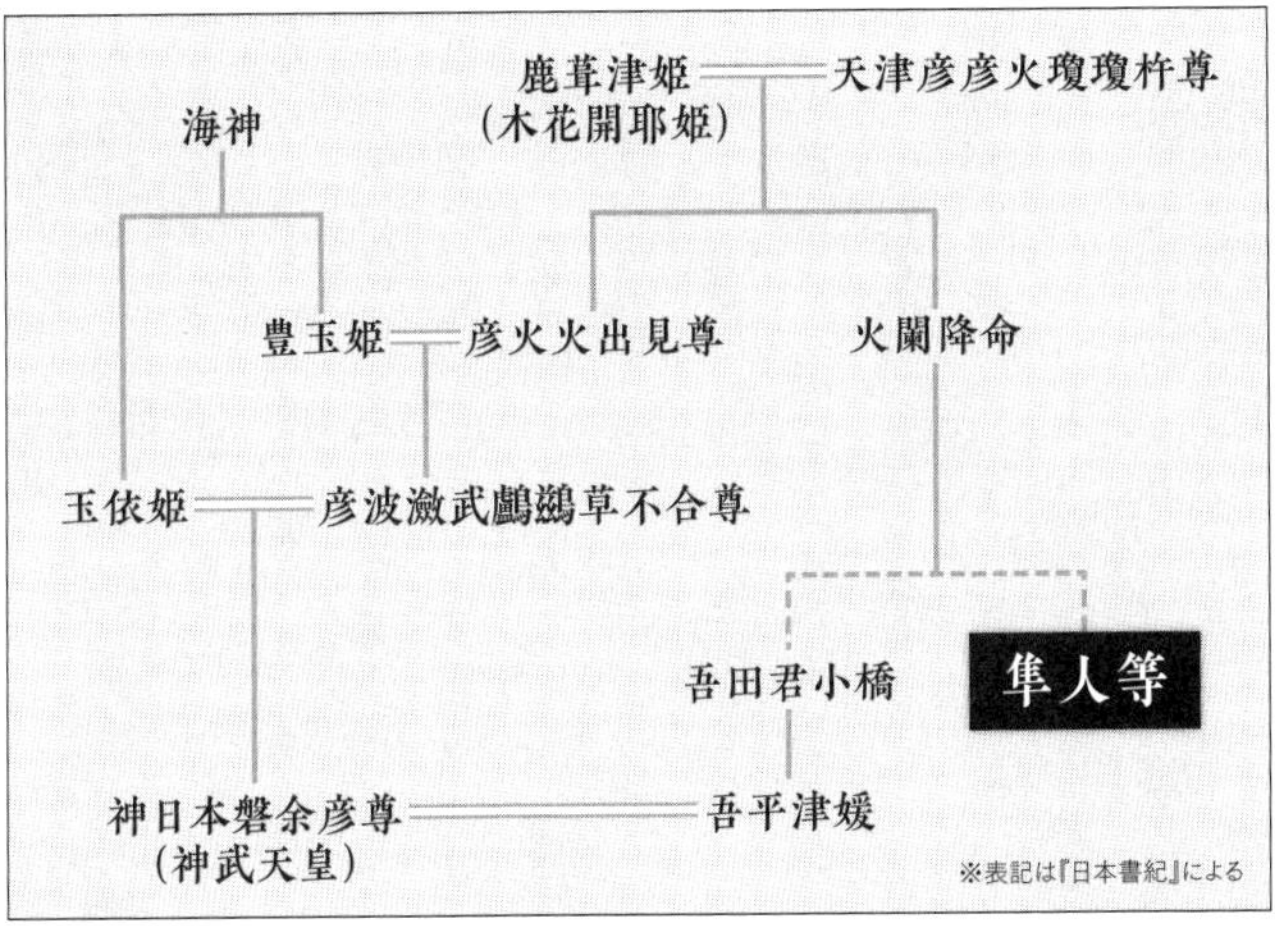

『日本書紀』によると、隼人は天皇家の祖である彦火火出見尊の兄・火闌降命の子孫とされる。これは隼人が天皇家に服属する根拠を示すためのものという指摘がある。

姿を現わす最初の記事は、『日本書紀』天武十一年（六八二）七月甲午（三日）条であるという。そこには「隼人多く来たり、方物を貢ず。是日、大隅隼人、阿多《あた》隼人と朝廷に相撲す。大隅隼人勝つ」とある。中央集権体制の建設が進められる中、朝廷は南方の「異民族」である隼人に朝貢を行なわせることで、天皇の徳の高さを世に示そうとした。中華思想の影響を受けたものである。だが八世紀に入って南九州に薩摩《さつま》国、大隅国が設置されると、※3 隼人は朝廷の支配に反発。武力で抵抗するようになったのであった。

解』などの注釈書に引用され、伝存する。

※2 記紀によると、隼人の祖は天孫・瓊瓊杵尊と木花開耶姫との間に産まれた火闌降命（海幸彦）であるとされる。

※3 薩摩国は大宝二年（七〇二）、大隅国は和銅六年（七一三）の設置。

◆朝廷軍対隼人軍の死闘

隼人の反乱に対し、朝廷は中納言・大伴旅人《おおとものたびと》を征隼人持節《じせつ》大将軍に、授刀助《じゅとうすけ》・笠《かさの》御室《みむろ》と民部少輔《みんぶしょうゆう》・巨勢真人《こせのまひと》を副将軍に任ずると、一万以上もの大規模な征討軍を派遣した。このときの政府軍の主力は西海道の兵力であったと考えられている。

しかし朝廷軍は、隼人が展開するゲリラ戦などによって苦戦を余儀なくされる。一進一退の攻防が繰り広げられ、戦いはじつに一年以上にも及んだが、翌養老五年（七二一）七月、朝廷軍はようやく反乱の鎮圧に成功。『続日本紀《しょくにほんぎ》』によると、隼人側の被害は斬首・捕虜合わせて千四百人余にのぼったという。

この戦いを最後として、朝廷軍と隼人の軍事衝突は見られなくなる。だが天平《てんぴょう》十二年（七四〇）の藤原広嗣《ふじわらのひろつぐ》の乱（P98）に際して、朝廷軍と広嗣軍がともに隼人を動員し、その動向が戦況を左右したことを見ると、なおも相当の軍事力を擁していた様子がうかがえる。天平神護《てんぴょうじんご》二年（七六六）の段階で薩摩・大隅・日向の三国に柵《きの》戸《へ》が置かれていたことを踏まえても、朝廷にとって隼人は脅威であり続けたのであろう。だが延暦十九年（八〇〇）、薩摩・大隅両国に班田制が施行されたことに伴い、翌年、隼人の朝貢が停止。以後、南九州の人々が隼人と呼ばれることはなくなった。

❖古代九州と隼人の乱関連図

対馬
壱岐
筑前
豊前
大宰府
肥前
筑後
豊後
肥後
日向
薩摩
大隅
多褹
延喜式官道と駅家
上記以外の道路と駅家
国界
国府・島府
朝廷軍進路(702年)
朝廷軍進路(720年)
日向隼人
甑隼人
阿多隼人
大隅隼人
多褹隼人
一
文武3年(699)、薩摩地方・衣地方・肝属地方の隼人が肥後国の人々を率いて覓国使(朝廷の南方視察の使節)を襲撃。
二
大宝2年(702)、薩摩・多褹の隼人が反乱を起こす。朝廷、大宰府より兵を派遣し、これを鎮圧。
三
養老4年(720)、隼人が大隅国守を殺害するという事件が勃発。朝廷は大伴旅人を征隼人持節代将軍として派遣。1年半に及ぶ戦いの末、これを鎮圧。

8世紀前半、大隅・薩摩地方の隼人たちは朝廷に対してたびたび反乱を起こしたが、武力で鎮圧され、朝廷の服属下に収まった。

すべては実権掌握のため藤原氏による政敵排除

七二九年 長屋王の変

◆長屋王政権と藤原氏

文武天皇の没後、皇統は元明《げんめい》（文武の母）、元正《げんしょう》（元明の娘）という二人の女帝を経て、神亀《じんき》元年（七二四）、聖武《しょうむ》天皇が継承した。聖武の父は文武、母は藤原不比等の娘・宮子《みやこ》である。

このとき、政権の首班を担っていたのは左大臣・長屋王《ながやおう》だった。※1天武天皇の長子・高市《たけち》皇子と天智天皇の娘・御名部《みなべ》皇女を両親とする血筋の良さに加え、草壁《くさかべ》皇子と元明の娘・吉備内《きびない》親王を正妻とするなど皇室との結びつきも強かった。

神亀四年（七二七）閏九月、聖武と不比等の娘・光明子《こうみょうし》との間に待望の皇子・基《もとい》王が産まれ、十一月、立太子された。生まれたばかりの乳児を皇太子とするのは前代未聞の出来事だったが、不比等の息子、武智麻呂《むちまろ》・房前《ふささき》・宇合《うまかい》・麻呂《まろ》四兄弟が藤原氏

※1 その他、舎人親王が知太政官事、多治比池守が大納言、大伴旅人・藤原武智麻呂・阿倍広庭が中納言、藤原房前が参議として聖武政権を

❖長屋王の変関連系図

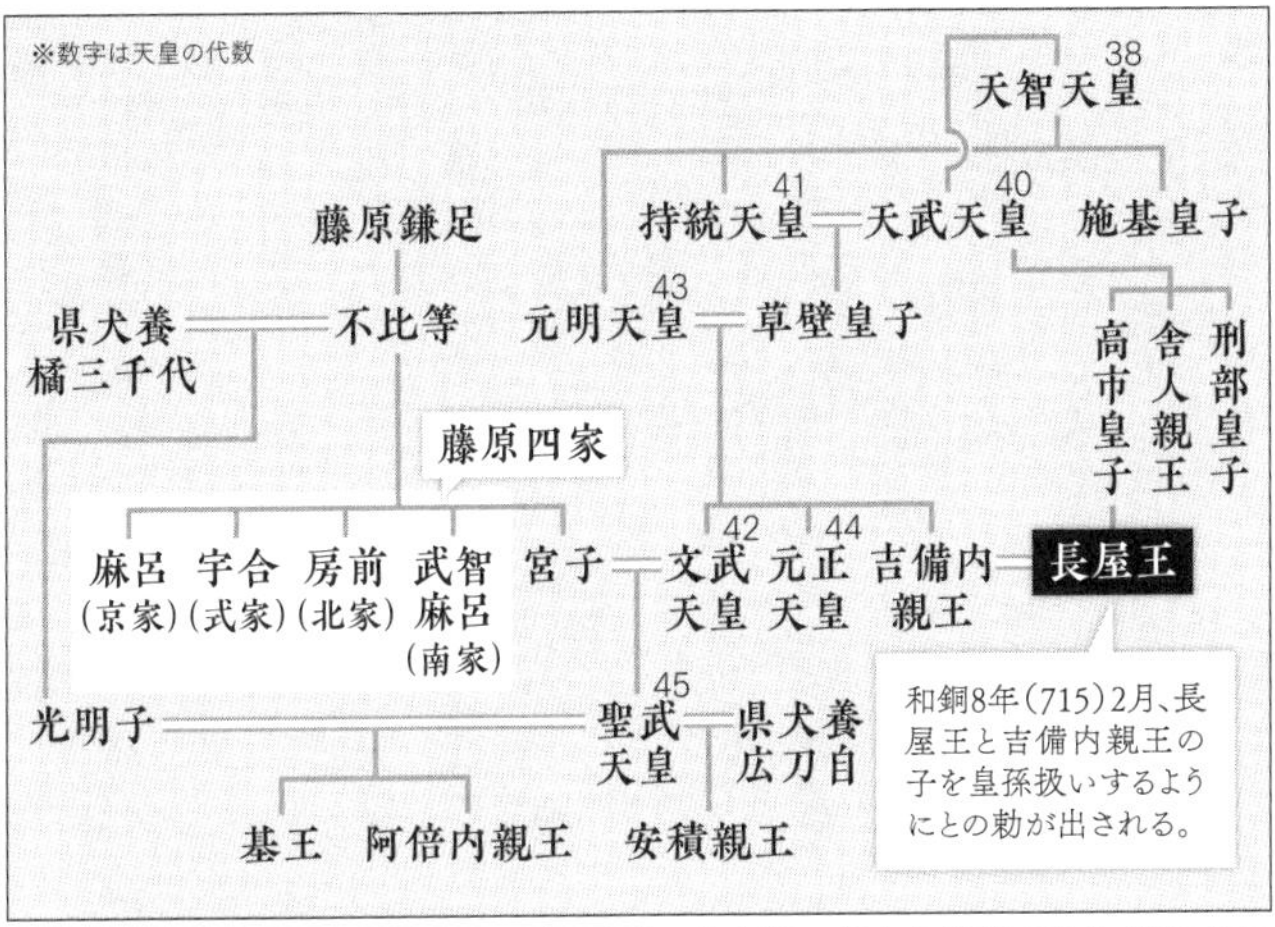

当時、政治を主導した長屋王は天武の孫という血筋の優れた皇族であり、藤原氏にとっては警戒すべき人物だった。

の血を引く基王を擁立することで、政治の実権を掌握しようともくろんだのである。だが翌神亀五年（七二八）九月、基王は亡くなってしまう。※2

一方、同年、聖武と県犬養広刀《あがたいぬかいのひろと》自《じ》との間に男子（安積《あさか》親王）が誕生した。このまま安積親王が立太子されれば、藤原氏が築いてきた天皇家の外戚としての地位が失われかねない。また、すでに和銅八年（七一五）二月、「長屋王と吉備内親王の子を皇孫扱いにするように」との勅が下されていたことから、長屋王の子らも有力な皇位継承者として厳然たる権威を誇っていた。

支えた。

※2 聖武は基王の菩提を弔うため、山坊を建立し、良弁（のちの東大寺別当）など智行僧九人を住持させた。この山坊がのち金光明寺、東大寺へと発展することになる。

◆藤原四兄弟による陰謀

これに危機感を抱いた藤原四兄弟は、光明子を立后することで、この難局を乗り切ろうと企てる。だが持統天皇に代表されるように、皇位継承に影響を与え、天皇の権力を代行するほどの発言力を持っていた皇后は皇族の女性から選出される慣例があったため、長屋王がこれに反対するのは明らかであった。そこで神亀六年（七二九）二月十日、藤原四兄弟は長屋王に謀反の疑いをかけ、自害へと追い込んだ。このとき、吉備内親王とその子ども、膳夫《かしわで》王・桑田《くわた》王・鉤取《かぎとり》王・葛木《かずらき》王（母は石川夫人）も自刃して果てている。

この事件は、藤原四兄弟の陰謀によるものというのが定説となっている。実際、天平十年（七三八）七月、長屋王の恩顧を得た大伴子虫《おおとものこむし》が、長屋王のことを誣告《ぶこく》した中臣宮処東人《みやこのあずまひと》を殺害したと『続日本紀』にあることから、少なくとも『続日本紀』が編纂された延暦年間（七八二〜八〇六年）の頃にはすでに長屋王が冤罪であったことが広く知られていたのであろう。一方、聖武にとっても自身の子に皇位を確実に継承させるには、長屋王と吉備内親王の子は邪魔な存在であったことから、おそらく聖武も藤原四兄弟の行動を黙認していたものと思われる。

❖長屋王の変関連図

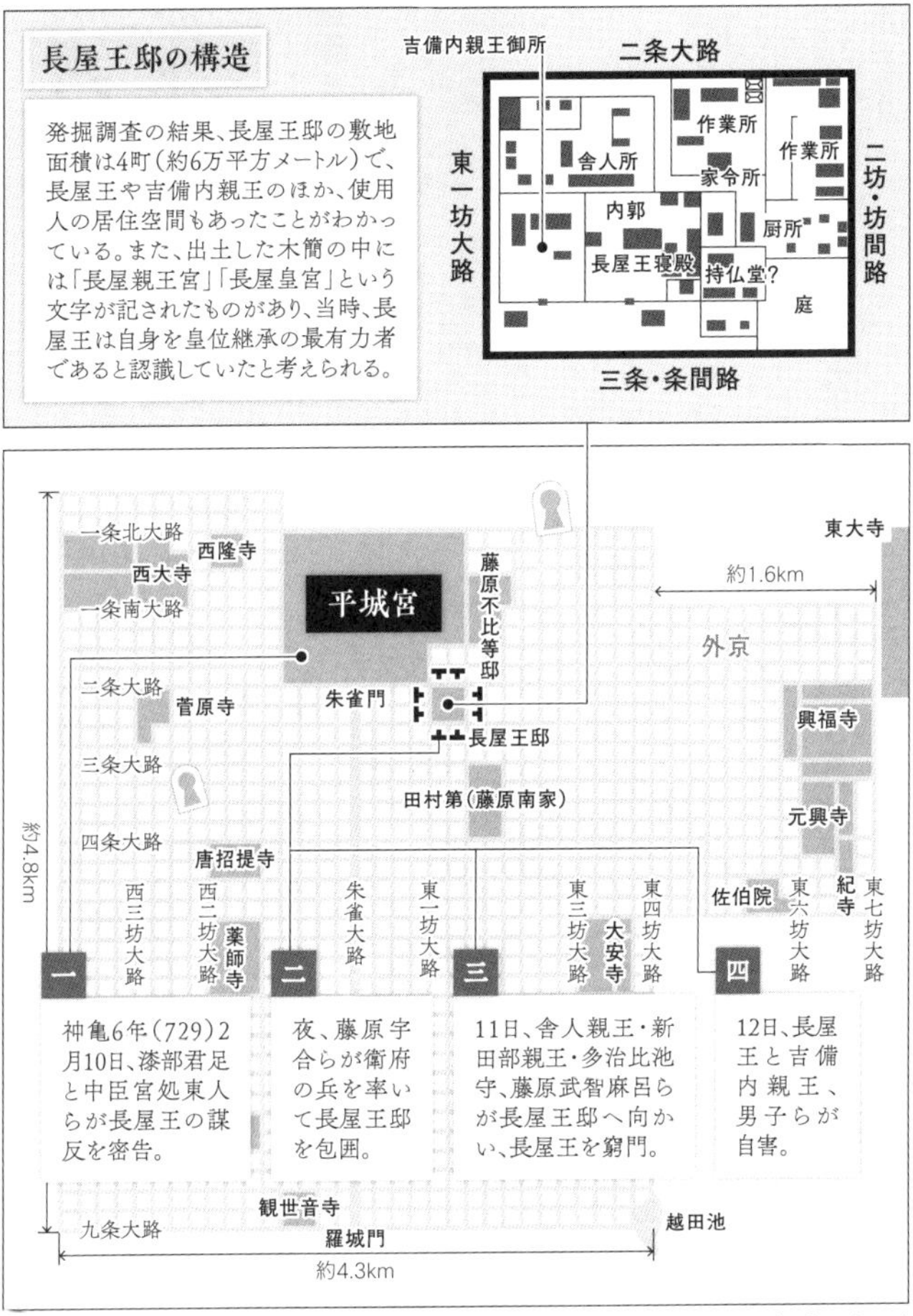
長屋王邸の構造
発掘調査の結果、長屋王邸の敷地面積は4町（約6万平方メートル）で、長屋王や吉備内親王のほか、使用人の居住空間もあったことがわかっている。また、出土した木簡の中には「長屋親王宮」「長屋皇宮」という文字が記されたものがあり、当時、長屋王は自身を皇位継承の最有力者であると認識していたと考えられる。
吉備内親王御所
二条大路
東一坊大路
二坊・坊間路
三条・条間路
作業所
作業所
舎人所
家令所
内郭
厨所
長屋王寝殿
持仏堂?
庭
東大寺
一条北大路
西隆寺
西大寺
一条南大路
平城宮
藤原不比等邸
約1.6km
外京
二条大路
菅原寺
朱雀門
長屋王邸
興福寺
三条大路
田村第（藤原南家）
元興寺
約4.8km
四条大路
唐招提寺
西三坊大路
西二坊大路
薬師寺
朱雀大路
東一坊大路
東三坊大路
大安寺
東四坊大路
佐伯院
東六坊大路
紀寺
東七坊大路
一
神亀6年（729）2月10日、漆部君足と中臣宮処東人らが長屋王の謀反を密告。
二
夜、藤原宇合らが衛府の兵を率いて長屋王邸を包囲。
三
11日、舎人親王・新田部親王・多治比池守、藤原武智麻呂らが長屋王邸へ向かい、長屋王を窮問。
四
12日、長屋王と吉備内親王、男子らが自害。
観世音寺
九条大路
羅城門
越田池
約4.3km

謀反の疑いをかけられた長屋王は自害して果てたが、これは光明子を皇后にすべく画策していた藤原四兄弟の陰謀によるものだと見なされている。

橘諸兄政権に反発した藤原勢力の抵抗

七四〇年
藤原広嗣の乱

◆藤原氏の勢力後退

長屋王の変後の天平元年（七二九）八月十日、聖武天皇は光明子を正式に皇后とした。そして妹の立后に成功した藤原四兄弟が政権を掌握。長子の武智麻呂は大納言に、他の三人は揃って参議となった。これにより、議政官の構成員十名のうち、四名を不比等の息子が占めるという状況が現出されることとなった。

ところが天平七年（七三五）、新羅《しらぎ》からもたらされた天然痘が流行し、藤原四兄弟をはじめ主だった官僚がみな病没してしまう。天平九年（七三七）九月、聖武はこの難局を乗り切るべく、参議だった橘諸兄《たちばなのもろえ》を大納言に抜擢。※1 翌年一月には右大臣へと昇進させた。諸兄は唐から帰国した留学生《るがくしょう》・僧であった吉備真備《きびのまきび》、玄昉《げんぼう》を重用し、新たな政治体制をスタートさせる。皇太子には、光明皇后を母に持つ阿倍内《あべない》親王が立

※1 橘諸兄の父は敏達天皇の後裔・美努王、母は県犬養三

藤原政権の崩壊

位	天然痘流行前の政権（736年12月）	天然痘流行後の政権（738年1月）
右大臣	藤原武智麻呂	橘諸兄
知太政官事	――――	鈴鹿王
中納言	多治比県守	多治比広成
参議	藤原房前　橘諸兄 藤原宇合　鈴鹿王 藤原麻呂　大伴道足	藤原豊成 大伴道足

天平7年（735）から同9年（737）にかけて天然痘が流行し、それまで政権を担っていた藤原四兄弟が死亡。代わって橘諸兄を首班とする新政権が誕生した。

てられた。

一方、諸兄政権のもと、藤原氏は武智麻呂の長子・豊成《とよなり》が参議に就任するのみとなり、勢力を後退させた。頼みの綱となったのは光明皇后だが、聖武の唯一の皇子・安積親王が成長したら、外戚の地位すら失いかねない状況へと陥ったのである。

◆藤原氏復権をもくろんだ広嗣

こうした状況に不平を抱いたのが、宇合の子・広嗣《ひろつぐ》だった。天平十二年（七四〇）八月、当時、大宰少弐《だざいのしょうに》に左遷されていた広嗣は時の政治の乱れを論じ、その原因である吉備真

千代である。三千代はその後、藤原不比等と再婚して光明皇后を産む。つまり諸兄と光明皇后とは異父兄妹ということになる。その後、元明天皇の時代に三千代は橘宿禰の姓を与えられた。

備、玄昉の排除を上表。九月三日、大宰府管内の兵士を動員して挙兵した。※2 大宰府の官人に加え、豊前国郡司などの地方豪族、隼人らを指揮下に置いた広嗣は軍を三つに分けると、弟の綱手《つなて》には筑後・肥前などの軍兵五千余を率いさせて豊後から豊前へ、多胡古麻呂《たごのこまろ》の隊には田河《たかわ》道から進ませ、そして自身は大隅・薩摩・筑前・豊後などの軍兵五千余を率いて鞍手《くらて》道から進軍。豊前国の登美《とみ》、板櫃《いたびつ》、京都《みやこ》の三鎮※3を目指した。

これに対して朝廷は、広嗣の行動を反乱であると断定。参議・大野東人《おおののあずまひと》を大将軍に、紀飯麻呂《きのいいまろ》を副将軍に任命するとともに、東海・東山・山陰・山陽・南海五道の軍兵一万七千人を動員した。なお、この征討軍には畿内居住の隼人二十四人も従軍しているが、これは広嗣軍の隼人に投降を促すためであった。

二十四日、朝廷軍は広嗣方についた三鎮（登美・板櫃・京都）の制圧に成功。鎮長を討ち取り、千七百六十七人の兵士を捕虜とした。

十月九日には、広嗣軍と朝廷軍が豊前・筑前国境の板櫃河畔で対峙した。だが、朝廷軍の隼人の説得に応じた広嗣軍の隼人が次々と戦線を離脱したことで広嗣軍は潰走。敗走を余儀なくされた広嗣は二十三日、値嘉嶋《ちかのしま》長野村で捕縛され、十一月一日、綱手とともに処刑された。

※2 当時、大宰府の長官は空席で、大宰大弐であった高橋安麻呂も右大弁を兼任していたことから京にいた。そのため、広嗣が実質的に大宰府を統轄していた。

※3 大宰府管轄の軍営。

❖藤原広嗣の乱要図

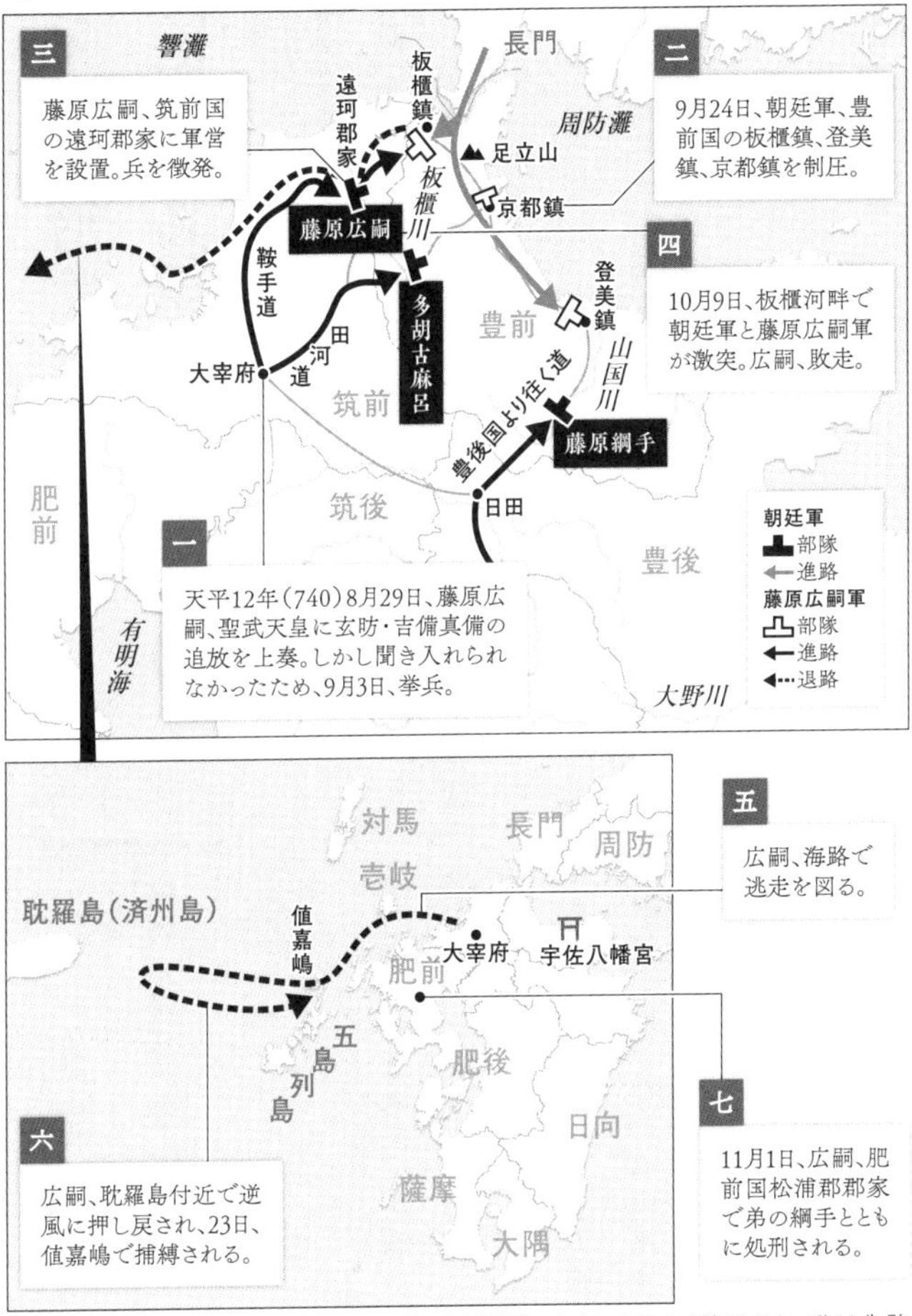
三
響灘
藤原広嗣、筑前国の遠珂郡家に軍営を設置。兵を徴発。
遠珂郡家
板櫃鎮
長門
二
9月24日、朝廷軍、豊前国の板櫃鎮、登美鎮、京都鎮を制圧。
周防灘
足立山
京都鎮
板櫃川
藤原広嗣
四
10月9日、板櫃河畔で朝廷軍と藤原広嗣軍が激突。広嗣、敗走。
鞍手道
多胡古麻呂
田河道
登美鎮
豊前
山国川
大宰府
筑前
豊後国より往く道
藤原綱手
筑後
日田
肥前
一
天平12年(740)8月29日、藤原広嗣、聖武天皇に玄昉・吉備真備の追放を上奏。しかし聞き入れられなかったため、9月3日、挙兵。
豊後
有明海
大野川
朝廷軍
部隊
進路
藤原広嗣軍
部隊
進路
退路
対馬
長門
周防
五
広嗣、海路で逃走を図る。
壱岐
耽羅島(済州島)
値嘉嶋
大宰府
宇佐八幡宮
肥前
五島列島
肥後
七
11月1日、広嗣、肥前国松浦郡郡家で弟の綱手とともに処刑される。
日向
六
広嗣、耽羅島付近で逆風に押し戻され、23日、値嘉嶋で捕縛される。
薩摩
大隅

藤原氏勢力の拡大を図って挙兵した藤原広嗣だったが、あえなく鎮圧され、乱は失敗に終わった。

未然に発覚した仲麻呂政権転覆計画

◆仲麻呂の専横に立ち上がった橘奈良麻呂

藤原広嗣の乱の最中の天平十二年（七四〇）十月二十九日、聖武天皇は唐突に平城京から伊賀へと行幸した。以降、都は恭仁《くに》（山背国）、紫香楽《しがらき》（近江国）、難波（河内国）を経て再び平城京へと戻るが、遠く九州で起こった内乱が時の政権に大きな衝撃を与えていた様子がうかがえる。彷徨《ほうこう》の間、光明皇后を後ろ盾とした藤原武智麻呂の次子・仲麻呂※1が頭角を現わす。光明とともに聖武の行幸に付き従った仲麻呂は着実に昇進を重ね、天平十五年（七四三）には従四位上・参議となった。さらに天平勝宝《てんぴょうしょうほう》元年（七四九）七月、聖武が阿倍内親王に譲位して孝謙《こうけん》天皇が誕生すると、仲麻呂は中納言を飛び越して大納言に就任。翌八月には、皇后宮職《こうごうぐうしき》を改編してつくられた新設の紫微中台《しびちゅうだい》の長官・紫微令を兼任した。※2これにより、それまで政策を決定していた

※1 幼少の頃から聡敏・博学であり、さらには算術にも精通していたと伝わる。

※2 紫微中台は

太政官に代わり、光明・孝謙の意向に従った仲麻呂が政治権力を実質的に掌握するようになったのであった。このとき、仲麻呂よりも上位にいた左大臣・橘諸兄は実権を失って引退に追い込まれ、天平宝字《てんぴょうほうじ》元年（七五七）正月、失意の内に亡くなった。

聖武に代わって即位した孝謙は独身であったことから、聖武は死の直前、天武の孫の道祖《ふなど》王を皇太子に指名して崩御した。だが孝謙はこれに従わず、天平宝字

「（宮）中に居て（光明皇太后の）勅を奉り、諸の官司に頒布して実行させる」機関だったとされる。

❖藤原仲麻呂関連系図

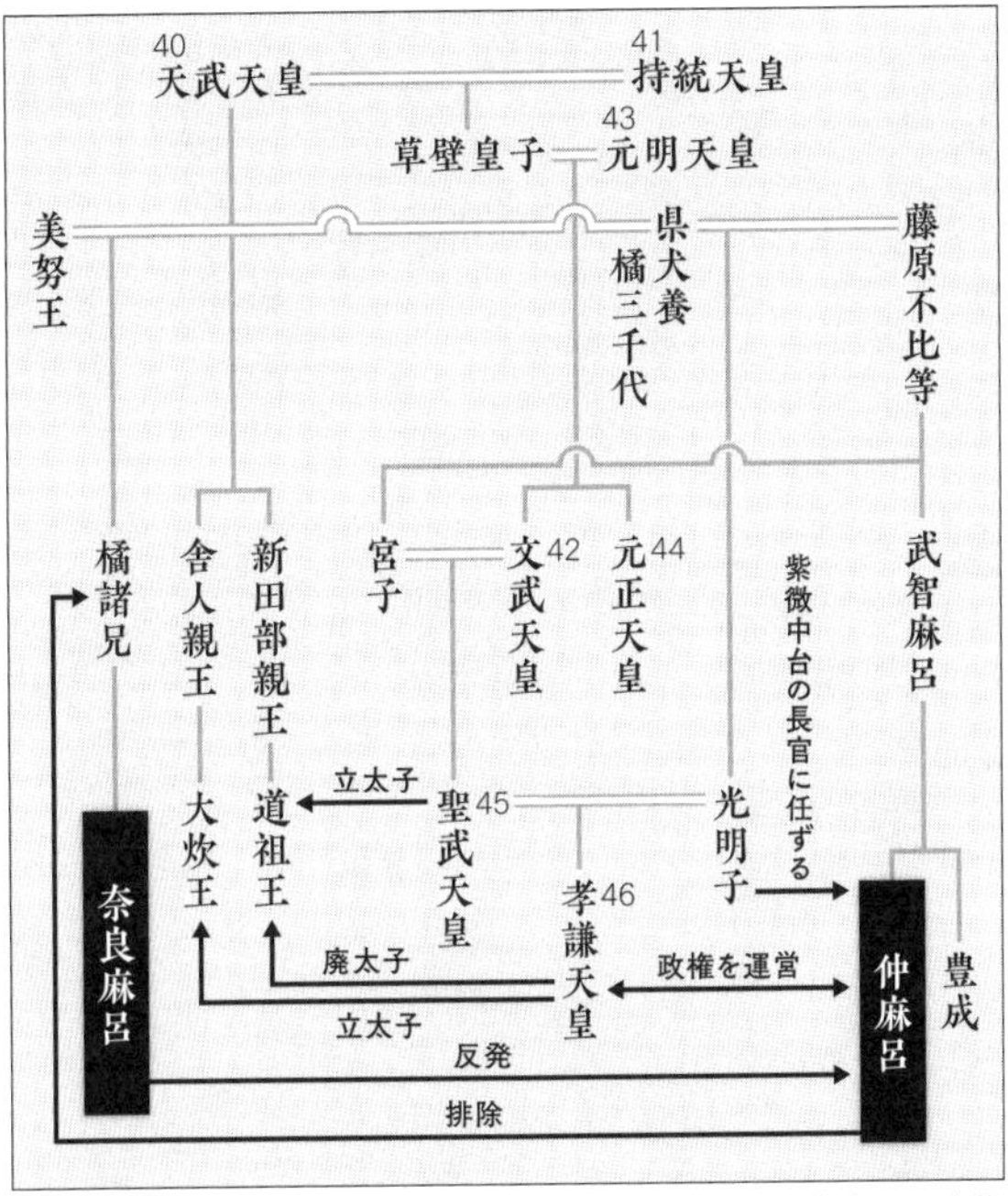

孝謙天皇の治世下、政敵・橘諸兄の排除に成功した藤原仲麻呂が実権を掌握した。

元年三月、道祖王を廃太子し、四月、やはり天武の孫である大炊《おおい》王を立太子した。大炊王は仲麻呂の亡き息子の妻を娶っており、以前から仲麻呂の田村第《たむらのてい》で同居していたというから、これが仲麻呂の意志であることは明らかであった。

　こうした仲麻呂の専横に対し、橘諸兄の子・奈良麻呂《ならまろ》が仲麻呂を打倒すべく立ち上がる。すでに奈良麻呂は、天平十七年（七四五）頃から仲麻呂政権の転覆を企図していた。『続日本紀』によると、奈良麻呂は軍事氏族・佐伯全成《さえきのまたなり》に接近し、「陛下（聖武）のご病状は悪化しているが、皇嗣※3を立てようとしていない……多治比国人《たじひのくにひと》、多治比犢養《こうしかい》、小野東人《おののあずまひと》などに声を掛け、黄文《きぶみ》王（長屋王の子）を皇嗣として人々の望みに応えてほしい」と言った。奈良麻呂は孝謙が即位した天平勝宝元年、聖武の崩御直前の天平勝宝八年（七五六）にも全成に決起を懇願したが、いずれも断られている。

　しかし大炊王の立太子に至り、ついに我慢のならなくなった奈良麻呂は天平宝字元年（七五七）七月二日の夜半を期して武装蜂起することを決意した。※4だが、クーデターの動きは事前に仲麻呂側に漏れ伝わっていた。七月三日、小野東人の自白で全貌が明らかになると、仲麻呂は関係者をただちに逮捕し、拷問にかけた。『続日本紀』に奈良麻呂のその後に関する記事は見えないが、おそらく拷問死したものと思われる。

※3　この皇嗣を阿倍内親王（孝謙）か、それとも孝謙の次の皇太子を指すのかで意見が分かれる。

※4　仲麻呂を殺害したのち、藤原豊成を首班とする政権を樹立して孝謙と大炊王を廃

❖橘奈良麻呂の乱要図

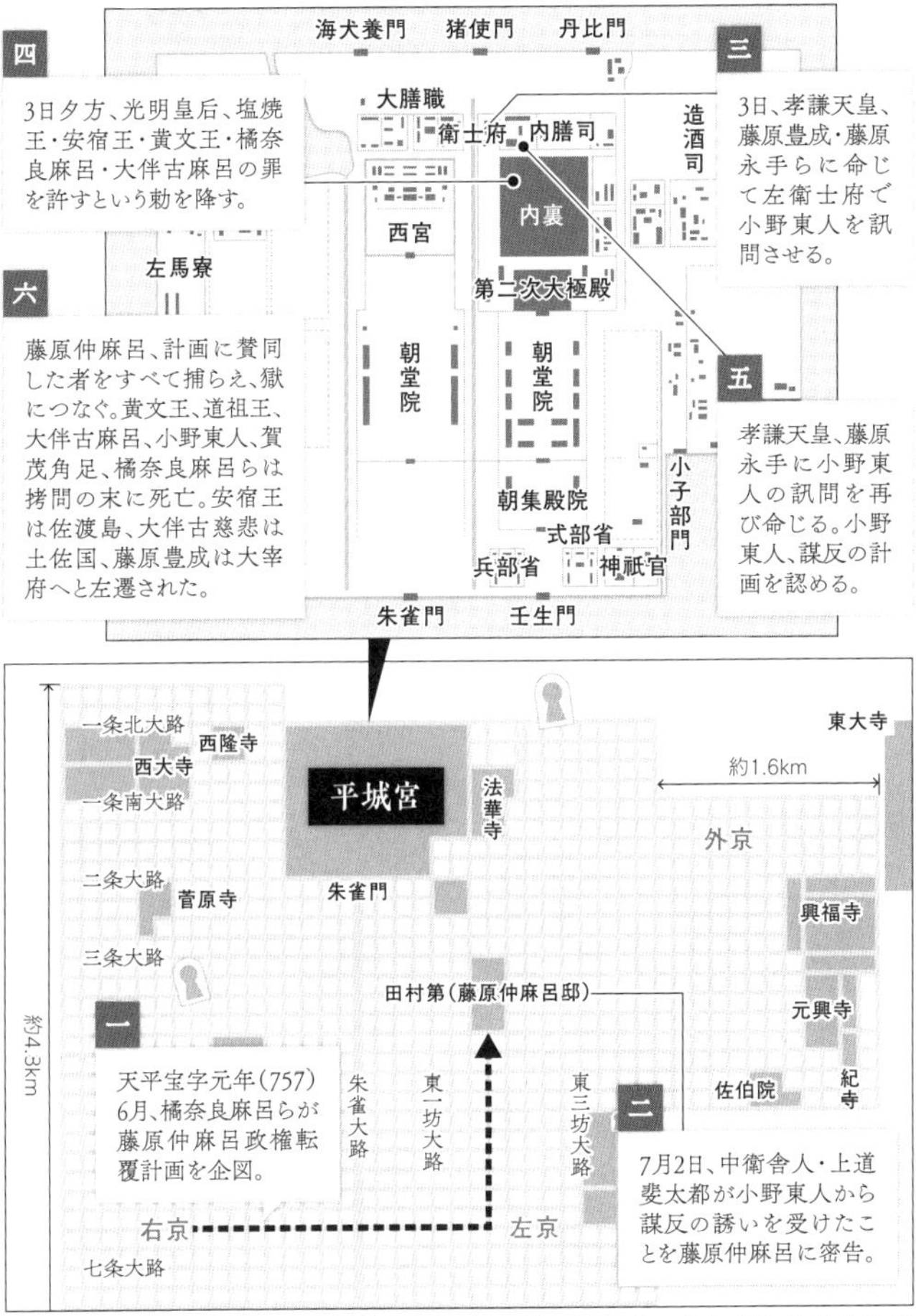
海犬養門
猪使門
丹比門
四
3日夕方、光明皇后、塩焼王・安宿王・黄文王・橘奈良麻呂・大伴古麻呂の罪を許すという勅を降す。
三
3日、孝謙天皇、藤原豊成・藤原永手らに命じて左衛士府で小野東人を訊問させる。
大膳職
衛士府
内膳司
造酒司
内裏
西宮
左馬寮
第二次大極殿
六
藤原仲麻呂、計画に賛同した者をすべて捕らえ、獄につなぐ。黄文王、道祖王、大伴古麻呂、小野東人、賀茂角足、橘奈良麻呂らは拷問の末に死亡。安宿王は佐渡島、大伴古慈悲は土佐国、藤原豊成は大宰府へと左遷された。
朝堂院
朝堂院
五
孝謙天皇、藤原永手に小野東人の訊問を再び命じる。小野東人、謀反の計画を認める。
朝集殿院
式部省
小子部門
兵部省
神祇官
朱雀門
壬生門
一条北大路
西隆寺
西大寺
一条南大路
平城宮
法華寺
東大寺
約1.6km
外京
二条大路
菅原寺
朱雀門
興福寺
三条大路
田村第（藤原仲麻呂邸）
元興寺
約4.3km
一
天平宝字元年（757）6月、橘奈良麻呂らが藤原仲麻呂政権転覆計画を企図。
朱雀大路
東一坊大路
東三坊大路
二
佐伯院
紀寺
7月2日、中衛舎人・上道斐太都が小野東人から謀反の誘いを受けたことを藤原仲麻呂に密告。
右京
左京
七条大路

橘奈良麻呂らのクーデターは未然に発覚して失敗に終わる。これにより、政敵を排除した藤原仲麻呂の専制体制がより一層強化されることとなった。

位し、道祖王、塩焼王、黄文王、安宿王の中から新たな天皇を立てるという計画だった。

絶頂から一転転落へ――後ろ盾を失った男の最期

七六四年
藤原仲麻呂の乱

◆絶頂を迎える仲麻呂政権

橘奈良麻呂の変を鎮定し、政敵を一掃した仲麻呂はこの機に乗じて兄の豊成も体よく政権から追い出すと、以後、専制体制を確立した。[※1]

天平宝字二年（七五八）八月一日、孝謙天皇は大炊王に譲位し、淳仁《じゅんにん》天皇が誕生した。ここに、仲麻呂の傀儡《かいらい》政権が成立することとなる。即位に尽力した仲麻呂は淳仁から「広く恵みを施す美徳」を意味する「恵美押勝《えみのおしかつ》」との名を授けられ、天平宝字四年（七六〇）には大師《たいし》（太政大臣）に就任した。皇親以外の者が生前に太政大臣に任ぜられたのはこれが初めての例であった。ところが同年六月、光明皇太后が没してしまう。それまでの仲麻呂政権は光明という調整役がいたからこそ成り立っていたと言っても過言ではなく、これを境として仲麻呂の権勢は急速に没落していく。

※1 天平宝字元年（七五七）六月には孝謙天皇の勅が発せられ、各氏族長の独断による一族の召集や規定数以上の馬・兵器の保持、二十騎以上の集団行動などが禁じられた。これは仲麻呂の立案

❖孝謙太上天皇と淳仁天皇の反目

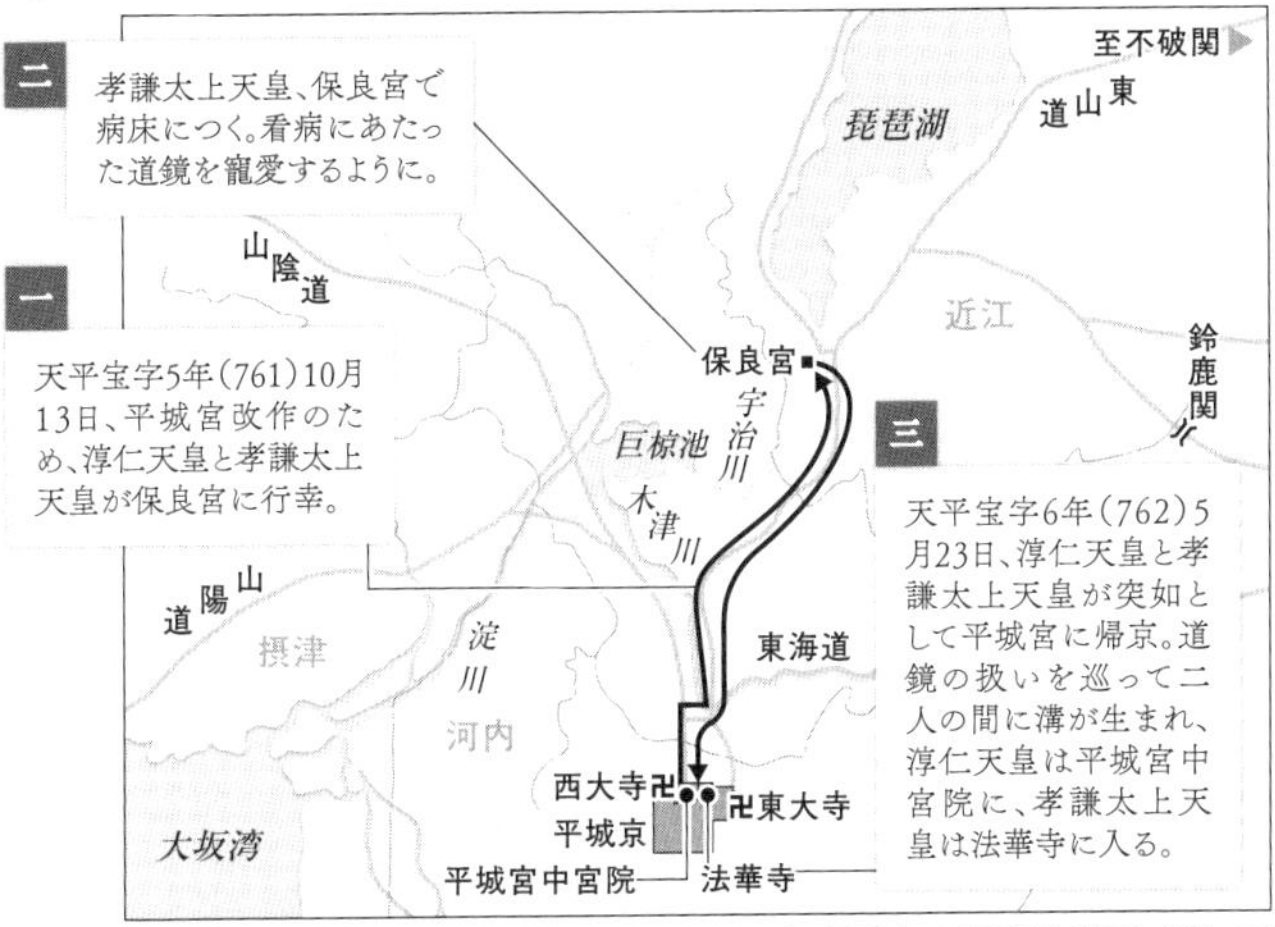
二
孝謙太上天皇、保良宮で病床につく。看病にあたった道鏡を寵愛するように。
一
天平宝字5年（761）10月13日、平城宮改作のため、淳仁天皇と孝謙太上天皇が保良宮に行幸。
三
天平宝字6年（762）5月23日、淳仁天皇と孝謙太上天皇が突如として平城宮に帰京。道鏡の扱いを巡って二人の間に溝が生まれ、淳仁天皇は平城宮中宮院に、孝謙太上天皇は法華寺に入る。
至不破関
東山道
琵琶湖
山陰道
近江
鈴鹿関
保良宮
宇治川
巨椋池
木津川
山陽道
摂津
淀川
東海道
河内
西大寺
東大寺
平城京
大坂湾
平城宮中宮院
法華寺

淳仁天皇から道鏡への寵愛に対して苦言を呈された孝謙太上天皇は激怒。淳仁天皇から皇位継承や軍事などの天皇大権を取り上げる勅を発した。

この頃、新政権の基盤強化を図るべく、近江保良《ほら》宮の新都建造工事が進められていた。近江は古代に大津宮が営まれたことからもわかるように、北は敦賀、東は不破、南は山背に通ずる要衝の地であり、仲麻呂の父・武智麻呂が和銅五年（七一二）に近江国司の長官に任じられて以降、藤原氏勢力との関わりも強い地域だった。仲麻呂も天平十七年（七四五）に近江守に任じられており、敗死する天平宝治八年（七六四）まで在任していたと見られている。いわば、保良宮は仲麻呂政権を維持するために築かれた舞台装置だったと考

であるといい、軍事独裁政権の樹立をもくろんだものであると解されている。

えることもできよう。天平宝字五年（七六一）正月には保良宮で官人への宅地の班給が行なわれ、十月には遷都準備金として仲麻呂に稲百万束が与えられた。十月十三日には淳仁と孝謙が保良宮に行幸し、仲麻呂邸で新都完成を祝う宴が催されたという。

だがこの頃から、病床についた孝謙は自らの看病にあたった僧・道鏡《どうきょう》に傾倒するようになる。仲麻呂は淳仁を通じてこれを諫めたが、孝謙は反発。こうして、淳仁と孝謙の関係に軋轢が生じるようになった。天平宝字六年（七六二）五月二十三日、二人は突如として平城宮に戻ったが、淳仁は中宮院（東区内裏）を、孝謙は法華寺《ほっけじ》を御在所とするなど、ついに朝廷は分裂の様相を呈しはじめたのであった。そして六月三日、孝謙は朝堂に五位以上の官人を召集すると、淳仁が上皇の言動を批判したため、「政事は、常の祀《まつり》・小事は今の帝行ひ給え。国家の大事・賞罰の二つの柄《もと》は朕《ちん》行わむ」とする勅を発した。つまり、淳仁から天皇の大権を取り上げようとしたのである。

◆追い詰められる仲麻呂

ここに、仲麻呂がもっとも恐れていた事態が生じることとなった。とはいえ、この時点ではまだ孝謙がすべての権力を掌握したというわけではなかった。十二月一日には新たに参議が五名任ぜられたが、そのうち訓儒麻呂《くずまろ》・朝猟《あさかり》は仲麻呂の子だった。先に次子・真先《まさき》も参議に就任していたことから、これで仲麻呂の子が三人、参議に列せられたということになる。天平宝字八年（七六四）正月にも、仲麻呂の子である辛加《から》知《ち》が越前守、執棹《とりさお》が美濃守に就任した。仲麻呂は一族に権力を集中させることで、この難局の打開を図ったのである。さらに九月二日、仲麻呂は都督《ととく》四畿内・三関《さんげん》・近江・丹波・播磨等国兵事使《へいじし》となり、平城京周辺の全軍事権を掌握した。

これに対して、先手を取ったのは孝謙だった。九月十一日、孝謙は少納言・山村王《やまむら》を淳仁の中宮院に派遣し、駅鈴《えきれい》（駅馬使用のための印章）と内印（天皇の印章）の回収を命じた。※2 仲麻呂も訓儒麻呂を派してこれを奪取しようと企てたが、孝謙方の授刀少尉・坂上《さかのうえの》苅田麻呂《かりたまろ》らが率いる軍勢に射殺され、失敗に終わる。やむなく仲麻呂は平城京を脱すると、地盤のある近江国へと逃走。辛加知が守を務めていた越前国へと向かった。だが、孝謙から作戦の立案を託されていた吉備真備の巧みな用兵によって仲麻呂はことごとく進路を阻まれ、九月十二日、琵琶湖畔で討ち取られた。乱後、孝謙は仲麻呂の兄・豊成を右大臣に復帰させ、道鏡を大臣禅師に任ずる。そして淳仁を廃位して淡路への配流とし、代わって自身が再び即位した（重祚して称徳《しょうとく》天皇）。

※2 鈴印は天皇権力の象徴であり、官人社会にあっては「官印」の押された文書が何よりも重要な役割を担っていた。

❖藤原仲麻呂の乱要図(9月11日〜13日)

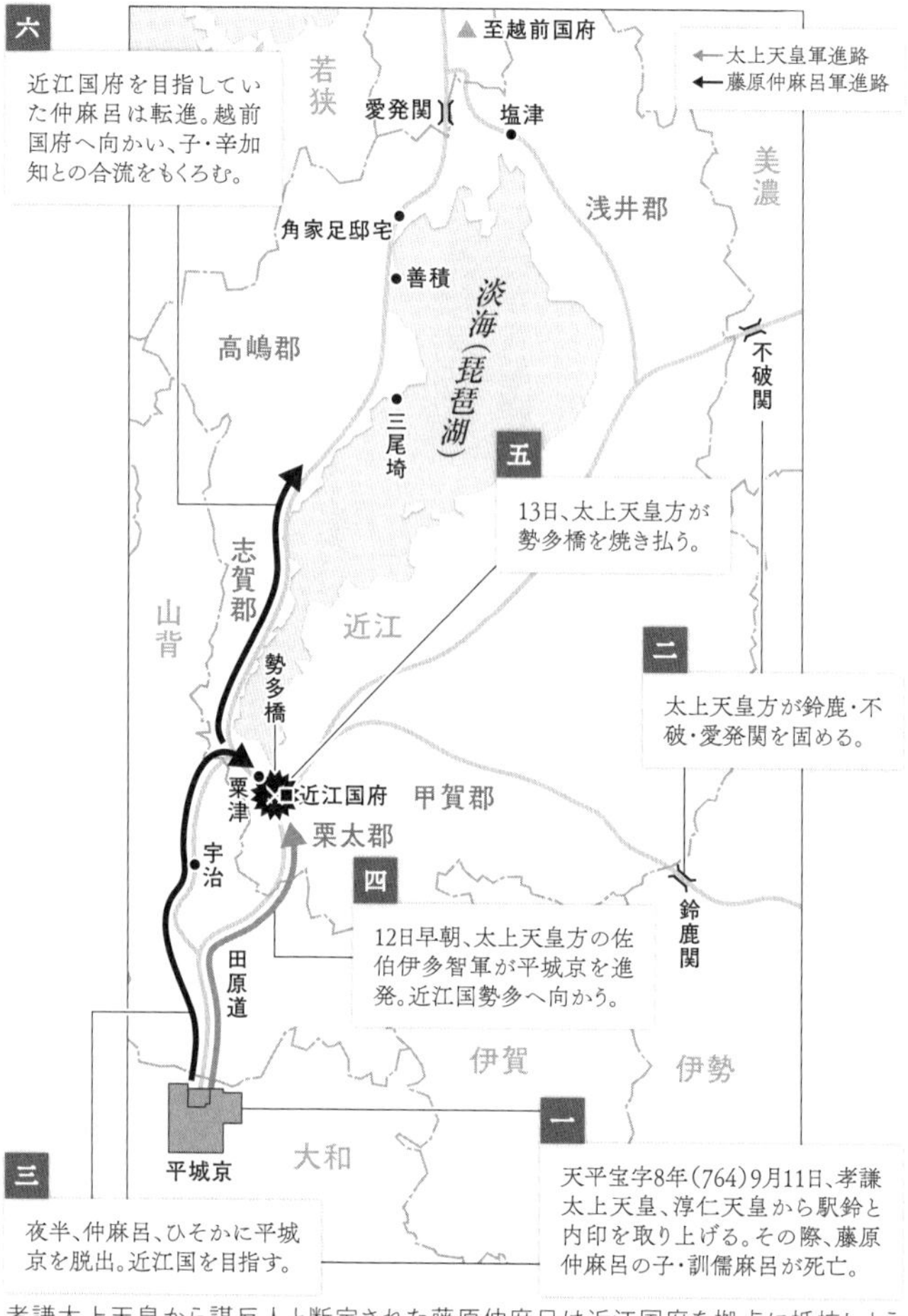
六
近江国府を目指していた仲麻呂は転進。越前国府へ向かい、子・辛加知との合流をもくろむ。
至越前国府
太上天皇軍進路
藤原仲麻呂軍進路
若狭
愛発関
塩津
美濃
浅井郡
角家足邸宅
善積
淡海(琵琶湖)
高嶋郡
不破関
三尾埼
五
13日、太上天皇方が勢多橋を焼き払う。
志賀郡
山背
近江
勢多橋
二
太上天皇方が鈴鹿・不破・愛発関を固める。
粟津
近江国府
甲賀郡
栗太郡
宇治
四
鈴鹿関
12日早朝、太上天皇方の佐伯伊多智軍が平城京を進発。近江国勢多へ向かう。
田原道
伊賀
伊勢
一
平城京
大和
三
天平宝字8年(764)9月11日、孝謙太上天皇、淳仁天皇から駅鈴と内印を取り上げる。その際、藤原仲麻呂の子・訓儒麻呂が死亡。
夜半、仲麻呂、ひそかに平城京を脱出。近江国を目指す。

孝謙太上天皇から謀反人と断定された藤原仲麻呂は近江国府を拠点に抵抗しようともくろんだが、太上天皇方の行動に進路を阻まれ、越前国へと向かった。

❖藤原仲麻呂の乱要図（9月14日〜18日）

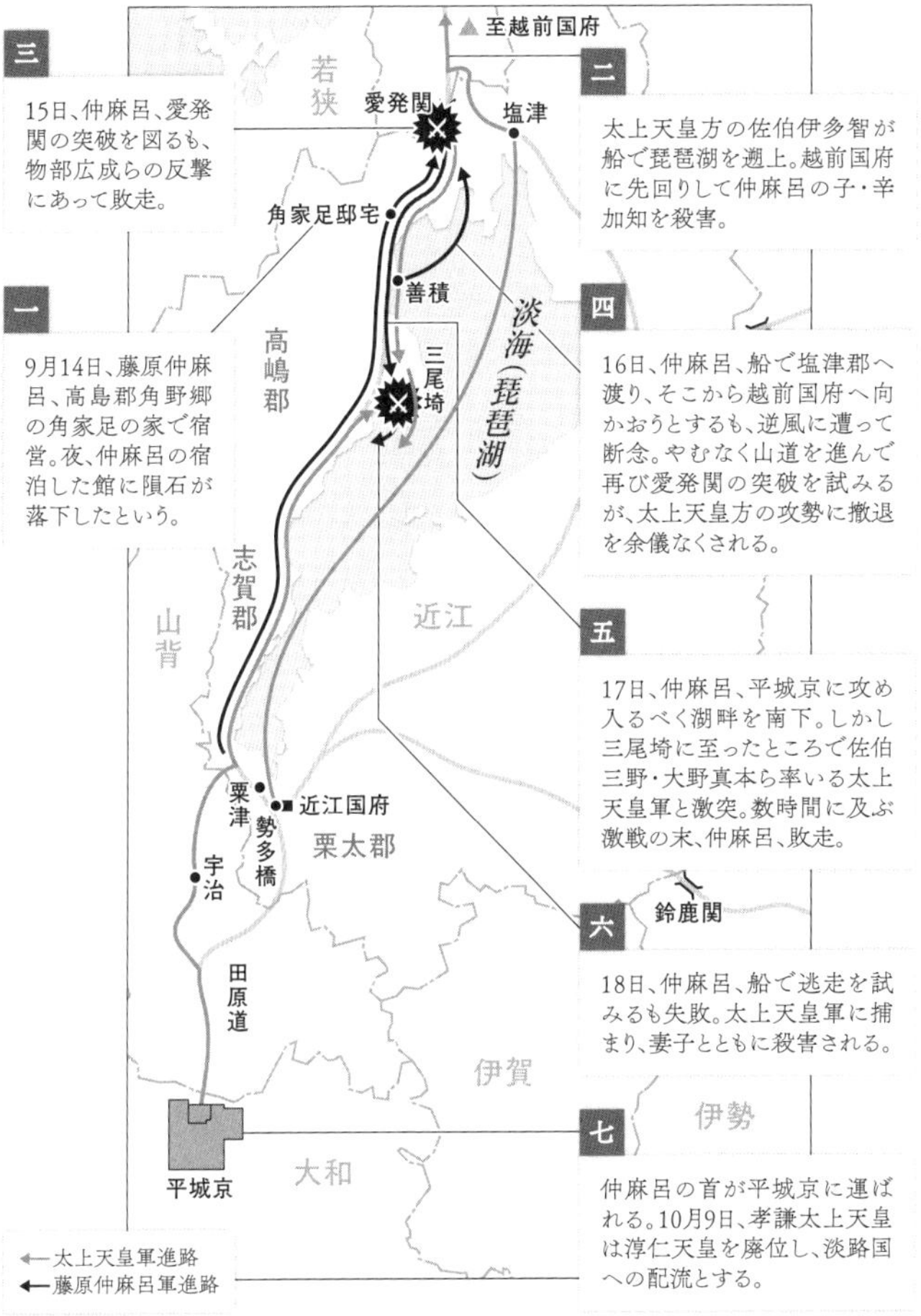
至越前国府
若狭
愛発関
塩津
角家足邸宅
善積
高嶋郡
三尾埼
淡海（琵琶湖）
志賀郡
山背
近江
栗津
近江国府
勢多橋
栗太郡
宇治
田原道
鈴鹿関
伊賀
伊勢
平城京
大和
三
15日、仲麻呂、愛発関の突破を図るも、物部広成らの反撃にあって敗走。
二
太上天皇方の佐伯伊多智が船で琵琶湖を遡上。越前国府に先回りして仲麻呂の子・辛加知を殺害。
一
9月14日、藤原仲麻呂、高島郡角野郷の角家足の家で宿営。夜、仲麻呂の宿泊した館に隕石が落下したという。
四
16日、仲麻呂、船で塩津郡へ渡り、そこから越前国府へ向かおうとするも、逆風に遭って断念。やむなく山道を進んで再び愛発関の突破を試みるが、太上天皇方の攻勢に撤退を余儀なくされる。
五
17日、仲麻呂、平城京に攻め入るべく湖畔を南下。しかし三尾埼に至ったところで佐伯三野・大野真本ら率いる太上天皇軍と激突。数時間に及ぶ激戦の末、仲麻呂、敗走。
六
18日、仲麻呂、船で逃走を試みるも失敗。太上天皇軍に捕まり、妻子とともに殺害される。
七
仲麻呂の首が平城京に運ばれる。10月9日、孝謙太上天皇は淳仁天皇を廃位し、淡路国への配流とする。
太上天皇軍進路
藤原仲麻呂軍進路

位人臣を極めた藤原仲麻呂だったが、最後は謀反人として朝廷軍に敗れ、斬首された。

七六五年
和気王の謀反

皇位継承を巡る血生臭い政変の勃発

◆称徳を呪詛した和気王

藤原仲麻呂との政治権力闘争を制した孝謙太上天皇は、称徳天皇として再び即位する。だがこのとき、称徳は皇太子を立てないと宣言した。こうして再び皇位継承問題が取り沙汰され、平城京は皇族や貴族らによる政変の渦にまたしても飲み込まれることになる。

称徳が即位してから間もない天平神護《てんぴょうじんご》元年（七六五）八月一日には、参議の和気《わけの》王《おう》が皇位を狙って称徳を呪詛させるという事件が起こった。

和気王は舎人《とねり》親王の孫にあたり、当時は有力な皇位継承者の一人だった。仲麻呂の乱後には従四位上から従三位に昇叙され、ついで参議・兵部卿に任じられている。天平神護元年三月には功田五十町も与えられた。これらは仲麻呂の企てを事前に通報し

❖和気王の変関連図

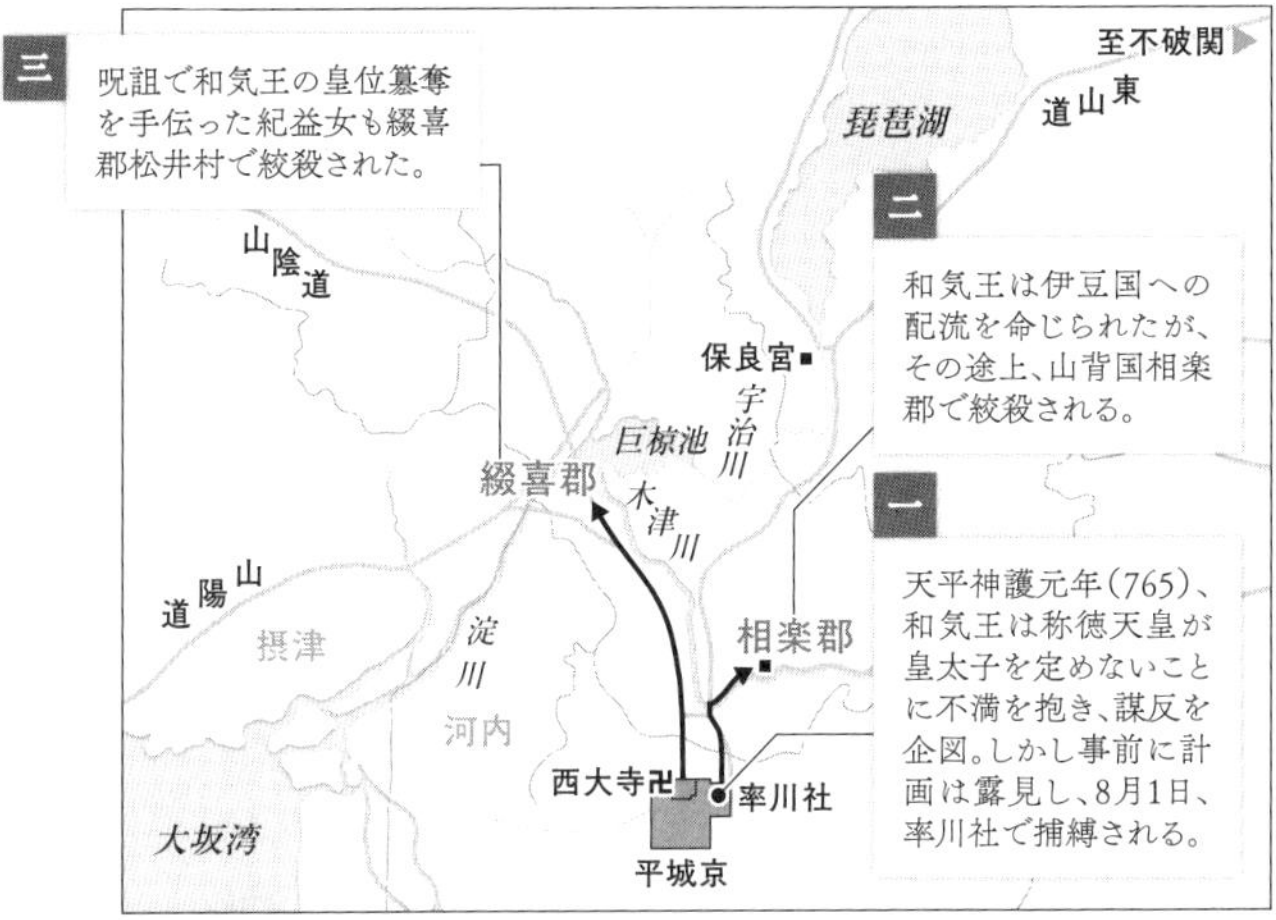
至不破関
東山道
琵琶湖
三
呪詛で和気王の皇位簒奪を手伝った紀益女も綴喜郡松井村で絞殺された。
二
和気王は伊豆国への配流を命じられたが、その途上、山背国相楽郡で絞殺される。
一
天平神護元年(765)、和気王は称徳天皇が皇太子を定めないことに不満を抱き、謀反を企図。しかし事前に計画は露見し、8月1日、率川社で捕縛される。
山陰道
保良宮
宇治川
巨椋池
綴喜郡
木津川
山陽道
摂津
淀川
河内
相楽郡
西大寺
率川社
平城京
大坂湾

和気王は称徳天皇と道鏡に呪いをかけて皇位簒奪を図ったが、あえなく失敗に終わった。

た恩賞という側面もあったが、和気王を懐柔すべく、称徳が意図的に厚遇したものであるとも考えられる。

だが、いつまでも皇太子を定めない称徳に対し、和気王の不満は鬱積されていく。しかし同年三月五日の勅で王臣家の武器の私有が禁じられ、朝廷に没収されていたため、和気王は巫鬼《ふき》を自在に操るという紀益女《きのますめ》に頼んで称徳を呪詛するという方策に出た。

だが計画は露見し、王は逃走。率《いさ》川《かわ》社に潜んでいたところを捕縛され、伊豆への配流となったが、その途上、山背《やましろ》国相楽《さがらか》郡で絞殺された。

皇統の過渡期に起こった天智・天武系勢力の激突

七八二年
氷上川継謀反事件

◆天智系王統の誕生

その後も平城京では皇位継承を巡る事件が相次ぎ、天平神護元年（七六五）十月には淡路に流された淳仁が逃亡を図った翌日に謎の死を遂げ、神護景雲《じんごけいうん》三年（七六九）五月には称徳の異母妹である不破内親王《ふわないしんのう》が子・氷上志計志麻呂《ひかみのしけしまろ》の皇位継承を謀った罪で京外へと追放された。

このとき、称徳の皇位継承の本命は道鏡にあったという。[※1] その後、道鏡は宇佐《うさ》八幡《はちまん》宮《ぐう》の神託を偽造して即位をもくろんだが、失敗。神護景雲四年（七七〇）八月、称徳が没すると、称徳の寵愛で成り立っていた道鏡の権勢も終わりを告げた。[※2]

称徳の没後、左大臣・藤原永手《ながて》、左中弁《さちゅうべん》・藤原百川《ももかわ》らにより、天智の孫・白壁《しらかべ》王が擁立された。光仁《こうにん》天皇の誕生である。これまで皇位は天武系の血統が継承してきた

※1 天平神護二年（七六六）、称徳は道鏡を法王に任じ、天皇に準ずる待遇を与えている。

❖桓武即位の陰で起こった陰謀事件

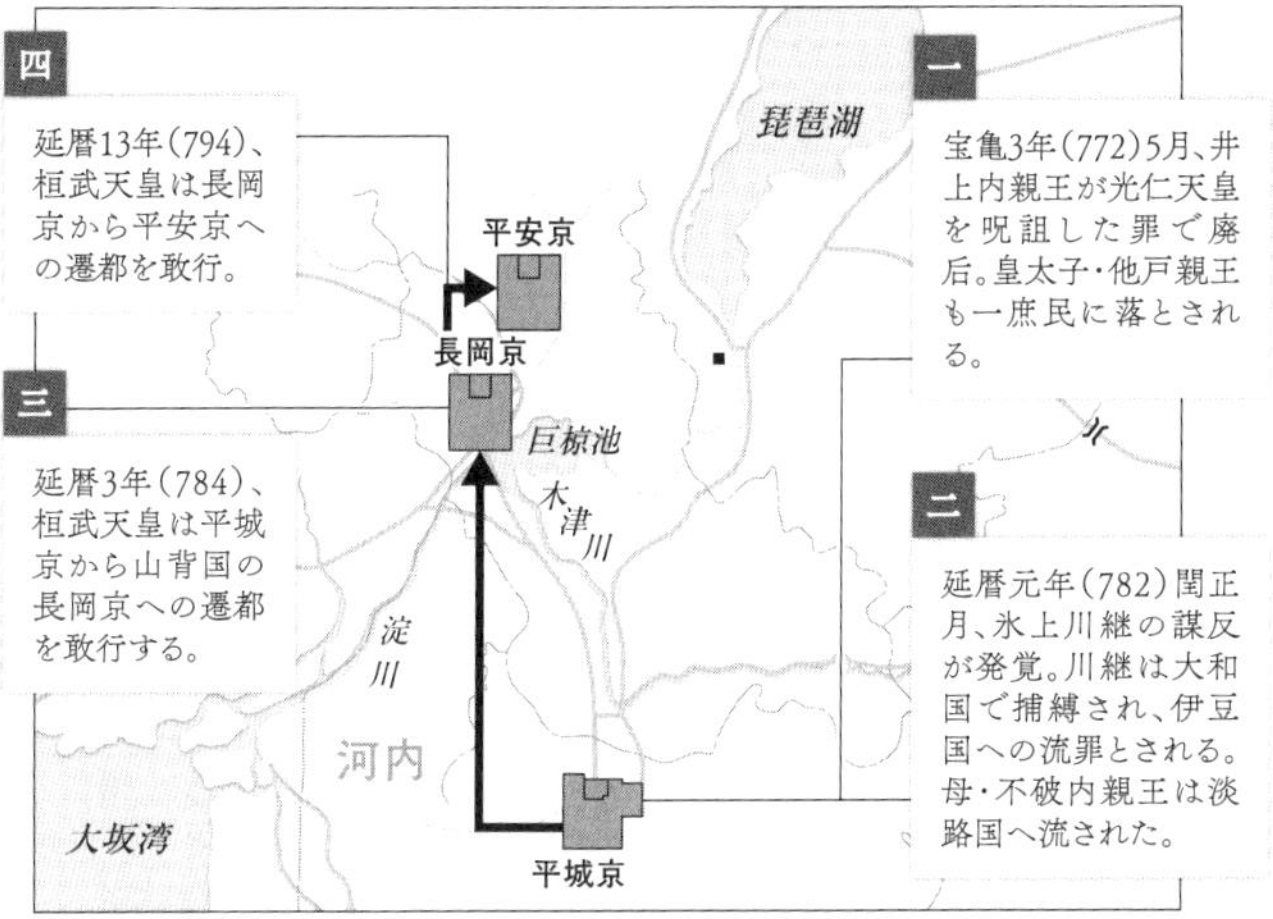
四
延暦13年(794)、桓武天皇は長岡京から平安京への遷都を敢行。
三
延暦3年(784)、桓武天皇は平城京から山背国の長岡京への遷都を敢行する。
一
宝亀3年(772)5月、井上内親王が光仁天皇を呪詛した罪で廃后。皇太子・他戸親王も一庶民に落とされる。
二
延暦元年(782)閏正月、氷上川継の謀反が発覚。川継は大和国で捕縛され、伊豆国への流罪とされる。母・不破内親王は淡路国へ流された。
琵琶湖
平安京
長岡京
巨椋池
木津川
淀川
河内
大坂湾
平城京

光仁期から桓武期に起こった数々の陰謀事件によって反桓武勢力が一掃され、桓武政権の基盤は強固なものとなった。

が、ここに、約一世紀振りに天智系の天皇が皇位に就くこととなった。光仁は聖武の娘・井上《いのえ》内親王を皇后とし、その子・他戸《おさべ》親王を皇太子とした。時に光仁は六十二歳という高齢であったが、他戸親王が聖武の血を引いていたことから、光仁の即位は天智系と天武・聖武系勢力の均衡のもとに成立したと見ることもできる。

◆天武系勢力に担がれた氷上川継

ところが宝亀三年(七七二)五月、井上内親王が光仁を呪詛した罪で廃后されるという事件が勃発。[※3] 他戸も

※2 道鏡はその後、下野薬師寺に流され、宝亀三年(七七二)、同地で没した。

※3 宝亀四年(七七三)十月には光仁の姉・難波内親王の死も井上の呪詛によるものだとされ、井上と他戸は大和国宇智郡に幽閉された。そして宝亀六年(七七五)四月二十七日、母子は同じ日に奇怪な死を遂げた。

廃太子されて皇籍を剥奪された。その後、空位となった皇太子の座には、他戸の異母兄にあたる山部《やまべ》親王（のちの桓武《かんむ》天皇）が立てられた。

この一連の事件は、山部を擁立するために藤原良継《よしつぐ》・百川兄弟が仕組んだものであると考えられている。山部は俊才ではあったが、母が渡来系氏族の出身であったことから皇位継承の資格はないに等しかった。そこでまず光仁を即位させて皇嗣とし、皇位継承のライバルを排除したというわけである。山部の立太子と前後して、良継が乙《おと》牟漏《むろ》を、百川が旅子《たびこ》をそれぞれ山部の后としていることからも、藤原氏の陰謀であることは明らかであろう。

天応《てんおう》元年（七八一）四月、山部は光仁から譲位され、桓武として即位した。だが、それでも天武系勢力が衰えたというわけではなかった。桓武即位の翌延暦《えんりゃく》元年（七八二）閏正月には、氷上川継《かわつぐ》の謀反が事前に発覚している。※4 川継の父は天武皇孫の塩《しお》焼《やき》王で、母は不破内親王である。

桓武は天武系勢力の旗頭であった川継を捕縛して伊豆国三嶋《みしま》への流罪とすると、左大弁・大伴家持《やかもち》や右衛士督・坂上苅田麻呂など反桓武勢力を一掃。こうして皇統は、完全に天武系から天智系へと移行した。

※4 不破は称徳期に内親王号を剥奪されているが、光仁期に復され、子の川継も宝亀十年（七七九）、無位から従五位下に叙されている。この厚遇は、朝廷内において、光仁が天智系と天武系勢力の均衡を保とうとしたためだといわれている。

第三章

陰謀渦巻く王朝

【平安時代】

繰り返される蝦夷と律令国家の全面戦争

七七四年
蝦夷戦争②三十八年戦争

◆**平安遷都**

延暦《えんりゃく》三年（七八四）、桓武《かんむ》天皇は平城京から山背《やましろ》国長岡京への遷都を敢行した。遷都以降も長岡宮の造営は続けられたが、延暦四年（七八五）、造長岡宮使・藤原種継《ふじわらのたねつぐ》が暗殺されたことで工事は中止に追い込まれた。※1 さらに不幸は続き、延暦七年（七八八）五月には桓武夫人の藤原旅子《たびこ》が、延暦八年（七八九）十二月には母・高野新笠《たかののにいがさ》が、延暦九年（七九〇）閏三月には皇后・藤原乙牟漏《おとむろ》が相次いで亡くなってしまう。皇太子・安殿《あて》親王も病に伏してしまった。※2 また、長岡京は水利が良かった一方で、たびたび氾濫に見舞われた。そうした諸々の事情に鑑み、桓武はわずか十年で長岡京に見切りをつけると、和気清麻呂《わけのきよまろ》の建議で山背国葛野《かどの》郡に新都を造営。延暦十三年（七九四）十月、平安京に遷都した。※3 その後も平安京の造営は続けられたが、桓武の晩年にあた

※1 藤原氏によって政権から排除された大伴氏、佐伯氏が復権をもくろんで引き起こしたものであるとされ、その背後には皇太子である早良親王がいたという。これに

❖東北に設置された城柵と海道・山道の蝦夷

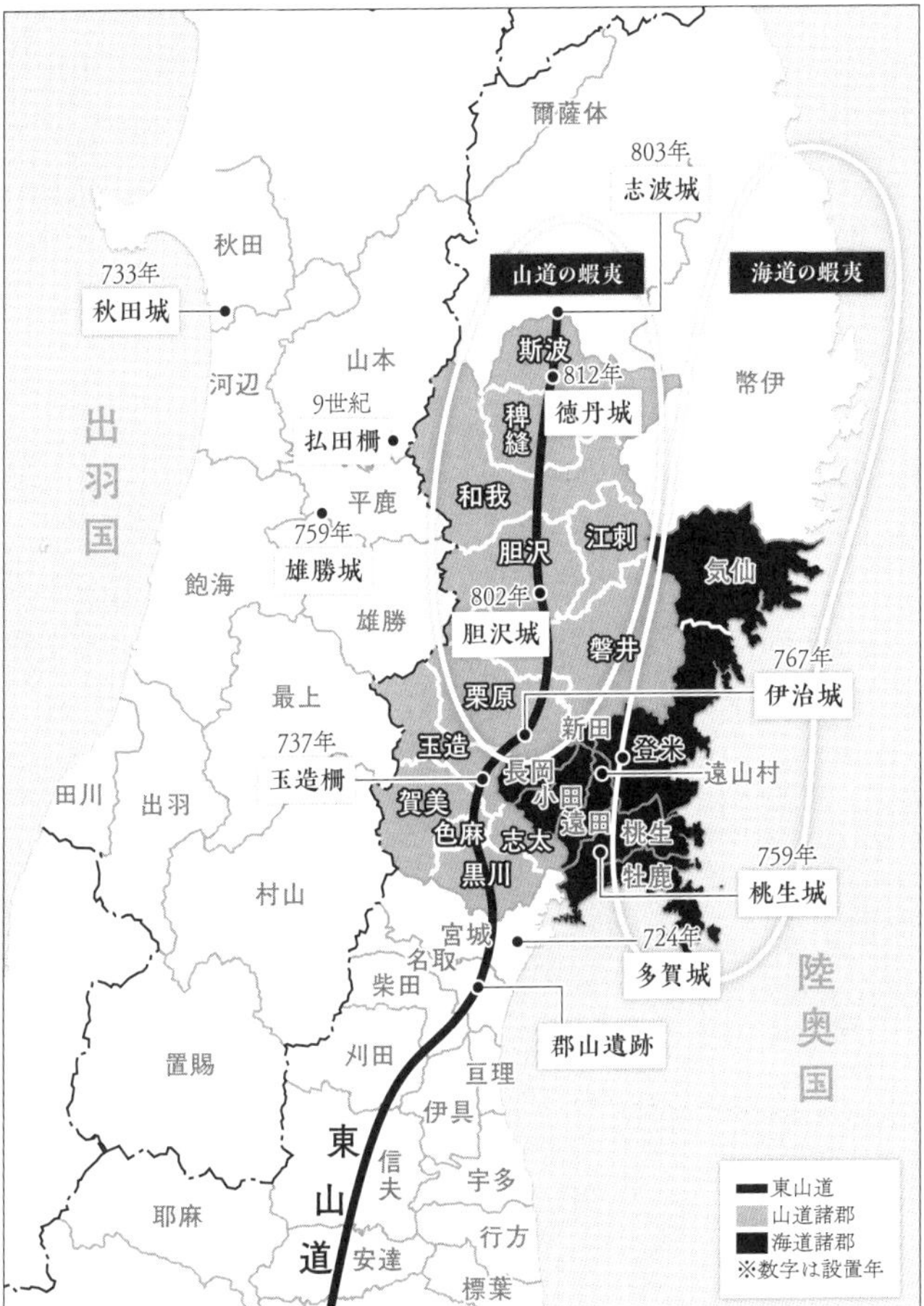

8世紀、朝廷は出羽国に雄勝郡・平鹿郡を設置したり、出羽・陸奥両国に城柵を造営したりなど積極的な蝦夷政策を実行したが、これが蝦夷の反発を招くこととなった。

桓武は怒り、早良を廃太子して淡路島への配流とした。

※2　原因は早良親王の怨霊にあったという。

※3　このとき、山背国から山城国となる。

る延暦二十四年（八〇五）、側近・藤原緒嗣《おつぐ》の「軍事行動と造営が民の負担になっている」との進言を容れ、造営の中止を決定した。これを徳政相論《とくせいそうろん》という。※3

◆蝦夷との動乱はじまる

徳政相論で問題視された「軍事行動」とは、東北の蝦夷《えみし》との戦争を指す。すでに七世紀に蝦夷征討が行なわれ、東北支配のための城柵が各地に設置されたが、朝廷の支配に反発した蝦夷がその後も抵抗を続けていた。※4 そこで朝廷は新国府としての多賀《たが》城《じょう》の造営、鎮守府《ちんじゅふ》の創設、新たな城柵の設置、これら諸施設の常備軍としての鎮兵制の新設、蝦夷を懐柔するための調庸制の廃止などの政策を次々と実行していった。

こうした蝦夷政策が功を奏し、その後およそ五十年にわたり、大きな反乱が発生することはなかった。ところが天平宝字《てんぴょうほうじ》三年（七五九）、出羽《でわ》国に雄勝《おかち》城、陸奥国に桃《もの》生《う》城が完成。神護景雲《じんごけいうん》元年（七六七）にも陸奥国に伊治《これはり》城が造営された。さらに出羽国に雄勝郡、平鹿《ひらか》郡、陸奥国に栗原《くりはら》郡、桃生郡が新設されて坂東・北陸から大規模な柵戸《きのへ》の移住がなされるに至り、蝦夷の不満が爆発。宝亀五年（七七四）七月、陸奥国の海道《かいどう》蝦夷が蜂起し、桃生城を攻撃したのであった。以降、弘仁二年（八一一）まで

※3 このとき、菅野真道は二大事業の継続を主張した。

※4 養老四年（七二〇）九月には、陸奥国の蝦夷が東北経営のために送り込まれた移民に反発し、按察使・上毛野広人を殺害。神亀元年（七二四）三月にも、陸奥の海道蝦夷が反乱を起こし、陸奥大掾・佐伯児屋麻呂を殺

❖宝亀年間に勃発した蝦夷の反乱

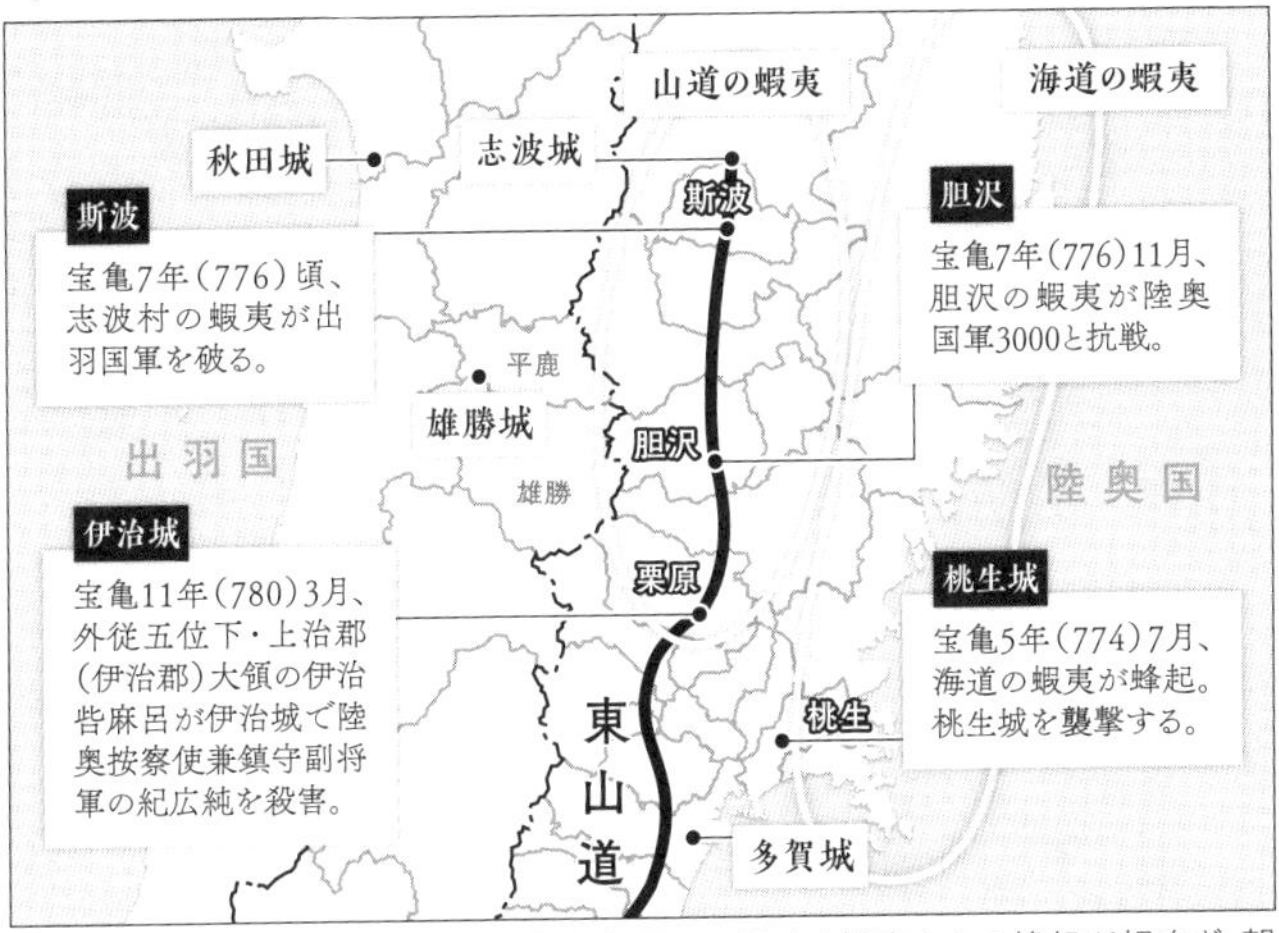
山道の蝦夷
海道の蝦夷
秋田城
志波城
斯波
斯波
宝亀7年（776）頃、志波村の蝦夷が出羽国軍を破る。
胆沢
宝亀7年（776）11月、胆沢の蝦夷が陸奥国軍3000と抗戦。
平鹿
雄勝城
胆沢
出羽国
陸奥国
雄勝
伊治城
宝亀11年（780）3月、外従五位下・上治郡（伊治郡）大領の伊治呰麻呂が伊治城で陸奥按察使兼鎮守副将軍の紀広純を殺害。
栗原
桃生城
宝亀5年（774）7月、海道の蝦夷が蜂起。桃生城を襲撃する。
桃生
東山道
多賀城

宝亀年間（770～781年）、朝廷の東北支配に反発する蝦夷たちの蜂起が相次ぎ、朝廷は対応に追われた。

続いた朝廷と蝦夷との戦いを「三十八年戦争」[※5]という。この反乱は陸奥按察使《あぜち》兼鎮守将軍・大伴駿河麻呂《おおとものするがまろ》によって制圧されたというが、宝亀十一年（七八〇）三月には陸奥国栗原郡周辺の蝦夷の族長・伊治呰麻呂《あざまろ》[※6]が陸奥按察使兼鎮守副将軍の紀広純《きのひろずみ》を伊治城で殺害。さらに多賀城をも焼き払うという反乱を起こした。だが征討軍は戦果を挙げないまま軍を解散してしまい、この時の蝦夷征討はそのまま収束してしまったという。

　桓武の時代になると蝦夷との戦いが本格化し、大規模な征夷軍が三度に渡って派遣された。第一次征討は、

害している。

※5　弘仁二年（八一一）、征夷将軍・文室綿麻呂が嵯峨天皇への報告中に「三十八歳」と使ったことから、そう呼ばれるようになった。

※6　律令国家のもと、郡司に任ぜられていたが、牡鹿郡の郡司・道嶋大楯からの侮辱の言葉に怒り、反乱を起こしたと伝わる。

延暦八年（七八九）三月にはじまる。このとき、征東大将軍に任ぜられた紀古佐美《こさみ》は五万余の軍を率いて多賀城を出立。北上《きたがみ》川の東西両岸から蝦夷の拠点を攻撃しようともくろんだが、蝦夷の頭目・阿弖流為《あてるい》率いる蝦夷軍の挟撃にあい、大敗北を喫した。朝廷軍の戦死者は二十五人、溺死者は千人余にものぼった。

延暦十一年（七九二）には第二次征討が行なわれ、征夷大使・大伴弟麻呂《おとまろ》、副使・坂上《さかのうえの》田村麻呂《たむらまろ》らが十万もの大軍を率いて進軍した。戦いの詳細は『日本後紀《にほんこうき》』が欠けているために不明であるが、『日本紀略《きりゃく》』によると、斬首四百五十七人、捕虜百五十人という成果を挙げた。この戦いで著しい軍功を挙げたのは田村麻呂だったといい、延暦十六年（七九七）十一月、征夷大将軍に任ぜられている。

延暦二十年（八〇一）、田村麻呂は四万の軍勢を率いて第三次征討を敢行した。第二次征討同様、『日本後紀』の欠失で戦闘の推移はわからないが、翌延暦二十一年（八〇二）、阿弖流為は五百人余の同族を引き連れて投降した。※6

その後、前述のように桓武は徳政相論により征夷計画を中止した。だが嵯峨《さが》天皇の代の弘仁二年（八一一）、再び征夷軍が編成され、文室綿麻呂《ふんやのわたまろ》が爾薩体《にさったい》・幣伊《へい》二村の征討に成功。これにより蝦夷の反乱はほぼ収束し、三十八年戦争は終幕を迎えた。

※6 同年、蝦夷の拠点であった胆沢（現・岩手県奥州市）に胆沢城が築かれたことも

❖蝦夷三十八年戦争要図(789年)

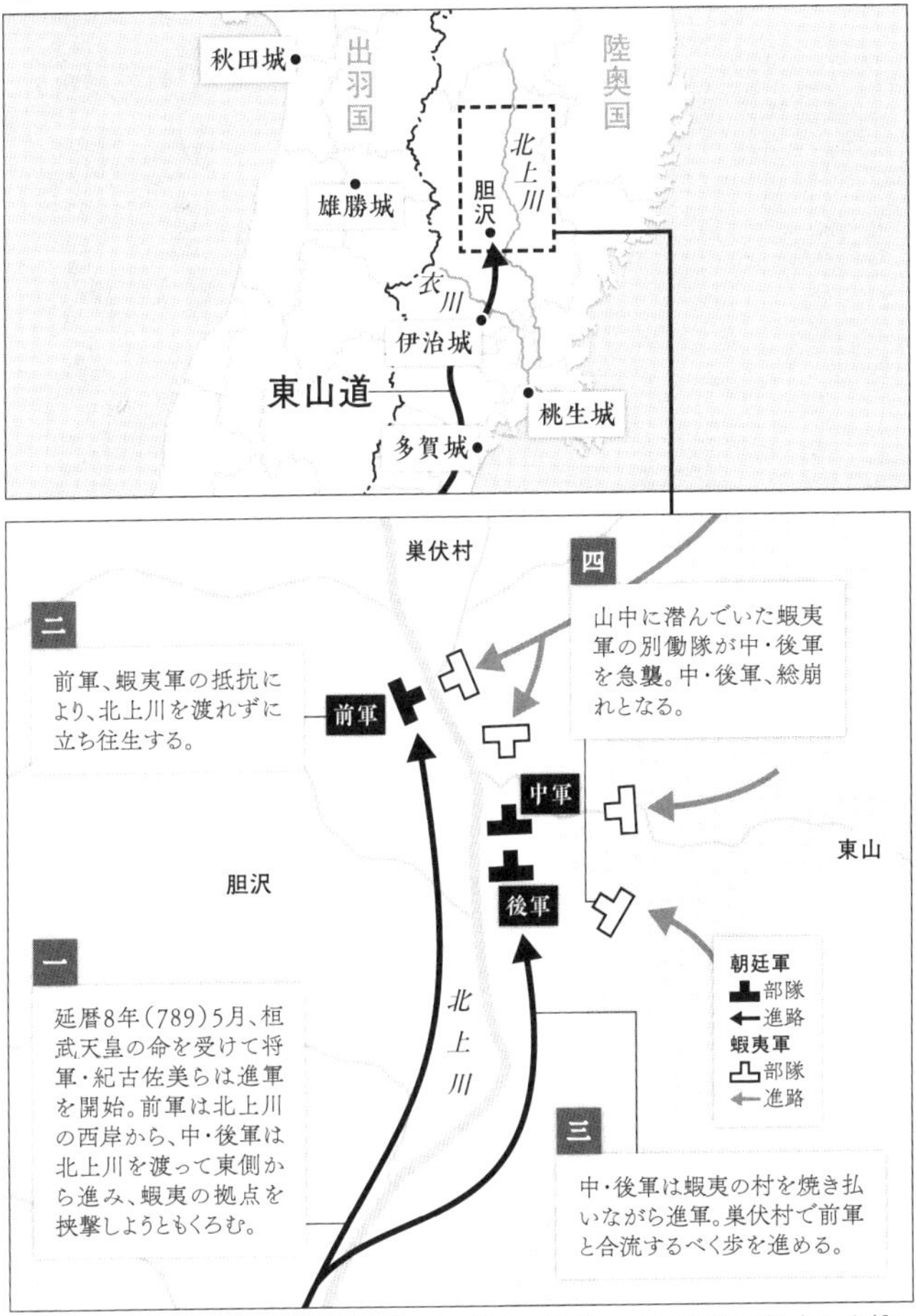

征東大将軍・紀古佐美は朝廷軍を前・中・後軍の3軍に分けて蝦夷の拠点を攻撃しようとしたが、蝦夷の長・阿弖流為の反撃にあい、敗走を余儀なくされた。

影響していると考えられる。

藤原氏の政争に巻き込まれた悲運の皇子

八〇七年
伊予親王謀反事件

◆朝廷内で勃発した勢力争い

大同《だいどう》元年（八〇六）三月十七日に桓武天皇が没すると、その後を受けて皇太子の安殿親王が即位した（平城《へいぜい》天皇）。母は藤原乙牟漏（式家・良継《よしつぐ》の娘）である。皇太子には、同母弟の神野《かみの》親王（のちの嵯峨天皇）が立てられた。このとき、平城には葛井《ふじいの》藤子《ふじこ》との間に儲けた阿保《あぼ》親王や、伊勢継子《いせのつぎこ》との間に産まれた高岳《たかおか》親王などの男子がいたが、当時、立太子される権利を有していたのは天皇である父と、皇族もしくは藤原氏出身の母との間に産まれた皇子だけだったため、単に平城天皇の子であるだけでは皇太子になることはできなかったのである。

そうした中、藤原氏内における勢力争いに巻き込まれる形で、伊予《いよ》親王謀反事件が勃発する。伊予親王は桓武と藤原吉子《よしこ》（南家・是公《これきみ》の娘）との間に産まれ、桓武の生

❖伊予親王謀反事件関連図

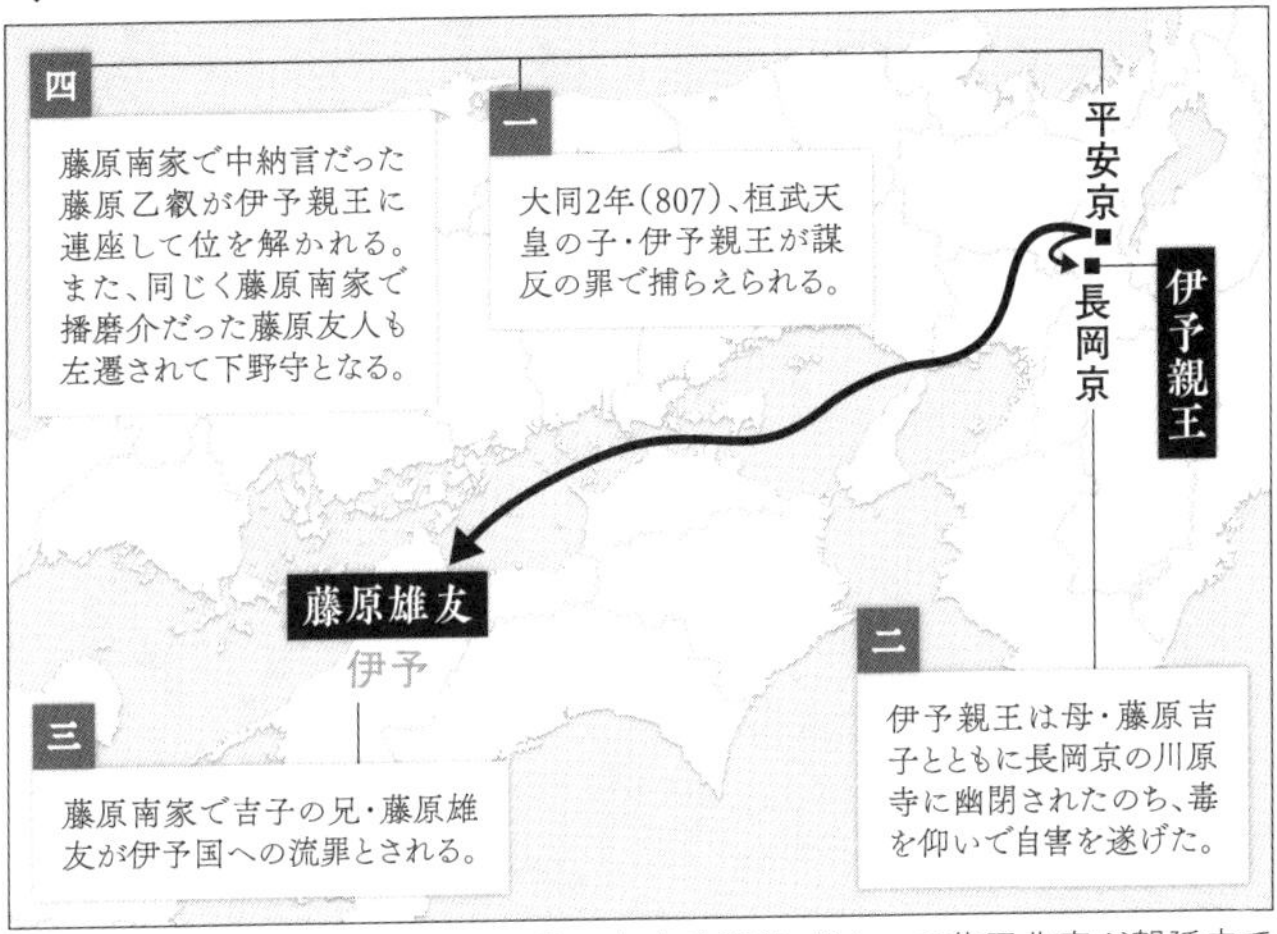
四
藤原南家で中納言だった藤原乙叡が伊予親王に連座して位を解かれる。また、同じく藤原南家で播磨介だった藤原友人も左遷されて下野守となる。
一
大同2年（807）、桓武天皇の子・伊予親王が謀反の罪で捕らえられる。
平安京
長岡京
伊予親王
藤原雄友
伊予
二
伊予親王は母・藤原吉子とともに長岡京の川原寺に幽閉されたのち、毒を仰いで自害を遂げた。
三
藤原南家で吉子の兄・藤原雄友が伊予国への流罪とされる。

伊予親王の謀反事件を契機として藤原南家は没落。代わって藤原北家が朝廷内で台頭することとなった。

前、とくにかわいがられたと伝わる。だが大同二年（八〇七）十月、伊予は謀反の罪で捕らえられ、母とともに川原寺《かわらでら》（長岡京の川原寺であったと推測されている）に幽閉された。伊予は無罪を訴えたが聞き入れられず、十一月十二日、母子は毒を仰いでこの世を去った。※その後、朝廷内では伊予の叔父で大納言であった藤原雄友《おとも》（南家）や中納言・藤原乙叡《たかとし》（南家）など藤原南家勢力がこぞって排除され、没落を余儀なくされている。代わって朝廷内に台頭したのは、右大臣・藤原内麻呂《うちまろ》を筆頭とする藤原北家であった。

※弘仁十年（八一九）、伊予親王が無実であったことが明らかとなり、剥奪された親王号が復されている。

引き起こされた「二所朝廷」という混乱

八一〇年

平城太上天皇の変

◆もたらされた政治的混乱

平城天皇は元来病弱であり、かつ神経質な体質であったという。幼少期には無実の罪で亡くなった早良《さわら》親王の怨霊に悩まされ、そして伊予親王の処断後は伊予の怨霊に苦しめられることとなった。そのため、大同四年（八〇九）四月、「風病《ふうびょう》」が治らないことを理由として譲位の意志を表明し、神野親王が嵯峨天皇として即位した。皇太子には平城の皇子である高岳親王が立てられた。※1

ところが同年十一月、平城太上天皇は長岡京で暗殺された藤原種継の子で右兵衛督の仲成《なかなり》に命じて平城宮の改修工事に着手させた。そして十二月には、仲成の妹で寵愛していた薬子《くすこ》らを連れて平城宮へ遷幸した。

ここに平安宮、平城宮という二つの宮が併存する状況が現出されることとなる。こ

※1 平城は暗愚な天皇と評される一方で、近年は官司の統廃合による官人数の減少、地方の実情を把握するための六道観察使の設置など、

❖平城太上天皇の変関連略系図

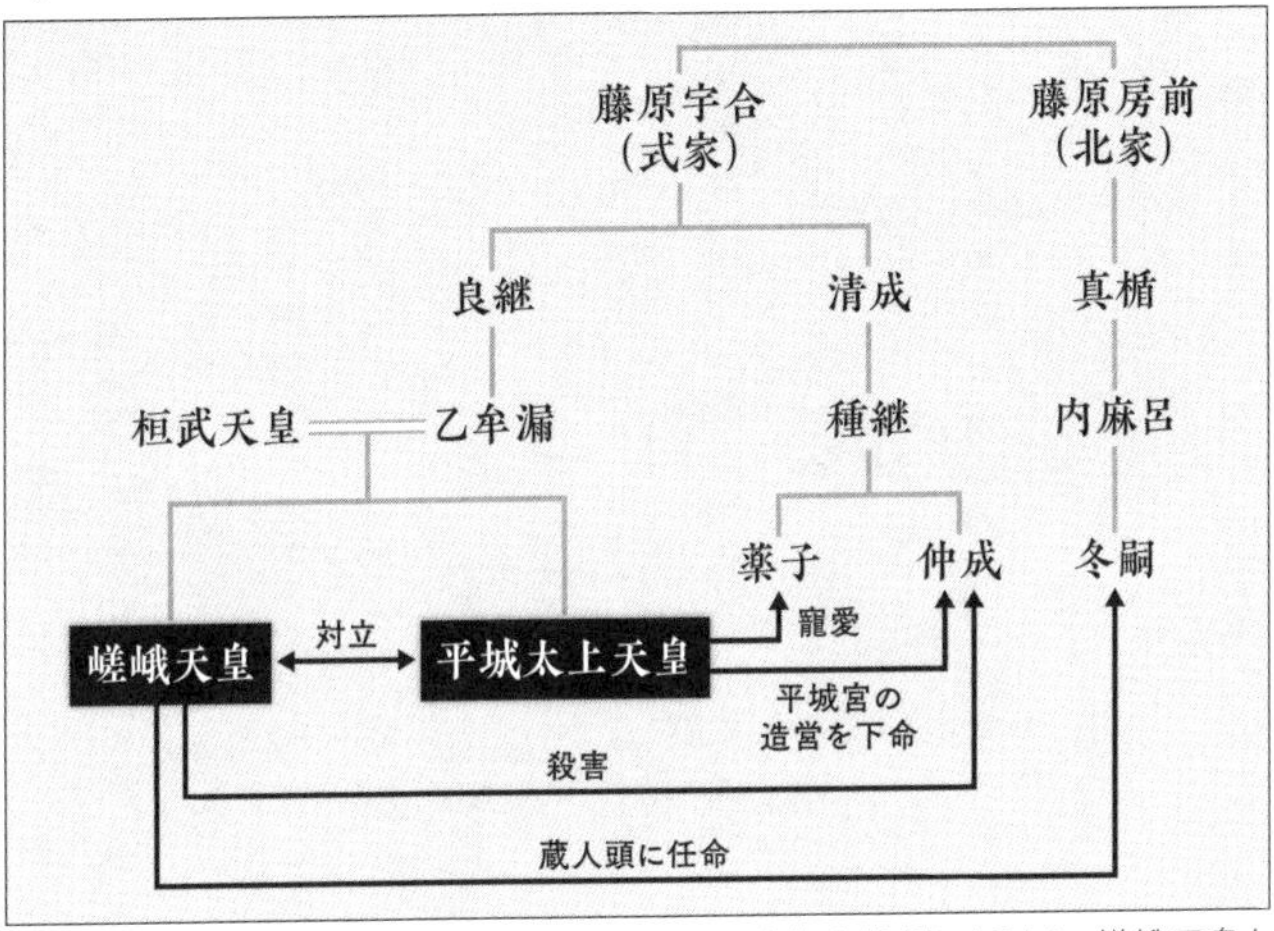

平城太上天皇は弟の嵯峨天皇に譲位したのちも実権を掌握しようとし、嵯峨天皇と対立した。

の動きに危機感を抱いた嵯峨は弘仁《こうにん》元年（八一〇）三月、蔵人所《くろうどどころ》を設置した。それまで後宮の女官を通じて伝えられていた天皇の意思を、女官を介さずに直接太政官に伝える連絡経路を確保するためであった。そして巨勢野足《こせのたり》と藤原冬嗣《ふゆつぐ》（北家・藤原内麻呂次子）を蔵人頭に任じた。このように、律令規定にない別枠の官位を「令外官《りょうげのかん》」と総称する。

◆変の勃発

同年九月六日、ついに嵯峨と平城との関係が破綻する。平城が平城宮への遷都を命じたためである。※2 これ

民に寄り添った政策が再評価されている。譲位にしても自身の皇子である高岳親王を嵯峨の皇太子としていることから、平城の皇統を確実に継承するためのものであったという意見もある。

※2 これ以前に、病がちとなった嵯峨が平城に皇位を返そうとし、平城がこれを拒否したというやり取りがあったという。

に対して嵯峨は人心の動揺を抑えるため、十日、伊勢の鈴鹿《すずか》関、美濃《みの》の不破《ふわ》関、越前の愛発《あらち》関の三関《さんげん》を閉鎖する固関使《こげんし》を派遣。そして当時平安宮にいた仲成を捕縛すると、薬子の官位を剥奪し、仲成を佐渡権守《さどのごんのかみ》に左遷した。

十一日、薬子の解官を知った平城はこれに怒り、畿内・紀伊の兵を徴発すると、伊勢を目指して出立した。このとき、平城は東国の軍勢を動員して嵯峨政権の打倒を図ったといわれるが、一方で、聖武天皇の故事にちなんで伊勢神宮へ行幸しようとしただけとする説も唱えられている。

だが同日、拘束されていた仲成が射殺されてしまう。さらに翌十二日、平城は大和《やまと》国添上郡《そうのかみ》越田村《こしだ》（現・奈良市北之庄町）に至ったところで嵯峨方の軍に行く手を遮られてしまった。もはやこれまでと悟った平城は平城宮に戻ると、剃髪して出家。薬子も毒をあおって自害を遂げた。

こうして平城太上天皇の変は鎮圧された。※3 変後、平城を父とする皇太子・高岳親王は廃され、嵯峨の異母弟である大伴《おおとも》親王（母は藤原旅子。のちの淳和《じゅんな》天皇）が新たに立太子された。

この変により、平安京が千年の都となる基礎が固まったといえる。

※3 従来は「薬子の変」と称されてきたが、近年は平城太上天皇に主体があったとす

❖平城太上天皇の変要図

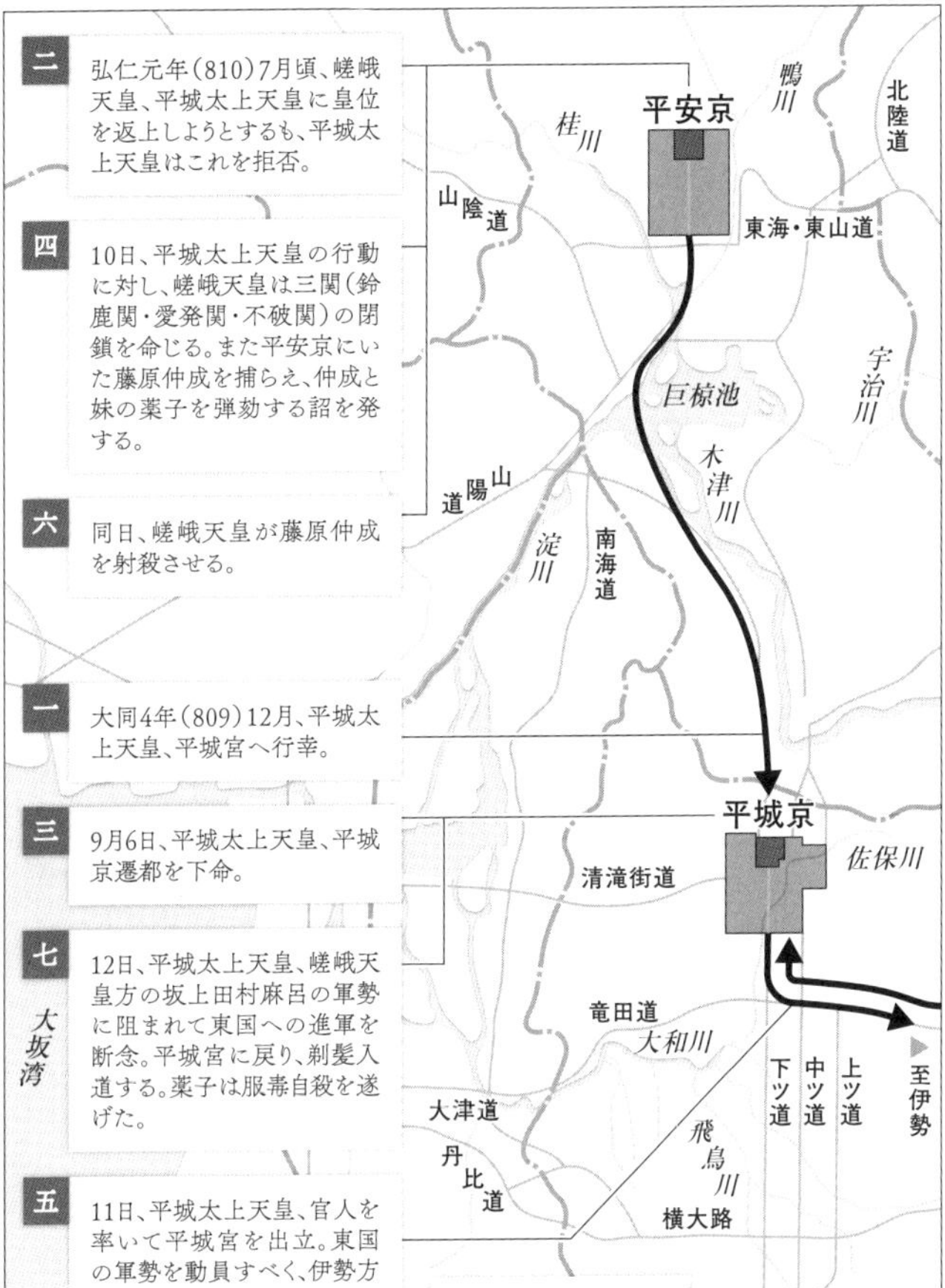
二
弘仁元年(810)7月頃、嵯峨天皇、平城太上天皇に皇位を返上しようとするも、平城太上天皇はこれを拒否。
四
10日、平城太上天皇の行動に対し、嵯峨天皇は三関(鈴鹿関・愛発関・不破関)の閉鎖を命じる。また平安京にいた藤原仲成を捕らえ、仲成と妹の薬子を弾劾する詔を発する。
六
同日、嵯峨天皇が藤原仲成を射殺させる。
一
大同4年(809)12月、平城太上天皇、平城宮へ行幸。
三
9月6日、平城太上天皇、平城京遷都を下命。
七
12日、平城太上天皇、嵯峨天皇方の坂上田村麻呂の軍勢に阻まれて東国への進軍を断念。平城宮に戻り、剃髪入道する。薬子は服毒自殺を遂げた。
五
11日、平城太上天皇、官人を率いて平城宮を出立。東国の軍勢を動員すべく、伊勢方面へと向かう。
平安京
鴨川
北陸道
桂川
山陰道
東海・東山道
宇治川
巨椋池
木津川
山陽道
淀川
南海道
平城京
佐保川
清滝街道
竜田道
大和川
大坂湾
下ツ道
中ツ道
上ツ道
至伊勢
大津道
丹比道
飛鳥川
横大路
←平城太上天皇の進路

弘仁元年(810)7月以降、二所朝廷の状態が続いたが、嵯峨天皇が平城太上天皇方の動きを制して事件を鎮圧した。

る見方が有力視されるようになり、「平城太上天皇の変」と呼ばれるようになった。

恒貞親王を襲った悲劇の結末

八四二年
承和の変

◆藤原氏による他氏排斥事件か

平城太上天皇の変後の弘仁二年（八一一）、嵯峨天皇の信任篤かった藤原冬嗣が参議となった。弘仁十二年（八二一）には右大臣への昇進を果たす。長らく左大臣の座は空位にあったため、事実上、冬嗣が政界の頂点に立つこととなった。ここから、藤原北家が興隆することとなる。冬嗣はかつて不比等《ふひと》が天皇家との姻戚関係を通じて勢力を拡大させていった例に倣い、娘の順子《じゅんし》を嵯峨の皇子・正良《まさら》親王（のちの仁明《にんみょう》天皇）の妃とした。また、次子・良房《よしふさ》と嵯峨の娘・源潔姫《みなもとのきよひめ》との婚姻を成立させている。

当時、嵯峨天皇は国家財政負担を軽減させるため、母の出自が低い皇子女に源朝臣《あそん》姓を与えて臣籍降下させていた（賜姓源氏《しせいげんじ》）。こうして彼らは天皇の子から一転、貴族官人としての道を歩むが、その経歴は公卿の一歩手前である四位からはじまり、や

❖ 藤原北家の台頭

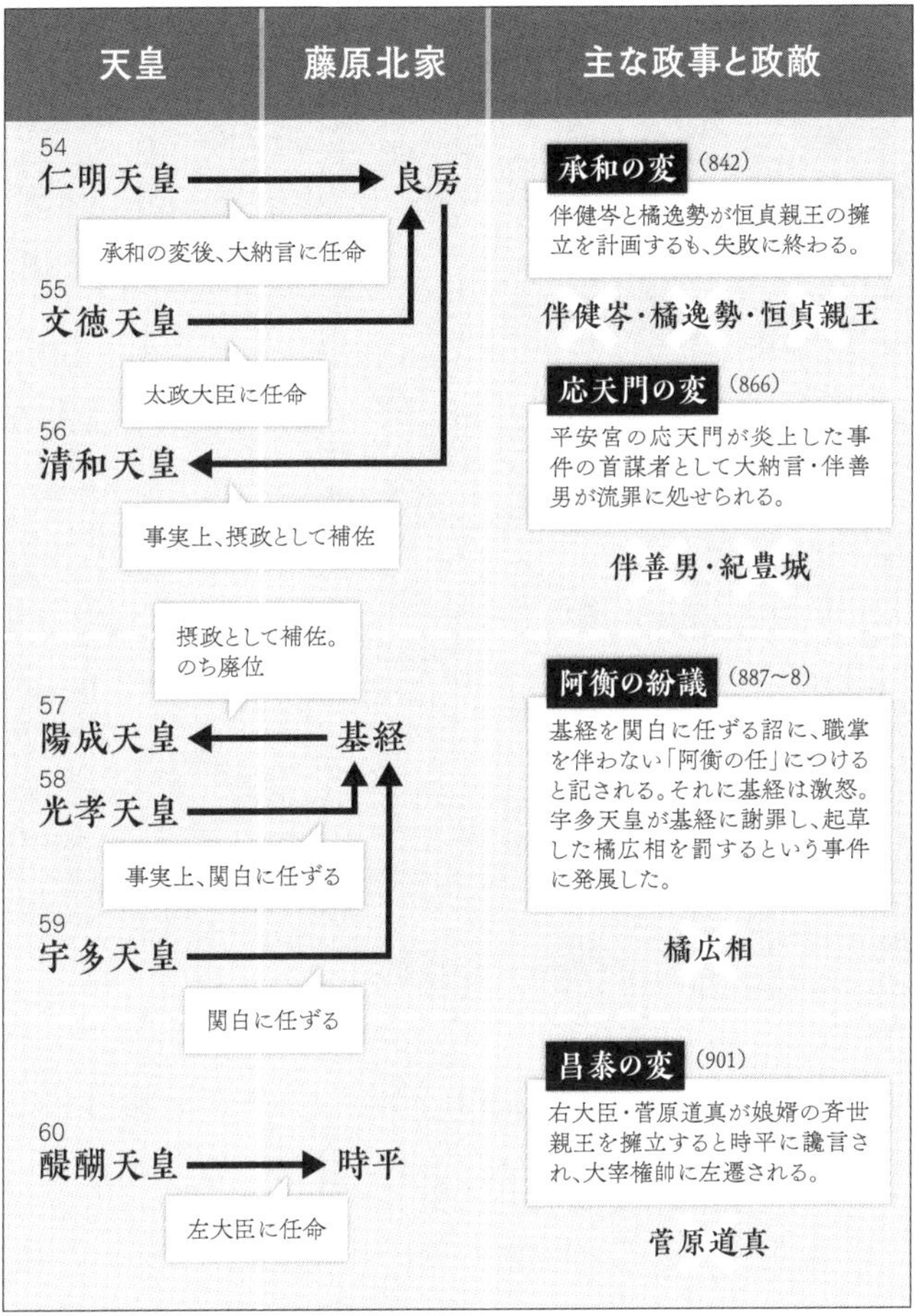
天皇
藤原北家
主な政事と政敵
54 仁明天皇
良房
承和の変後、大納言に任命
55 文徳天皇
太政大臣に任命
56 清和天皇
事実上、摂政として補佐
摂政として補佐。のち廃位
57 陽成天皇
基経
58 光孝天皇
事実上、関白に任ずる
59 宇多天皇
関白に任ずる
60 醍醐天皇
時平
左大臣に任命
承和の変 (842)
伴健岑と橘逸勢が恒貞親王の擁立を計画するも、失敗に終わる。
伴健岑・橘逸勢・恒貞親王
応天門の変 (866)
平安宮の応天門が炎上した事件の首謀者として大納言・伴善男が流罪に処せられる。
伴善男・紀豊城
阿衡の紛議 (887～8)
基経を関白に任ずる詔に、職掌を伴わない「阿衡の任」につけると記される。それに基経は激怒。宇多天皇が基経に謝罪し、起草した橘広相を罰するという事件に発展した。
橘広相
昌泰の変 (901)
右大臣・菅原道真が娘婿の斉世親王を擁立すると時平に讒言され、大宰権帥に左遷される。
菅原道真

藤原北家は様々な政変を引き起こして政敵を排除し、朝廷内における絶対的な権力を手中に収めた。

がて半数以上が公卿になるなど、朝廷内で大きな勢力を形成するようになった。冬嗣と良房はそこに目をつけ、賜姓源氏とも積極的に姻戚関係を結んでいったのである。

その後、皇位は嵯峨から淳和を経て、天長《てんちょう》十年（八三三）、正良親王が仁明天皇として即位した。皇太子には、淳和の皇子・恒貞《つねさだ》親王が立てられた。※時に九歳であった。だが、良房にとってこれは好ましいものではなかった。すでに天長四年（八二七）、妹の順子が仁明との間に道康《みちやす》親王（のちの文徳《もんとく》天皇）を産んでおり、良房には天皇の外戚となる道が開けていたためである。ただし恒貞の母は嵯峨の娘で淳和の皇后であった正子《せいし》内親王であり、恒貞の即位は嵯峨・淳和によって保障されていた。良房はその後、蔵人頭（八三三年）、参議（八三四年）、権中納言（八三五年）、中納言（八四〇年）と順調に昇進を重ねていったが、嵯峨・淳和両上皇が健在の内は何の手を打つこともできなかった。

しかし承和《じょうわ》七年（八四〇）五月に淳和が、承和九年（八四二）七月に嵯峨が没すると、ついに事件が勃発。嵯峨の崩御から二日後の七月十七日、春宮坊帯刀《とうぐうぼうたちはき》・伴健《とものこわ》岑《みね》と但馬権守《たじまのごんのかみ》・橘逸勢《たちばなのはやなり》が恒貞を奉じて東国へ向かい、そこで謀反を起こそうとしたとして捕縛されたのである。共謀を持ち掛けられた平城の皇子・阿保親王が嵯峨

※この頃は嵯峨の皇子と淳和の皇子が交代で皇太子の座に就いていたことから、恒貞の立太子は既定路線だったといえる。

❖承和の変関連図

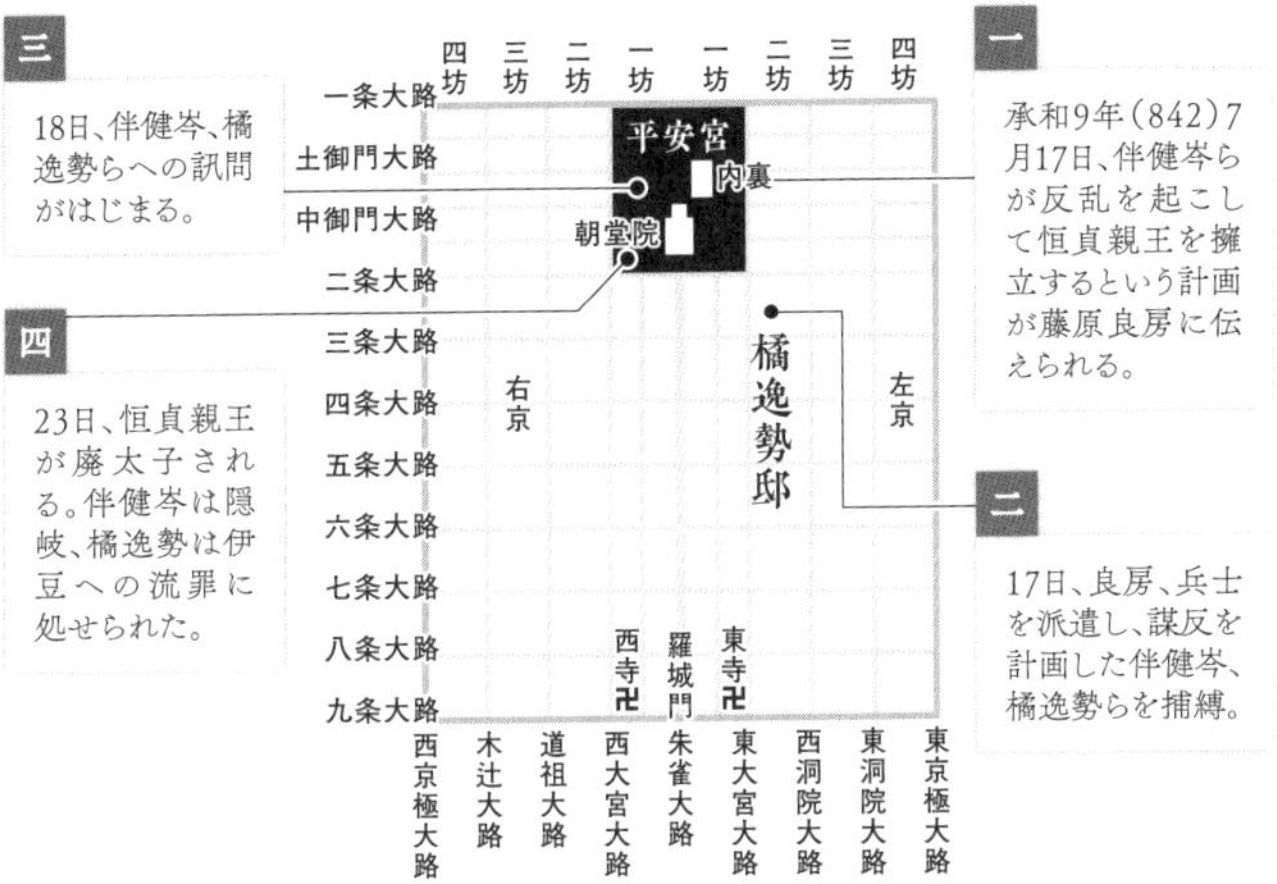
一
承和9年(842)7月17日、伴健岑らが反乱を起こして恒貞親王を擁立するという計画が藤原良房に伝えられる。
二
17日、良房、兵士を派遣し、謀反を計画した伴健岑、橘逸勢らを捕縛。
三
18日、伴健岑、橘逸勢らへの訊問がはじまる。
四
23日、恒貞親王が廃太子される。伴健岑は隠岐、橘逸勢は伊豆への流罪に処せられた。
平安宮
内裏
朝堂院
橘逸勢邸
右京
左京
西寺
羅城門
東寺
四坊
三坊
二坊
一坊
一坊
二坊
三坊
四坊
一条大路
土御門大路
中御門大路
二条大路
三条大路
四条大路
五条大路
六条大路
七条大路
八条大路
九条大路
西京極大路
木辻大路
道祖大路
西大宮大路
朱雀大路
東大宮大路
西洞院大路
東洞院大路
東京極大路

事件後、藤原良房が大納言に昇進し、また良房の娘・明子を娶った甥の道康親王が立太子された。

の皇太后・橘《たちばなの》嘉智子《かちこ》に密書を届け、それが良房の手に渡ったことで発覚したものであった。恒貞の関与は否定されたものの、近侍者が罪を犯したということで廃太子された。さらに大納言・藤原愛発《ちかなり》や中納言・藤原吉野《よしの》、参議・文室秋津《あきつ》といった主だった官人も流罪に処せられ、代わって道康親王が新皇太子に、良房が大納言に、潔姫の兄・源信《まこと》が中納言に任ぜられた。

この事件を承和の変という。真相は不明であるが、事件後に大きな利益を得た良房の策謀によるものであると見なされている。

大門の炎上事件と藤原良房の摂政就任

八六六年
応天門の変

◆応天門、炎上す

承和の変によって外戚としての地位を確立した藤原良房は、その権勢をさらに拡大すべく、新たに立太子された道康親王に娘・明子《めいし》を嫁がせた。そして嘉祥《かしょう》三年（八五〇）、道康が文徳天皇として即位し、明子との間に惟仁《これひと》親王を儲けると、良房は生後わずか八か月の惟仁を皇太子とした。斉衡《さいこう》四年（八五七）には生前に太政大臣に就任。[※1]天安二年（八五八）八月に文徳が急逝し、惟仁がわずか九歳で即位すると（清和《せいわ》天皇）、良房は事実上の摂政《せっしょう》として政務を執り仕切った。摂政という職掌は天皇の幼少時に限り、臣下に天皇の大権を委ねるものであったことから、貞観《じょうがん》六年（八六四）に清和が元服すると、良房は辞意を申し出た（『日本三代実録』）。だがそれは認められなかったため、良房は清和の元服後も摂政としてその治世を支えた。

※1 当時、太政大臣の位は天皇の外戚に対し、死後に与えられる贈官だった。

❖応天門の変関連図

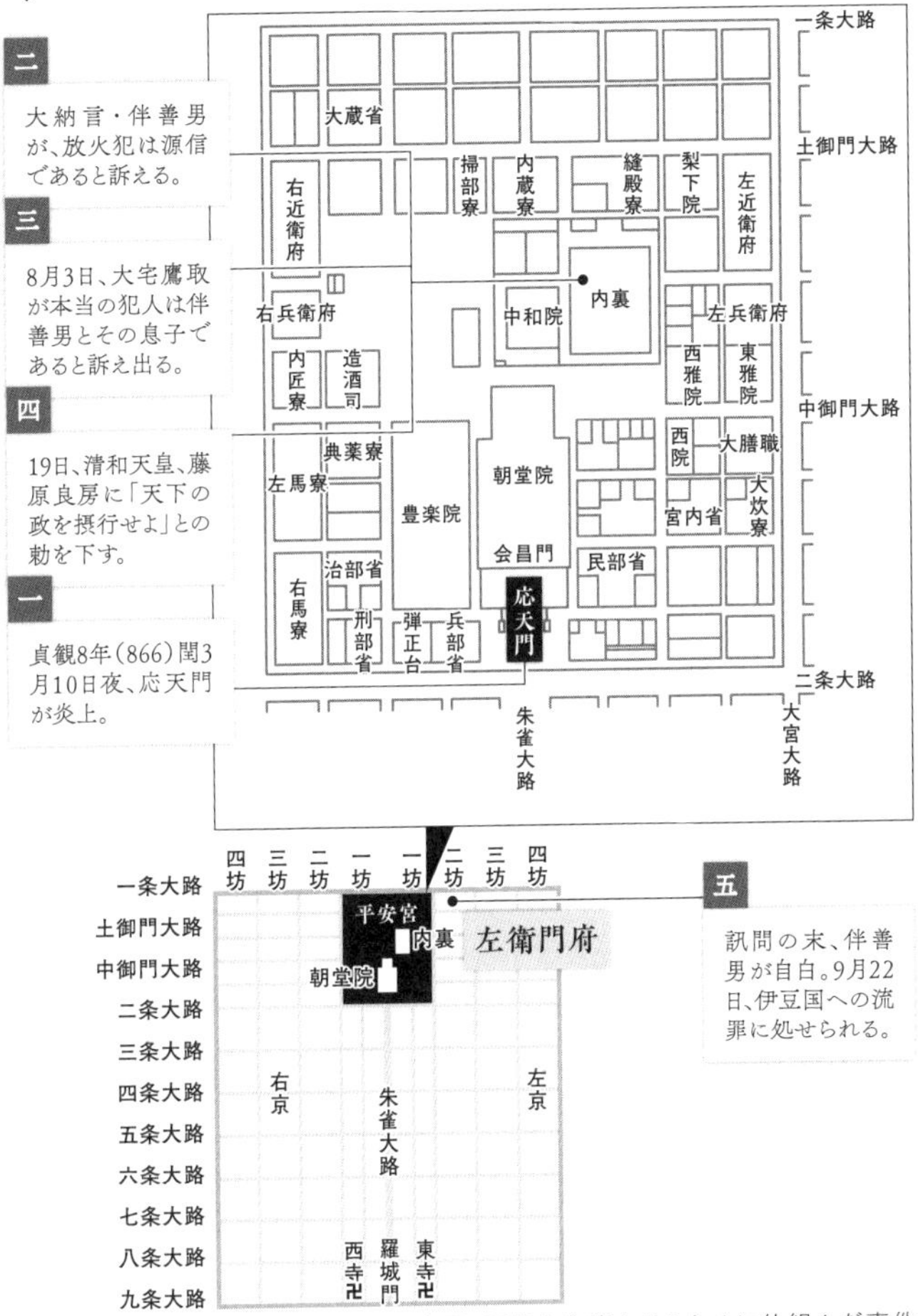

応天門の変は、大納言・伴善男が左大臣・源信を失脚させるために仕組んだ事件だったともいわれる。

そうした状況下の貞観八年（八六六）閏三月十日、大内裏朝堂院《ちょうどういん》の正門・応天門《おうてんもん》が炎上し、棲鳳《せいほう》・翔鸞《しょうらん》の両楼に延焼するという事件が起こった。いわゆる「応天門の変」である。このとき、良房の弟で右大臣であった藤原良相《よしみ》と大納言・伴善男《とものよしお》[※2]は左大臣・源信に放火の嫌疑をかけ、信の家を囲んだ。当時、嵯峨源氏の長として朝廷内に一大勢力を築いていた信の排除が目的だったと考えられている。それを伝え聞いた良房が清和に「左大臣は是陛下の大功臣なり」[※3]と訴えたため、信は事なきを得たが、その後、門を頑なに閉ざし、出仕を拒否するようになった。

◆真犯人はいったい誰か

こうして犯人が不明のまま、時は八月を迎えた。ところが三日、大宅鷹取《おおやけのたかとり》が善男とその息子・中庸《なかつね》が放火の犯人であると告発したことで、事件は急展開を迎えることとなる。[※4]七日、清和の命により、善男の訊問が行なわれた。だが、善男は犯行を否認するばかりであり、解決の糸口すらつかめない状態が続く。十九日、事件の解決が困難であると判断した清和は、良房に対して「天下の政《まつりごと》を摂行《せっこう》せよ」との勅を下した。これをもって良房は正式に摂政に任じられたとされるが、一方で、良房は清和の即位

※2 弘仁十四年（八二三）、大伴姓が淳和の諱・大伴と重なることから、伴姓へと改められた。

※3 当初、文徳は第一皇子・惟喬親王への皇位継承を望んでいたという。まず惟喬を即位させ、惟仁が成人したのちに譲位させればよいと考えたのである。そこで文徳は左大臣・源信に諮ったが、信はこれに反対

❖伴氏と紀氏の配流先

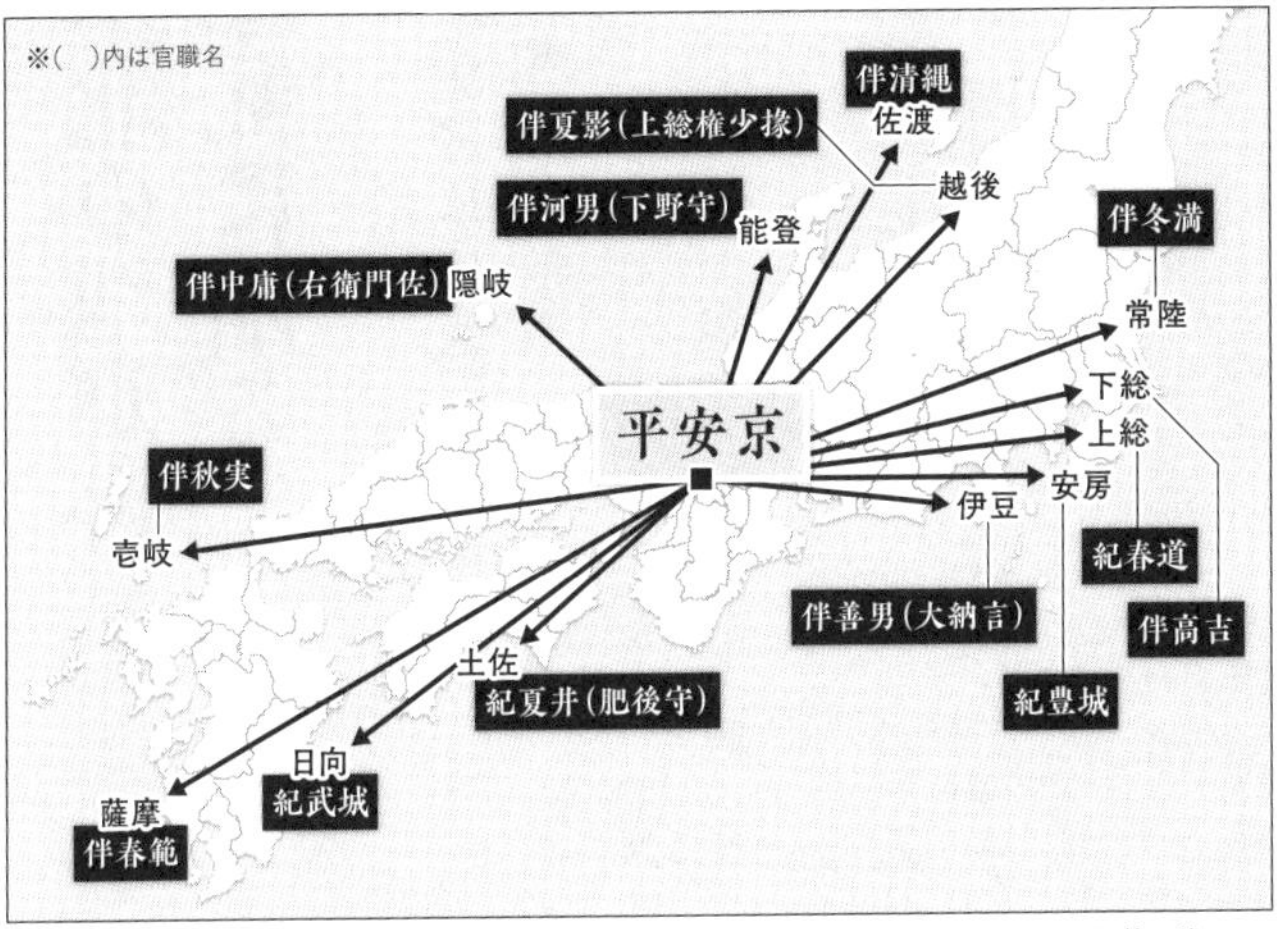
※(　)内は官職名
伴清縄
佐渡
伴夏影(上総権少掾)
越後
伴河男(下野守)
能登
伴冬満
伴中庸(右衛門佐)
隠岐
常陸
下総
平安京
上総
伴秋実
安房
伊豆
壱岐
紀春道
伴善男(大納言)
伴高吉
土佐
紀夏井(肥後守)
紀豊城
日向
紀武城
薩摩
伴春範

応天門の変を契機として、古来、朝廷を支えてきた名家の伴氏・紀氏が没落。代わって藤原氏が勢力を拡張した。

後から依然として摂政の職掌を担っており、この勅はあくまでも政情不安を鎮めるために、良房に事件の処理を委ねたものであるとも解されている。

ともかく、良房は善男を罰することで事件に終止符を打つこととし、九月二十二日、善男と中庸、従者の紀豊城《とよき》、伴秋実《とものあきざね》、伴清縄《きよただ》らを流罪に処した。これを藤原氏による他氏排斥事件と見るかどうかについては意見が分かれるところであるが、これにより、かつての名門貴族であった伴氏、紀氏が没落したことは疑いようのない事実である。

した。男帝であればその者に皇位継承者を決定する権利が生じてしまうためだ。こうして清和が幼帝として即位したが、その背景には信の働きがあった(『吏部王記』)。

※4 同じ長屋内での子どものケンカが原因で犯人の告発が行なわれた事例として『伴大納言絵詞』に詳しい。

八七八年
蝦夷戦争③元慶の乱

東北の地が再び混乱に陥る

◆朝廷への抵抗を続けた蝦夷

蝦夷三十八年戦争の終結（P118）により、朝廷による征夷政策も一応は終わりを迎えることとなる。だが、これをもって東北における朝廷の支配体制が確立したというわけではなかった。その後も陸奥国の奥《おく》郡（現在の宮城県北部から岩手県盛岡市周辺にかけての地域）や、それよりもさらに北の地域では朝廷に帰属した俘囚《ふしゅう》らによる騒乱が相次いだ。弘仁四年（八一三）五月には、文室綿麻呂が再び征夷将軍に任命され、小野石雄《おののいわお》が吉弥侯部止彼須《きみこべのとひす》・可牟多知《かむたち》らの反乱を征討。弘仁八年（八一七）には、かつて綿麻呂の配下として俘軍千人を預けられていた俘囚・吉弥侯部於夜志閇《おやしべ》ら六十一人が反乱を起こし、捕らえられるという事件も起こっている。このように、東北地方北部では蝦夷との間にいまだ緊張状態が続いていたのである。

❖ 元慶の乱要図

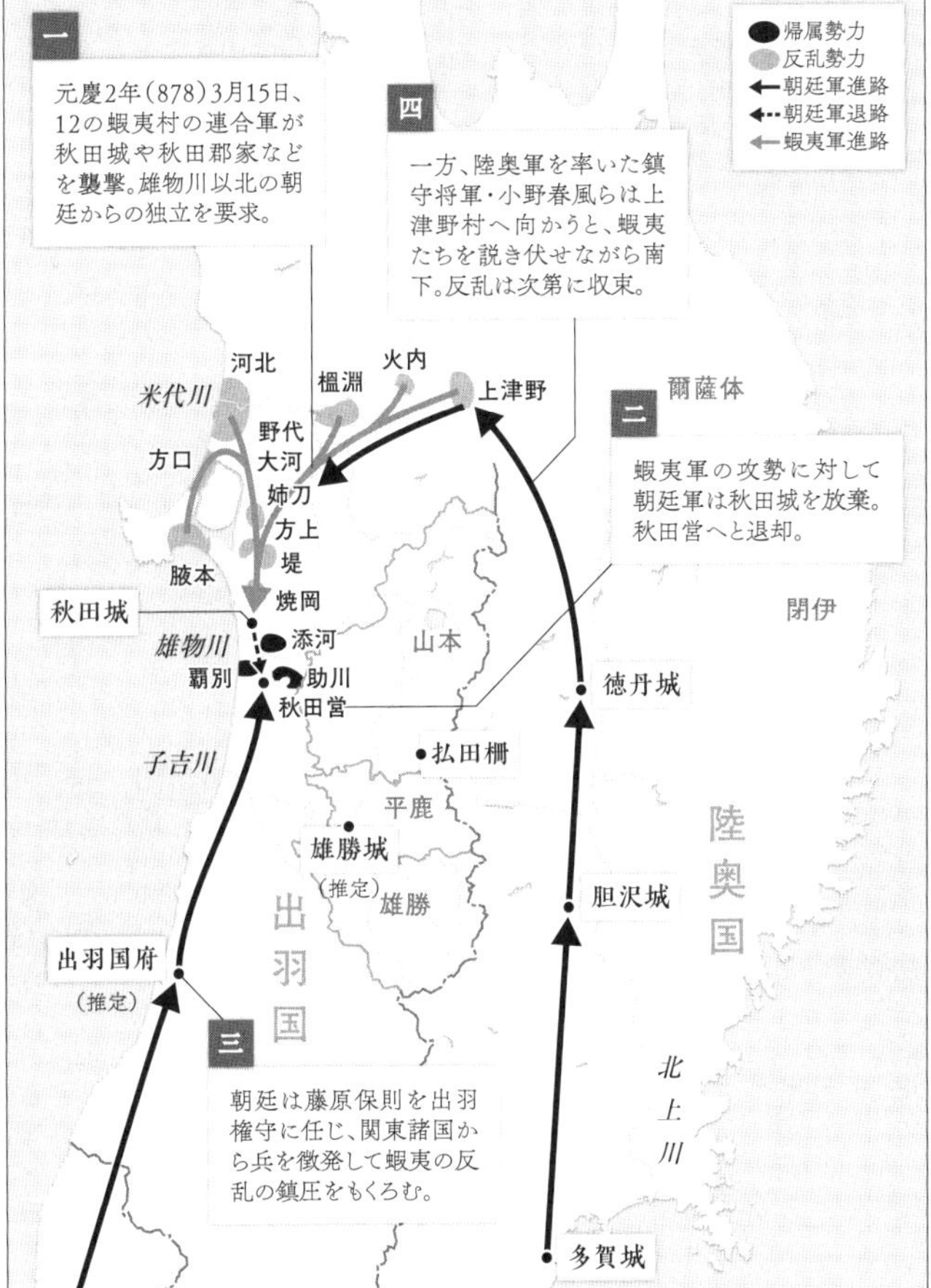
帰属勢力
反乱勢力
朝廷軍進路
朝廷軍退路
蝦夷軍進路
一
元慶2年(878)3月15日、12の蝦夷村の連合軍が秋田城や秋田郡家などを襲撃。雄物川以北の朝廷からの独立を要求。
四
一方、陸奥軍を率いた鎮守将軍・小野春風らは上津野村へ向かうと、蝦夷たちを説き伏せながら南下。反乱は次第に収束。
二
蝦夷軍の攻勢に対して朝廷軍は秋田城を放棄。秋田営へと退却。
三
朝廷は藤原保則を出羽権守に任じ、関東諸国から兵を徴発して蝦夷の反乱の鎮圧をもくろむ。
河北
米代川
火内
榲淵
上津野
爾薩体
野代
大河
方口
姉刀
方上
堤
腋本
焼岡
秋田城
添河
雄物川
覇別
助川
秋田営
山本
閉伊
徳丹城
子吉川
払田柵
平鹿
雄勝城
(推定)
雄勝
出羽国
陸奥国
出羽国府
(推定)
胆沢城
北上川
多賀城

元慶2年(878)、出羽国における国司の圧政に対して大規模な蝦夷の反乱が勃発したが、翌年には鎮圧された。

元慶《がんぎょう》二年（八七八）三月十五日には、秋田平野北部から米代《よねしろ》川流域に至る十二の村[※1]の蝦夷が連合して反乱を起こし、秋田城[※2]や秋田郡家《ぐうけ》、さらには周辺の民家などを焼き討ちするという事件が勃発した（元慶の乱）。凶作が続いたにもかかわらず、出羽《でわ》介《すけ》兼秋田城司・良岑近《よしみねのちかし》が重税を課して過酷な取り立てを行なったこと、京の貴族の子弟らの使者が良馬[※3]を収奪したことなどが反乱の原因だった。

反乱軍の勢力は日ごとに増大し、数万規模にまでのぼった。出羽国の鎮兵だけではこれに太刀打ちできず、ついには秋田城を放棄。秋田河（現在の雄物《おもの》川）の南にまで退却するという有様だった。秋田城に収められていた武器や馬、食糧なども反乱軍の手に落ちた。そして五月、反乱軍は秋田河以北の朝廷からの独立を要求した。

朝廷は反乱を何とか鎮圧すべく、藤原保則《やすのり》を出羽権守《ごんのかみ》、清原令望《きよはらのよしもち》を権掾《ごんのじょう》、茨田《まんだの》貞額《さだぬか》を権大目《ごんのだいさかん》に抜擢。出羽、陸奥のみならず、上野《こうずけ》・下野《しもつけ》からも兵を徴発し、この難局を乗り切ろうとした。だが五月下旬、秋田旧城で反撃の準備を整えていた出羽・陸奥両国軍五千は反乱軍の不意打ちを受けて大敗を喫してしまう。甲冑三百領、米と糒《ほしいい》七百石、馬千五百頭などの軍需物資をすべて奪われてしまった。

六月八日、敗北の報に触れた朝廷は、ただちに小野春風《はるかぜ》を鎮守将軍に任命した。春

※1
当時の蝦夷社会の基本単位は「村」であり、族長がこれを統括していた。

※2
秋田城の発掘調査が近年進められており、城内の政庁で外国の使節や蝦夷らをもてなす儀式を行なっていたことや、城の外周を東西南北約五五〇メートル、総延長約二・二キロメートルに及ぶ築地塀が巡っていたことなど詳細な

風の父は鎮守将軍・小野石雄であり、幼少期から陸奥で暮らし、蝦夷の言葉にも通じていたという。春風は陸奥権介《ごんのすけ》・坂上好蔭《よしかげ》（坂上田村麻呂の子孫）とともに精兵五百ずつを率いて出羽へ急行。単騎で反乱軍の陣営を回っては、彼らの説得につとめた。これが功を奏し、次第に反乱軍側から投降する者が相次ぐようになる。さらには津軽と渡嶋《わたりしま》の蝦夷も朝廷側についたため、元慶三年（八七九）には反乱は収束した。

❖元慶の乱後の出羽国統治体制

兵士350人と鎮兵450人を配備。元慶6年以降は、秋田城、雄勝城の守備は鎮兵が、国府の守備は番上兵（交代で勤務する兵士のこと）が6番交代であたる体制になったという。
米代川
閉伊
秋田城
雄物川
徳丹城
払田柵
子吉川
兵士250人と鎮兵200人を配備。
平鹿
雄勝城
（推定）
雄勝
胆沢城
出羽国府
（推定）
兵士400人を配備。
北上川
陸奥国
出羽国
多賀城

元慶の乱後、藤原保則は秋田城、雄勝城、出羽国府の3か所に長上兵（常時、勤務する兵士のこと）と鎮兵を配備した。

状況が判明している。

※3　当時は信濃・上野・甲斐・武蔵国に「御牧」が置かれて馬の生産が行なわれていたが、東北地方で生産される「狄馬」はそれらよりも体躯が立派で速く駆けたことから、時の上流貴族はこぞってこれを欲した。

名誉職への任命に憤慨した藤原基経

八八七年
阿衡の紛議

◆関白職のはじまり

貞観《じょうがん》十四年（八七二）九月二日、藤原北家の隆盛を築いた藤原良房がこの世を去り、養子の基経《もとつね》がその跡を継いだ。[※1]貞観十八年（八七六）十一月十九日、清和天皇は九歳となった我が子・貞明《さだあきら》親王へ譲位する（陽成《ようぜい》天皇）[※2]。そして良房の後継者であった右大臣・基経に対し、良房同様、「天下の政を摂行」するよう命じた。元慶四年（八八〇）十二月には、基経は太政大臣に就任している。

だが陽成の気質は極めて粗暴であり、天皇としてふさわしくない行動をたびたびなしたという。[※3]そこで基経は陽成を廃すと、元慶八年（八八四）二月、当時五十五歳であった時康《ときやす》親王（光孝《こうこう》天皇）を擁立した。[※4]光孝の父は仁明天皇で、母は藤原沢子《たくし》である。沢子は基経の母乙春《おとはる》の姉妹であり、光孝は基経の母方の従兄弟にあたることにな

※1 藤原良房と潔姫の間には明子しか産まれなかったため、良房は兄・長良の三男であった基経を養子に迎えた。

※2 母は藤原基経の同母妹・高子。

※3 元慶七年（八八三）十一月十日、乳母の子・源益が殴り殺されると

❖摂関政治のしくみ

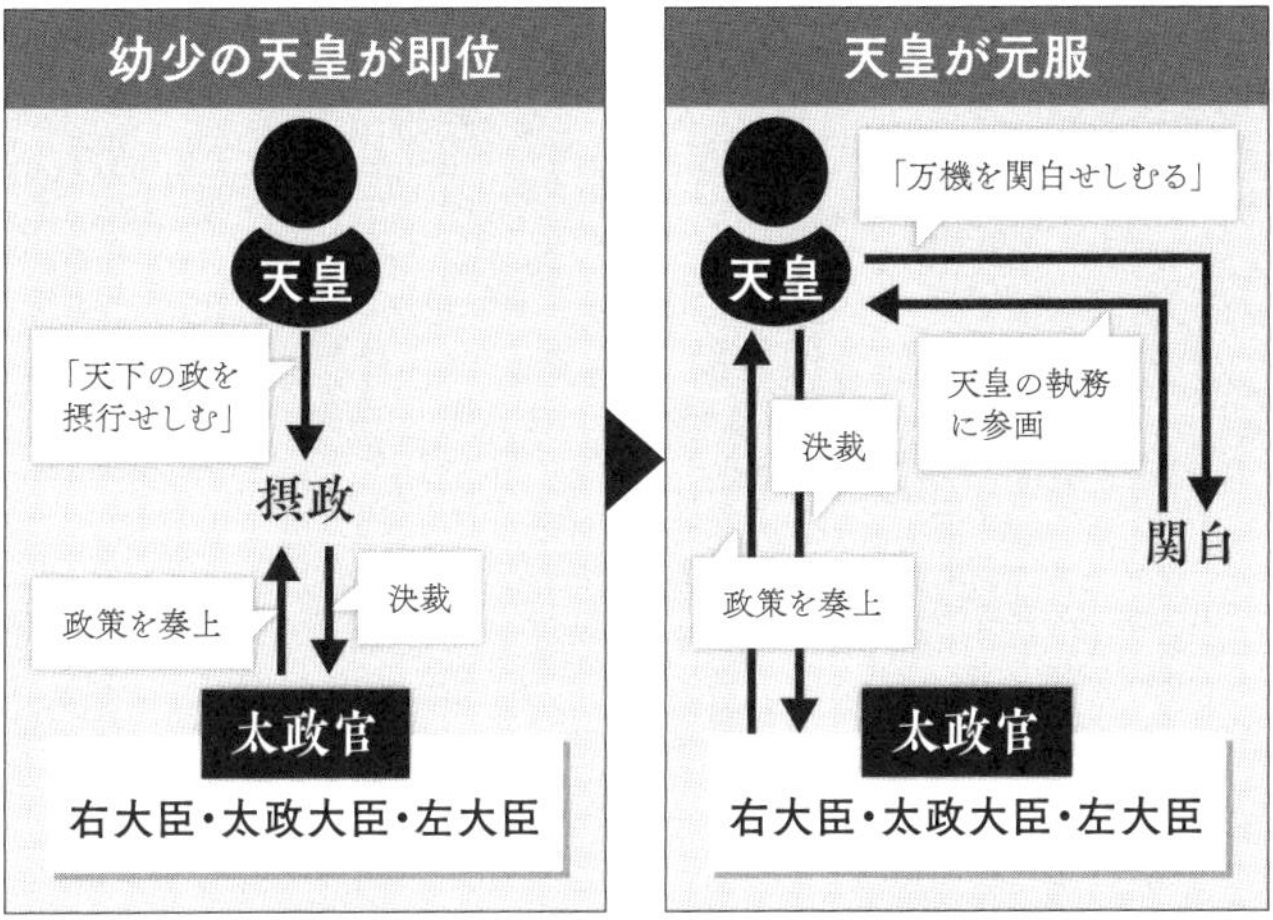

清和天皇の即位後、天皇の幼少時は摂政が、天皇の元服後は関白が政治を補佐するという政治体制が構築された。

る。光孝はこれに感謝し、基経に対して「万政を司り、天皇を輔弼《ほひつ》し、百官を指揮するように」との勅を下した。このときはまだ「関白《かんぱく》」という官職名はないが、これをもって関白職がはじまったと考えられている。この関白も「令外官」である。

◆職務を放棄した基経

仁和《にんな》三年（八八七）八月二十五日、光孝は臣籍降下させた七男・定省《さだみ》を親王に復した。翌日、定省親王が立太子されたが、光孝はその日のうちに崩御。代わって定省親王が宇多《うだ》天皇として即位した。宇多は父同様、

いう事件が発生した。犯人は不明であるが、陽成が関与したものであるといわれる。

※4　光孝天皇は即位にあたり、伊勢斎宮と賀茂斉院という女子を除き、すべての男女子に源姓を与えて臣籍降下させている。ここから、光孝の即位はあくまでも中継ぎに過ぎなかったとする説が唱えられている。

基経を重用し、十一月二十一日、基経に対して「万機巨細《こさい》、百官己《おのれ》に惣《す》べよ、皆太政大臣に関《あず》かり白《もう》し、然る後に奏下すること、一に旧事《くじ》の如くせよ」と命じた。光孝期と同じ職掌を基経に与えたことから、この勅をもって「関白」の職掌が成立することとなった。

閏十一月二十六日、基経は慣例に従い、一旦は辞退を申し出る。そこで翌日、宇多は再び基経を関白に任ずる勅を発した。

だがこのとき、勅中にあった「宜しく阿衡《あこう》の任を以て卿の任と為すべし」という一文に対して、基経は態度を硬化させることとなる。中国の史書において、「阿衡」とは実権を持たない名ばかりの名誉職であったためである（阿衡の紛議）。以降、基経は政務を視ることを放棄するようになった。これに頭を抱えた宇多は翌仁和四年（八八八）、勅を撤回するとともに起草した橘広相《たちばなのひろみ》を処分し、改めて基経に関白の宣命を発した。十月六日には基経の娘・温子《おんし》が入内し、宇多と基経の関係修復が図られている。結果、この事件を通じて関白という地位が明確なものになるとともに、改めて藤原氏の権勢を天皇に認めさせることとなり、のちの藤原摂関政治の基盤が確立されたのであった。※5

※5 摂関職が常置されるようになったのは、安和二年（九六九）の安和の変（P162）後のこと。

❖「阿衡の紛議」相関図

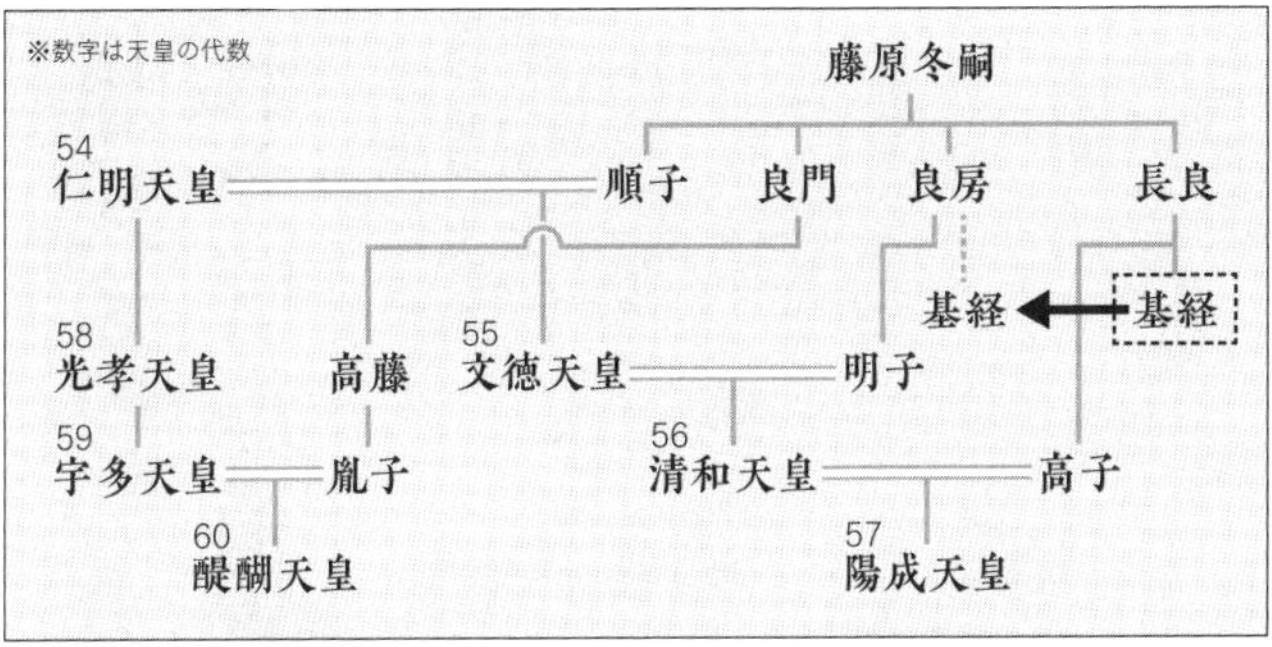
※数字は天皇の代数
藤原冬嗣
54 仁明天皇
順子
良門
良房
長良
基経
基経
58 光孝天皇
高藤
55 文徳天皇
明子
59 宇多天皇
胤子
56 清和天皇
高子
60 醍醐天皇
57 陽成天皇

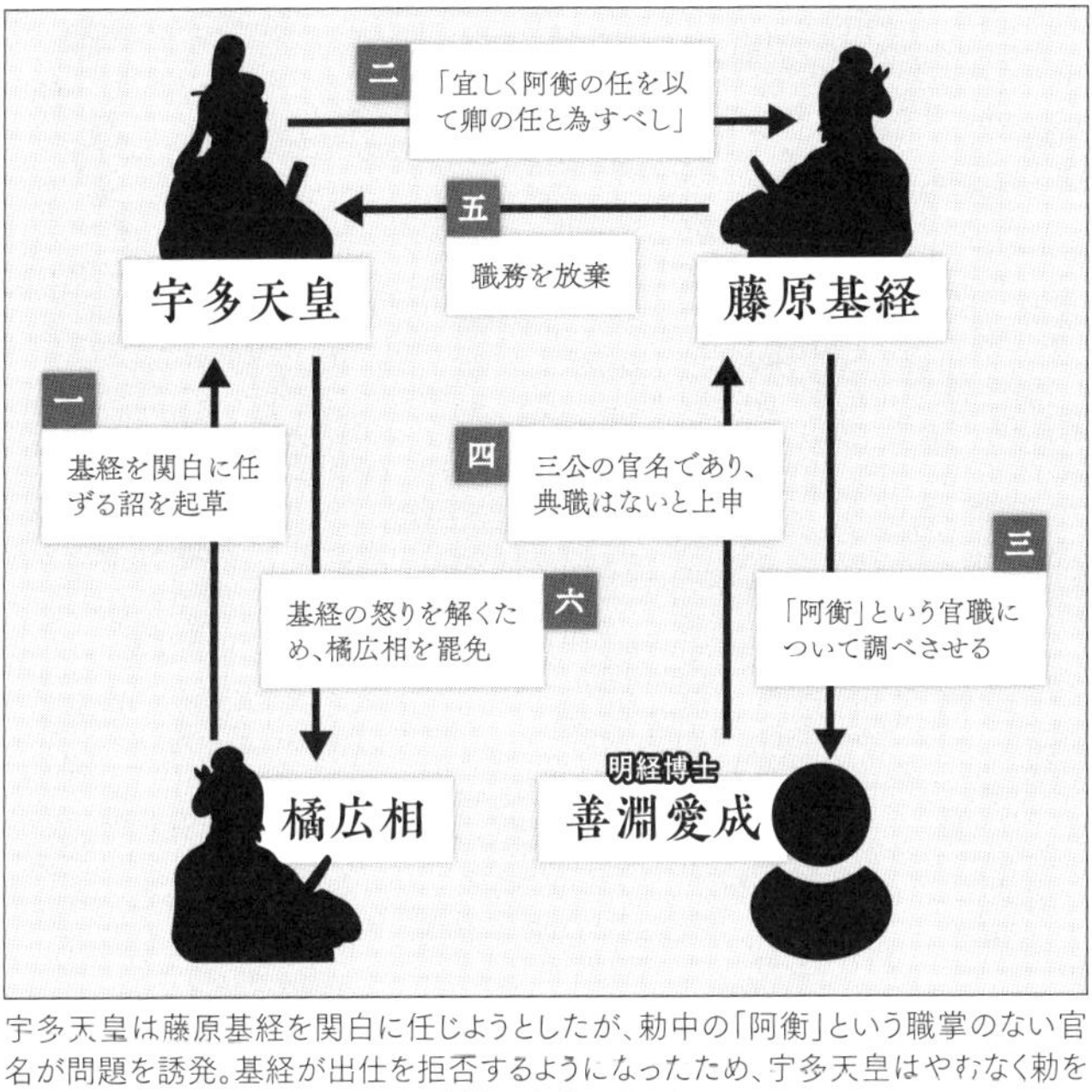
二 「宜しく阿衡の任を以て卿の任と為すべし」
五 職務を放棄
宇多天皇
藤原基経
一 基経を関白に任ずる詔を起草
四 三公の官名であり、典職はないと上申
三 「阿衡」という官職について調べさせる
六 基経の怒りを解くため、橘広相を罷免
橘広相
明経博士
善淵愛成

宇多天皇は藤原基経を関白に任じようとしたが、勅中の「阿衡」という職掌のない官名が問題を誘発。基経が出仕を拒否するようになったため、宇多天皇はやむなく勅を起草した橘広相を罷免することで事態の収拾を図った。

藤原氏との勢力抗争に敗れた菅原道真

九〇一年
昌泰の変

◆菅原道真の登場

寛平《かんぴょう》三年（八九一）正月、大権を掌握した藤原基経が病没した。このとき、基経の嫡男・時平《ときひら》はまだ二十一歳であり、公卿に列席したばかりであった。すると、藤原氏を外戚としない宇多天皇は関白を置かず、これを契機として親政を行なおうともくろむ。そこで自身のブレーンとして、菅原道真《すがわらのみちざね》を登用した。菅原氏は代々名だたる学者を輩出した文章道《もんじょうどう》（現在の大学教授）の家柄で、道真自身も幼少の頃より文才に優れていたと伝わる。阿衡の紛議のときには讃岐守《さぬきのかみ》として讃岐国へ赴任していたが、基経の行動を諌める手紙を送り、事件の解決に一役買ったといわれる。※1

こうして宇多の信任を得た道真は寛平三年に蔵人頭に抜擢されたのを手はじめとして昇進を重ねていき、寛平九年（八九七）には権大納言に就任した。また、三女・寧《やす》

※1 阿衡の紛議の際、菅原道真が藤原基経に宛てた手紙は

❖昌泰の変関連系図

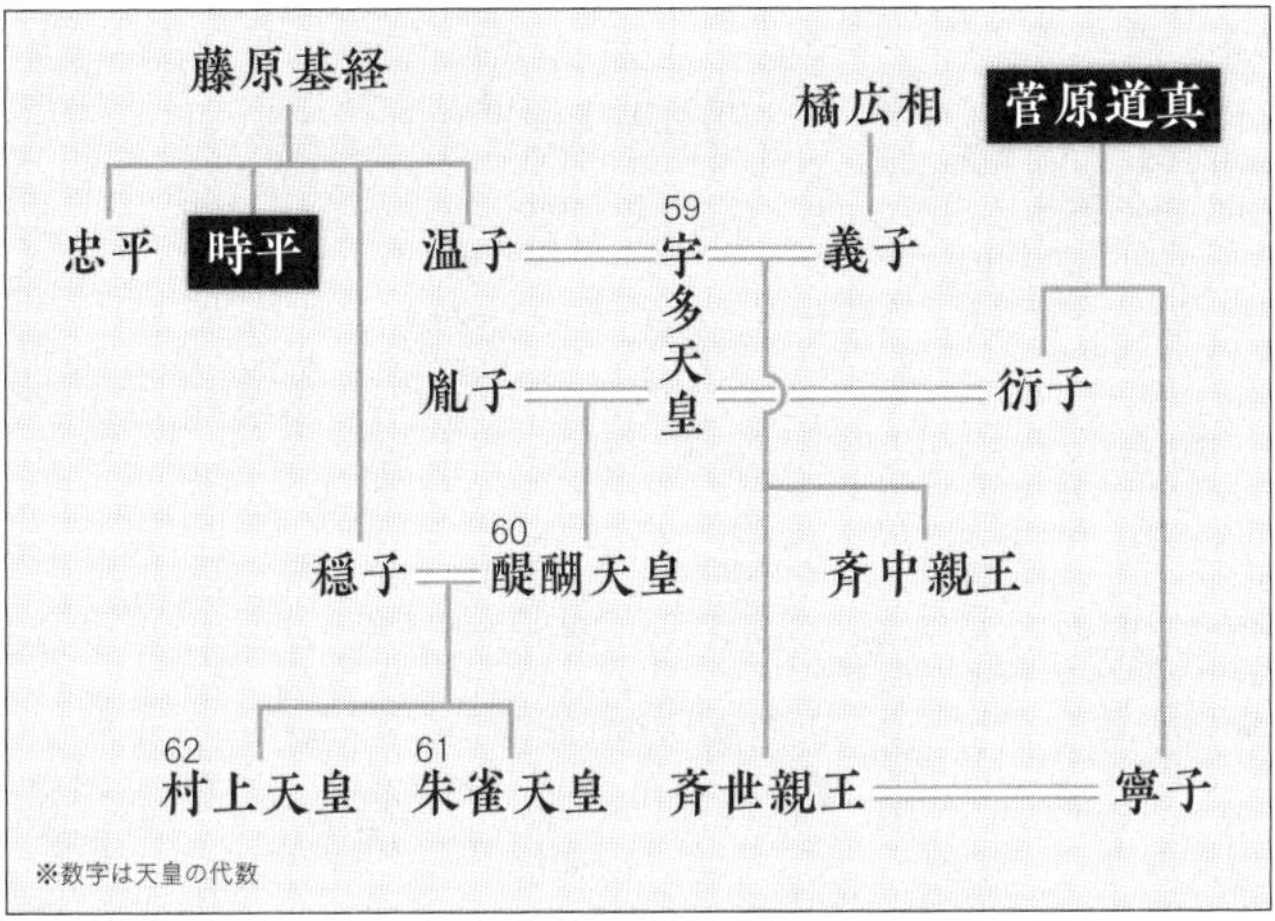

藤原時平は朝廷内で着実に勢力を伸張する菅原道真の存在を危険視し、その排除に乗り出した。

子《こ》を宇多の皇子・斉世《ときよ》親王の妃とするなど、天皇家との姻戚関係も結んでいった。

一方、時平も寛平三年に参議に就任して以降、権中納言（八九二年）、大納言（八九七年）と順調に昇進していった。

◆藤原時平の焦り

寛平三年、宇多は敦仁《あつぎみ》親王に譲位した。醍醐《だいご》天皇の誕生である。このとき、宇多は醍醐に対して、道真と時平の両名に政治を任せるよう訓戒している（『寛平御遺戒《ごゆいかい》』）。醍醐はこれに従い、昌泰《しょうたい》二年（八九九）、

『政事要略』に収録されているが、実際に基経がそれを読んだかについては定かではなく、事件の収束にどの程度の影響を与えたのかもわからないとされる。

時平を左大臣、道真を右大臣に任命した。時に時平は二十九歳、道真は五十五歳であった。

だが、朝廷内では学者の出でありながらも右大臣という高位に就いた道真に反発する者が大勢いた。加えて、菅原家の私塾である菅家廊下《かんけろうか》出身の者が官吏の半数を占めるようになると、他の学者の家とも軋轢《あつれき》が生じるようになった。こうして道真は、朝廷内において徐々に孤立を深めていった。

そうした中、昌泰四年（九〇一）正月二十五日、醍醐は突如として道真を大宰権《だざいのごんの》帥《そち》に左遷するという勅を下した※2（昌泰の変）。「醍醐を廃し、道真の娘婿・斉世親王の擁立を企てた」というのが罪状であった。これは、時平の讒言《ざんげん》によるものだといわれる。当時、道真には斉世親王の妃となった娘以外にも、宇多の後宮に入った娘が二人いた。藤原氏が外戚となって権力を掌握してきた戦略と同じであり、時平にとって藤原北家の勢力を脅かす以外の何物でもなかったであろう。

こうして無実の罪を着せられた道真は、延喜《えんぎ》三年（九〇三）、失意のままに大宰府の地で生涯を終えた。なお、「東風《こち》吹かば　にほひおこせよ　梅の花　あるじなしとて　春なわすれそ」という有名な歌は、九州で詠んだものとされる。

※2 大宰府の長官である帥は中納言と同位である従三位であったが、都から遠く隔たった地であったことから、敵対勢力にとっては都合のよいポストだった。

❖昌泰の変関連図

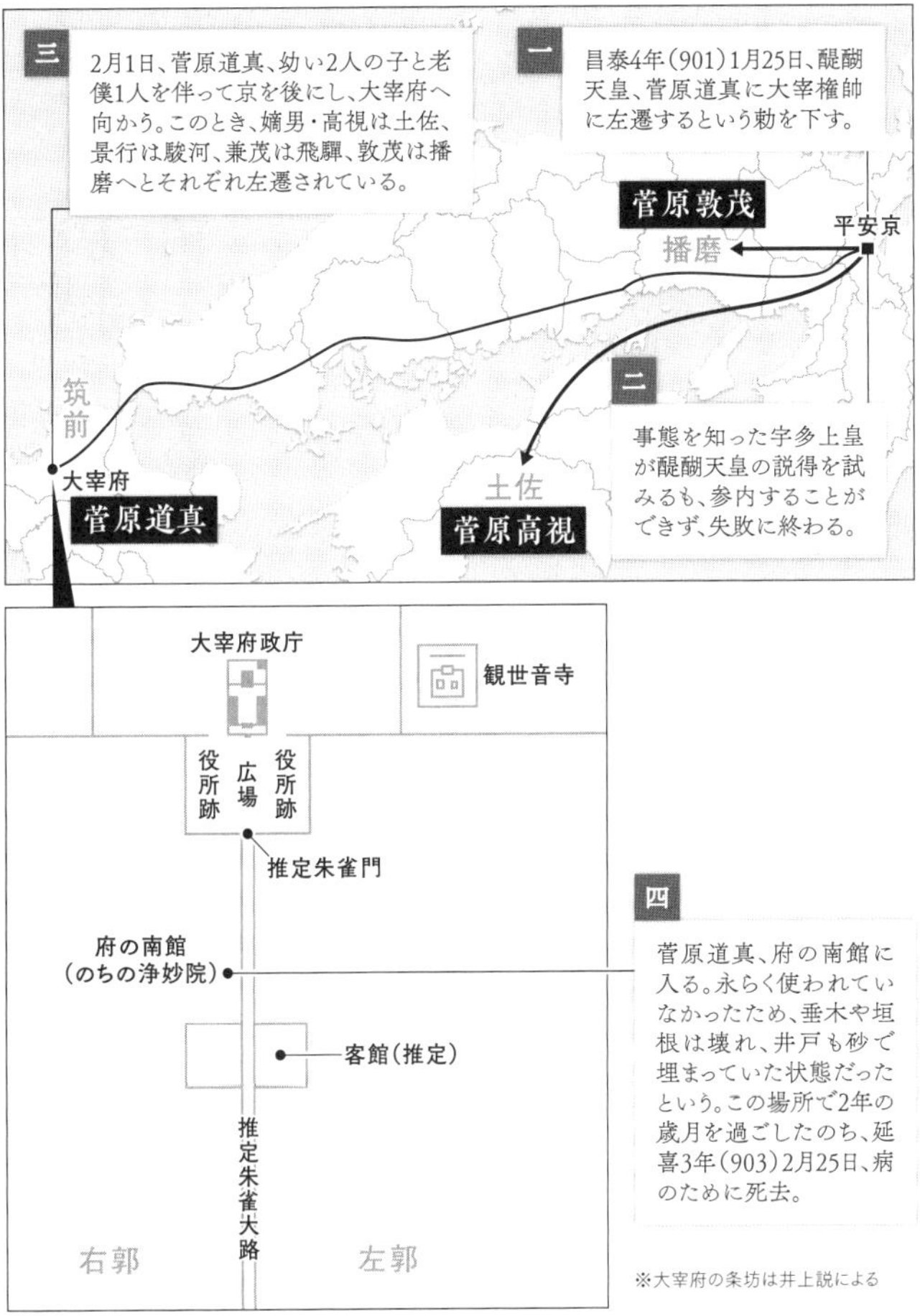
三
2月1日、菅原道真、幼い2人の子と老僕1人を伴って京を後にし、大宰府へ向かう。このとき、嫡男・高視は土佐、景行は駿河、兼茂は飛騨、敦茂は播磨へとそれぞれ左遷されている。
一
昌泰4年（901）1月25日、醍醐天皇、菅原道真に大宰権帥に左遷するという勅を下す。
菅原敦茂
平安京
播磨
筑前
二
事態を知った宇多上皇が醍醐天皇の説得を試みるも、参内することができず、失敗に終わる。
大宰府
菅原道真
土佐
菅原高視
大宰府政庁
観世音寺
役所跡
広場
役所跡
推定朱雀門
四
菅原道真、府の南館に入る。永らく使われていなかったため、垂木や垣根は壊れ、井戸も砂で埋まっていた状態だったという。この場所で2年の歳月を過ごしたのち、延喜3年（903）2月25日、病のために死去。
府の南館
（のちの浄妙院）
客館（推定）
推定朱雀大路
右郭
左郭
※大宰府の条坊は井上説による

藤原時平との政争に敗れた菅原道真は大宰府へと左遷され、58年の生涯を閉じた。その後、遺骸は大宰府政庁の東方にあった安楽寺（現在の太宰府天満宮）に葬られた。

朝廷を震撼させた土着国司による反乱

九三五年
平将門の乱

◆土着国司の広がり

平安時代、朝廷は中・下級貴族を国司に任じて地方支配を行なっていた。国司のうち、最上席者にあたる者を受領《ずりょう》と呼ぶ。受領には、任国の行政を司る一方、朝廷に税を納めるという義務が課せられた。受領は名《みょう》（荘園や公領を構成する基本単位）を経営する負名《ふみょう》たちから確実に税を徴収するため、自ら郎党《ろうどう》を率いて武装したり、地方の有力豪族を国衙《こくが》の軍事力として使ったりして任国の支配にあたった。

だが九世紀になると、受領の土着《どちゃく》が問題視されるようになる。通常、任期を満了した者は新たに赴任してきた受領と交代事務を行ない、都に戻らなければならなかった。しかし、上流貴族とのコネがない者が次の職務に確実に就ける保証はどこにもなかった。そうした状況の中、都に戻るよりも、地方の有力豪族と婚姻関係を結んで私

※1 従来、平将門の乱と藤原純友の乱を総称して承平・天慶の乱と呼んできたが、承平年間（九三一～八年）、将門は平氏一族との内紛に明け暮れ、純友もまだ海賊を討伐する側であったことから、近年は「天慶の乱」と呼ばれることが多くなってきた。

※2 九世紀中頃、房総では東北地方から移住

領を拡張したほうがよいのではないかと考える者が現われる。こうして土着した元中央貴族は国衙の下級役人（在庁官人）となって地方に勢力圏を築き、やがて「武士」として成長を遂げることになるのである。十世紀には、こうした土着国司による大きな内乱が日本の東西で勃発する。これが天慶《てんぎょう》の乱で、関東では平将門《たいらのまさかど》が、瀬戸内海では藤原純友《ふじわらのすみとも》が朝廷に対して反乱を起こし、都の貴族を戦慄させた。※1

平将門は、桓武《かんむ》天皇の曾孫である高望王《たかもちおう》を祖父とする。※2 将門の生年については不詳だが、若くして都に出て藤原忠平《ただひら》（基経四男）に仕えていたという。だが鎮守府将軍を務めていた父良将《よしまさ》が亡くなると、父の遺領と、将門の女性関係※3を巡って伯父・平良兼《よしかね》や、平国香《くにか》、その娘婿の前常陸大掾《ひたちのだいじょう》・源護《まもる》らと争うようになった。※4 承平《じょうへい》五年（九三五）二月には合戦の末に国香と護を破り、十月にも新治《にいはり》郡川曲《かわわ》村で伯父・良正《よしまさ》を撃ち破った。その後も伯父たちとの抗争は続いたが、将門はこれを武力で抑え込んだ。

◆ついに反乱を起こした将門

将門が平氏一族と争いを続けていた天慶元年（九三八）二月、武蔵国では武蔵権守・興世《おきよ》王、武蔵介・源経基《つねもと》と、足立《あだち》郡司判官代《ほうがんだい》・武蔵武芝《むさしたけしば》が紛争を起こしていた。興世

させられた俘囚が群盗となってしばしば反乱を起こすなど、治安は悪化の一途をたどっていた。そこで朝廷は房総の治安回復を図るべく、高望王を上総介に任じて派遣した。高望王は各地の地方豪族と婚姻関係を通じて結びつきを強め、そのまま土着したと伝わる。高望王の子らが上総・下総・常陸国にそれぞれ本拠を持っていたこ↖

王が足立郡に乱入し、財物を奪い取ったのがその原因だった。将門は紛争の仲裁に乗り出し、興世王と武芝を和解させる。だが翌天慶二年（九三九）三月、将門は経基によって都に訴えられ、謀反の疑いを掛けられてしまう。

一方、常陸国でも藤原玄明《はるあき》と常陸介・藤原維幾《これちか》が税の徴収を巡って争い、玄明が将門のもとに逃げ込むという事件が起こっていた。十一月、将門は維幾に玄明の免罪を要求すべく、千余人の兵を率いて常陸国府に向かった。このとき、将門には国府と一戦を交える気持ちはまったくなかったという。だが維幾方が武器を手に持ち、戦いを仕掛けてきたために合戦に及び、ついには常陸国府を占領した。ここに、将門の行動は国家に対する謀反であると見なされることとなる。もはや後に引くことはできず、将門は十二月、下野・上野両国府も占領。さらには武蔵、相模など坂東八か国を支配下に収めると、自らを「新皇《しんのう》」と称した。

この将門の行動に対し、朝廷は天慶三年（九四〇）正月一日、東西の追捕使《ついぶし》を任命。さらに十一日には、東海・東山道諸国の武勇の輩《ともがら》に対し、将門を討った者には五位以上の高位と田地を賜い、子孫に至るまで継承させることを約した太政官符を下した。十四日、朝廷は追捕凶賊使として平貞盛《たいらのさだもり》を常陸掾に、藤原秀郷《ひでさと》を下野掾に任命。さ

↙とから、高望王は広範囲にわたって勢力圏を築いたと目されている。高望王が平姓を名乗るようになったのは、寛平元年（八八九）頃だったという。

※3 将門は伯父で下総介の平良兼の娘との結婚を考えたが、それに良兼は反対したという。

※4 『将門記』巻首に欠失があり、将門が平

❖平将門の乱要図（承平5年）

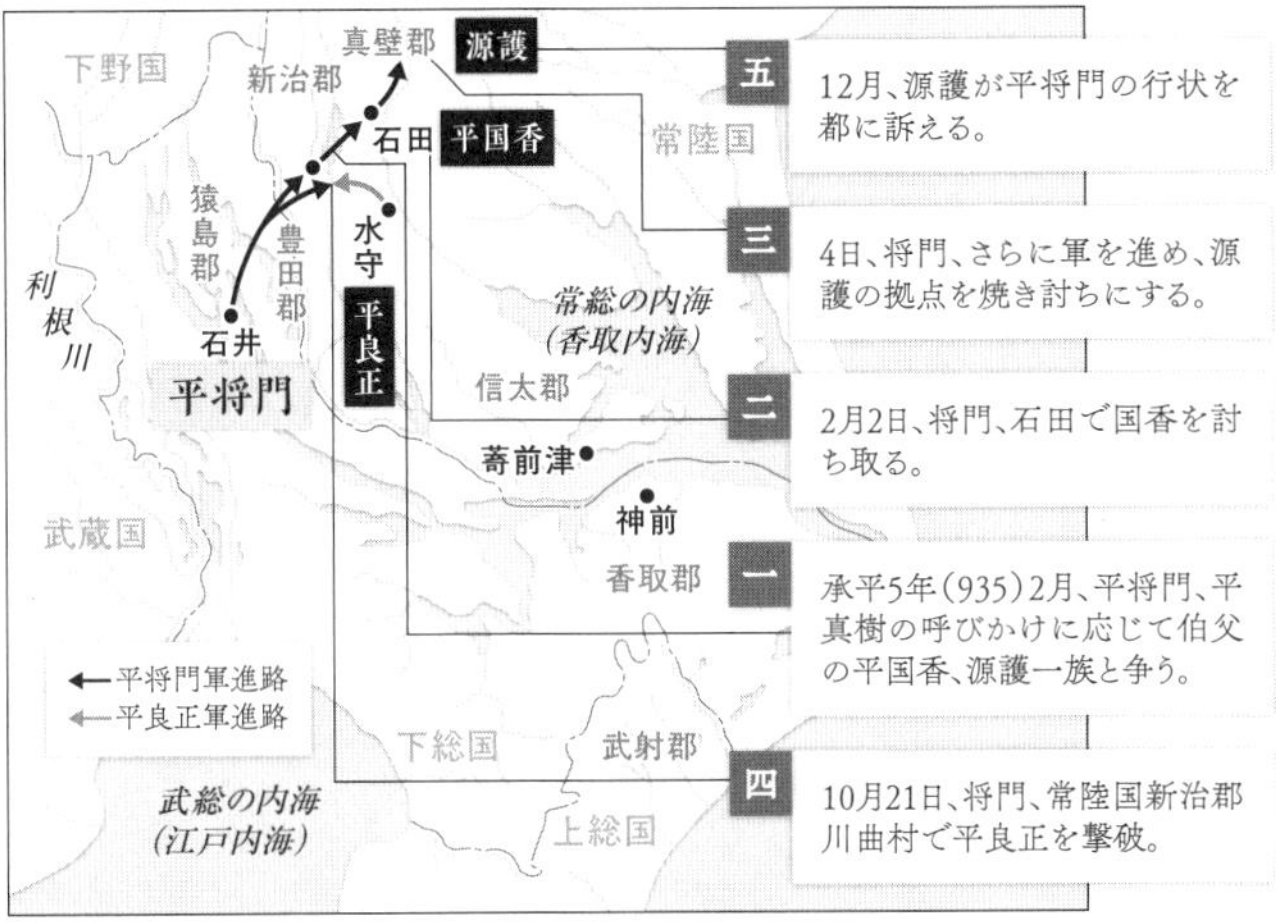
下野国
新治郡
真壁郡
源護
石田
平国香
常陸国
猿島郡
豊田郡
水守
平良正
利根川
石井
平将門
常総の内海
（香取内海）
信太郡
蒋前津
神前
香取郡
武蔵国
下総国
武射郡
上総国
武総の内海
（江戸内海）
平将門軍進路
平良正軍進路
五
12月、源護が平将門の行状を都に訴える。
三
4日、将門、さらに軍を進め、源護の拠点を焼き討ちにする。
二
2月2日、将門、石田で国香を討ち取る。
一
承平5年（935）2月、平将門、平真樹の呼びかけに応じて伯父の平国香、源護一族と争う。
四
10月21日、将門、常陸国新治郡川曲村で平良正を撃破。

平将門が平氏一族と戦いはじめた理由は不明であるが、「女を巡って伯父・良兼と不和になった」「父の遺領を巡って伯父たちと争った」など諸説いわれている。

らに十九日、参議・藤原忠文《ただふみ》を征東大将軍に任じ、二月八日を期して京を出立させた。

一方、正月中旬、将門は貞盛と維幾の子・為憲《ためのり》を討つため常陸国久慈《くじ》郡に出兵したが、両者を見つけることができなかったため、下旬には諸国の兵士を一旦、帰国させた。※5 貞盛、秀郷はこの隙をついて軍を進める。二月一日には、下野国へと向かった将門を川口村で撃破。さらに十三日には将門の本拠を焼き払い、十四日、猿島《さしま》郡北山で将門を討ち取った。こうして将門軍は瓦解し、乱は終幕を迎えたのである。

氏一族と争うようになった原因は不明。

※5 当時の兵士のほとんどは農民であり、農作業の準備を行なわせる必要があった。

❖ 平将門の乱要図（承平6年）

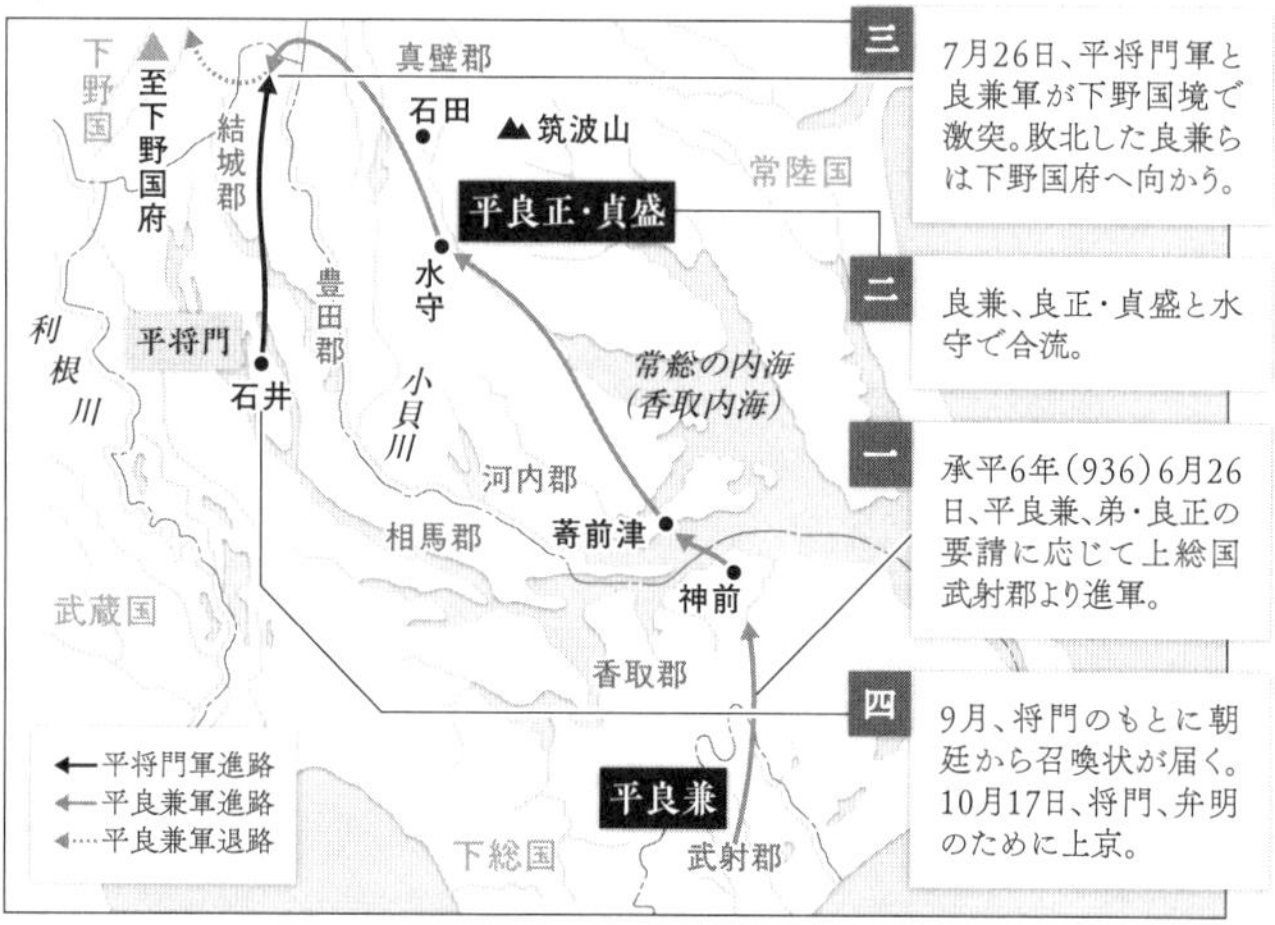
下野国
至下野国府
結城郡
真壁郡
石田
筑波山
常陸国
平良正・真盛
水守
豊田郡
利根川
平将門
石井
小貝川
常総の内海（香取内海）
河内郡
相馬郡
蓍前津
神前
武蔵国
香取郡
平将門軍進路
平良兼軍進路
平良兼軍退路
平良兼
下総国
武射郡
三
7月26日、平将門軍と良兼軍が下野国境で激突。敗北した良兼らは下野国府へ向かう。
二
良兼、良正・真盛と水守で合流。
一
承平6年（936）6月26日、平良兼、弟・良正の要請に応じて上総国武射郡より進軍。
四
9月、将門のもとに朝廷から召喚状が届く。10月17日、将門、弁明のために上京。

承平6年も伯父との戦いに明け暮れた将門だったが、源護の訴えによって召喚状が届いたため、上京。翌年4月、大赦によって罪を免れ、帰国した。

❖ 平将門の乱要図（承平7年）

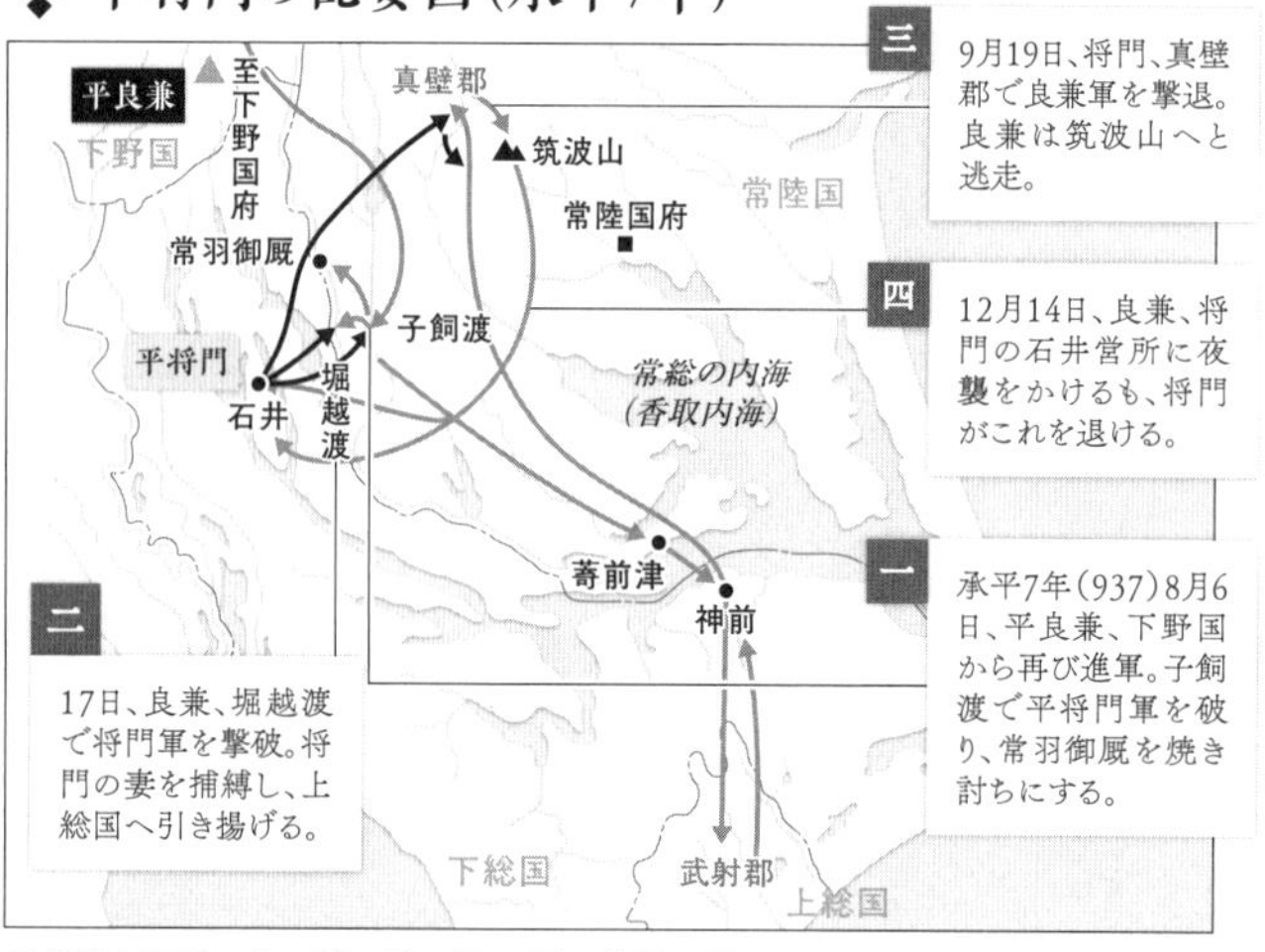
平良兼
至下野国府
下野国
真壁郡
筑波山
常陸国
常陸国府
常羽御厩
子飼渡
平将門
堀越渡
石井
常総の内海（香取内海）
蓍前津
神前
下総国
武射郡
上総国
三
9月19日、将門、真壁郡で良兼軍を撃退。良兼は筑波山へと逃走。
四
12月14日、良兼、将門の石井営所に夜襲をかけるも、将門がこれを退ける。
一
承平7年（937）8月6日、平良兼、下野国から再び進軍。子飼渡で平将門軍を破り、常羽御厩を焼き討ちにする。
二
17日、良兼、堀越渡で将門軍を撃破。将門の妻を捕縛し、上総国へ引き揚げる。

平将門と平氏一族の戦いは一進一退の状態が続いた。

❖平将門の乱要図（天慶元〜2年）

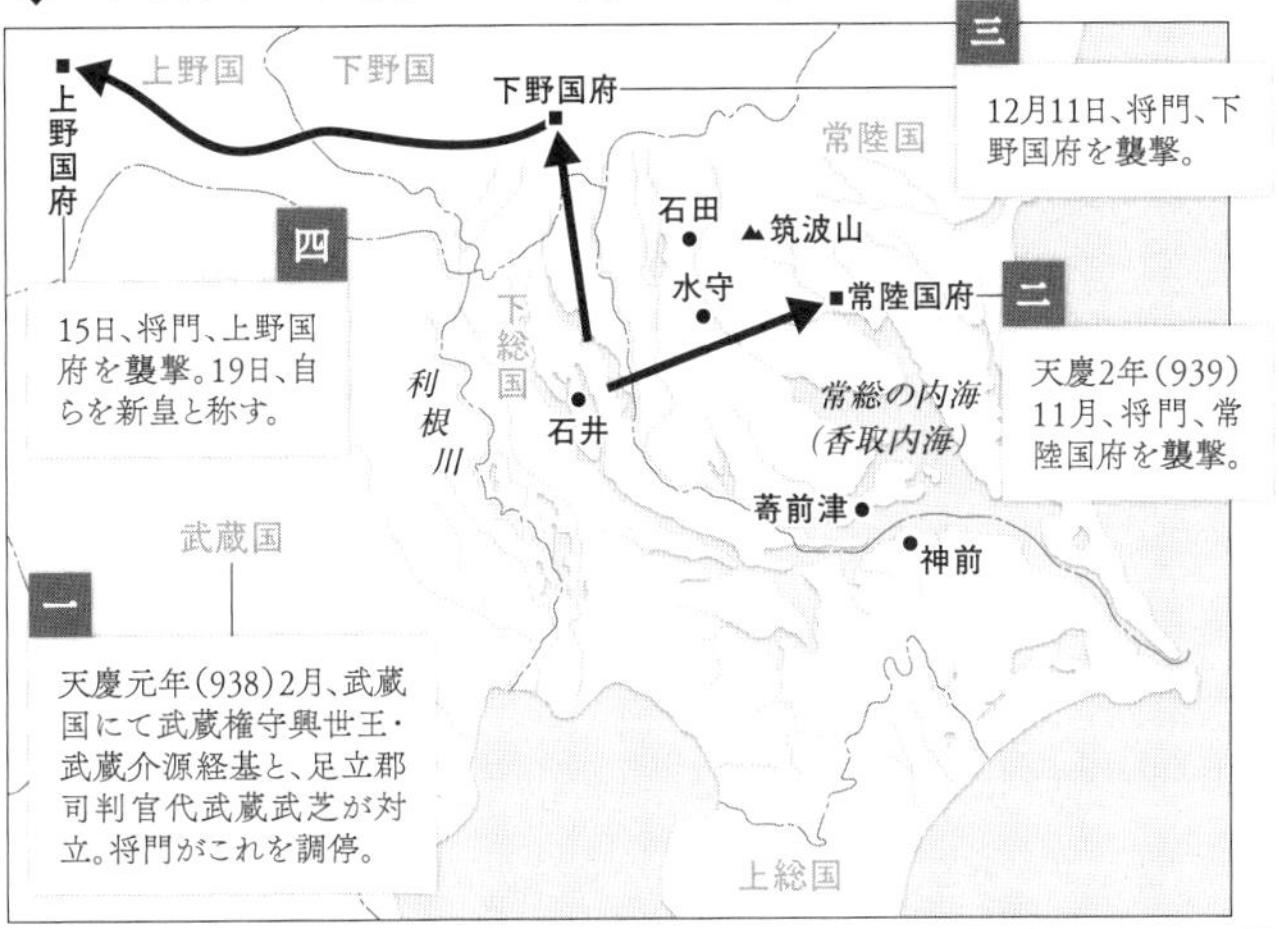
上野国
下野国
上野国府
下野国府
常陸国
12月11日、将門、下野国府を襲撃。
石田
筑波山
水守
常陸国府
15日、将門、上野国府を襲撃。19日、自らを新皇と称す。
下総国
利根川
石井
常総の内海（香取内海）
天慶2年（939）11月、将門、常陸国府を襲撃。
蒋前津
神前
武蔵国
天慶元年（938）2月、武蔵国にて武蔵権守興世王・武蔵介源経基と、足立郡司判官代武蔵武芝が対立。将門がこれを調停。
上総国

武蔵国、常陸国の紛争の調停に失敗した将門は武力で常陸国府を制圧。さらには関東一円にまで勢力を拡大し、新たな都を築こうともくろんだ。

❖平将門の乱要図（天慶3年）

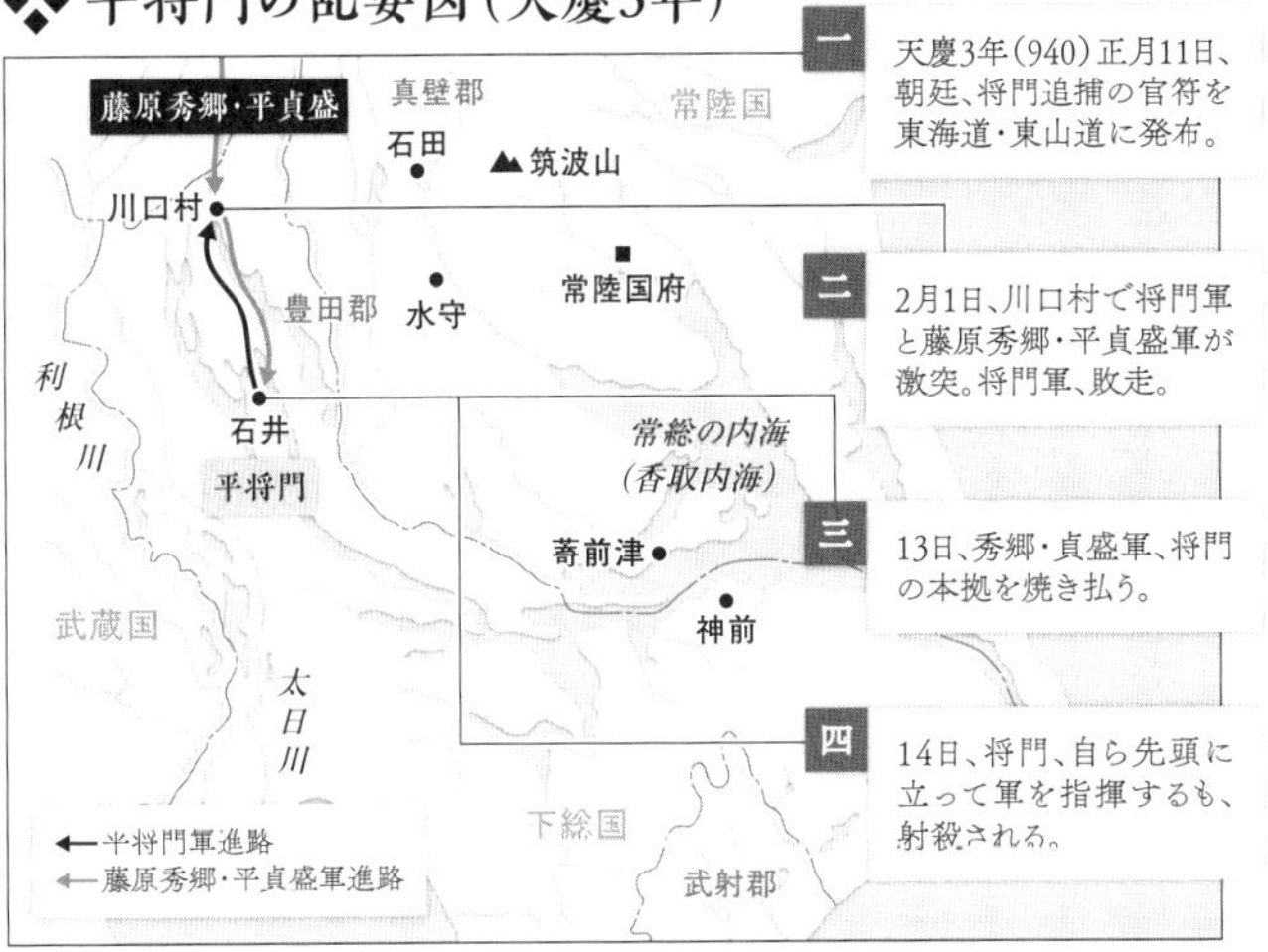
天慶3年（940）正月11日、朝廷、将門追捕の官符を東海道・東山道に発布。
藤原秀郷・平貞盛
真壁郡
常陸国
石田
筑波山
川口村
常陸国府
豊田郡
水守
2月1日、川口村で将門軍と藤原秀郷・平貞盛軍が激突。将門軍、敗走。
利根川
石井
平将門
常総の内海（香取内海）
蒋前津
13日、秀郷・貞盛軍、将門の本拠を焼き払う。
神前
武蔵国
太日川
14日、将門、自ら先頭に立って軍を指揮するも、射殺される。
平将門軍進路
藤原秀郷・平貞盛軍進路
下総国
武射郡

自らを新皇と称して関東に覇を唱えた平将門だったが、藤原秀郷・平貞盛軍の前に敗死した。

瀬戸内の海賊を糾合し、立ち上がった首領

九四〇年
藤原純友の乱

◆純友は海賊の首領だったか

平将門の乱と時を同じくして起こったのが、藤原純友の乱だった。[※1]

純友は藤原北家の流れを汲む藤原良範《よしのり》の子であり、承平二年（九三二）、伊予掾《いよのじょう》（国の中で守・介に続く三等官）として伊予国へ下向した。だが良範の官位が従五位下筑《ちく》前守《ぜんのかみ》大宰大弐《だざいだいに》にとどまっているように、摂政・関白を輩出した北家にあっては傍流に過ぎなかった。いわば中級貴族の家柄であり、純友自身も京にいては出世が見込めなかったことから、任期満了後もそのまま伊予国に留まり、土着した。[※2]

この頃、瀬戸内海では海賊の活動が活発化し、東西を往来する公私の船が襲われ、積荷が掠奪されるという事件が頻発していた。そこで朝廷は承平六年（九三六）、紀《きの》淑人《よしひと》を追捕南海道使兼伊予守に任ずるとともに、前の伊予掾であった純友にも海賊の

※1　将門と純友の乱は事前に示し合わせたものであるという説がある。だが仮に両者が通じていたとすると、純友は将門の勢いがもっとも盛んであった国府占領期に立ち上がったはずであるが、実際に純友が動いたのは天慶三年（九四〇）八月に入ってからであった。両者が密に連絡を取っていたとは考えにくいものがある。

❖藤原純友関係略系図

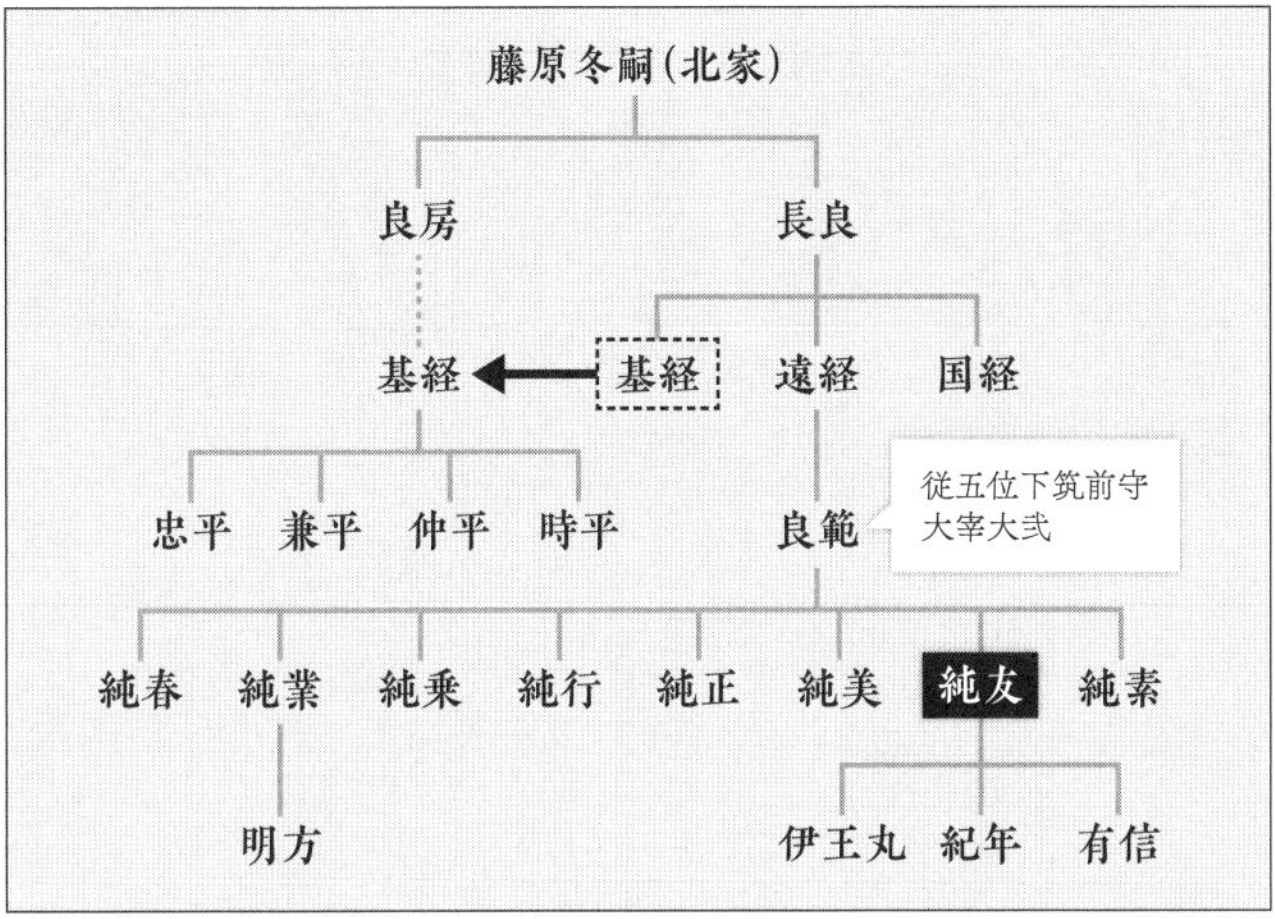
藤原冬嗣（北家）
良房
長良
基経
基経
遠経
国経
忠平
兼平
仲平
時平
良範
従五位下筑前守
大宰大弐
純春
純業
純乗
純行
純正
純美
純友
純素
明方
伊王丸
紀年
有信

『尊卑分脈』によると、藤原純友は藤原北家の出身とされるが、その身分はあまり高いものではなかった。

追捕を命じた。[※3]淑人の仁政によってこのときの海賊活動は収束し、二千五百人以上の海賊が投降してきたという。そして淑人のもとで海賊追捕の任にあたっていた純友は、この頃から瀬戸内海の海賊たちとの間に主従関係を構築していったのではないかと考えられている。

◆純友、突然上京す

天慶二年（九三九）十二月十七日、それまで平穏であった瀬戸内海に再び暗雲が垂れ込めた。純友が淑人の制止を振り切り、突如として兵を率いて上京を企てたのである。そして

※2 伊予掾としての任期は不明。任期満了後、一旦は都に戻るが、そこで海賊追討の宣旨を受けたために再度伊予へ下向したともいわれる。

※3 解説はP158。

二十六日には、純友の郎党・藤原文元《ふみもと》が摂津《せっつ》国須岐《すき》駅で上京途上であった備前介《びぜんのすけ》・藤原子高《さねたか》を捕らえて暴行を加え、子高の子を殺害するという事件を起こした。

純友がなぜ上京を図ったかは定かではないが、これより前、子高と文元の対立が激化していたといい、文元を制止するために純友自身が動いたという可能性が指摘されている。ともかく、朝廷はこの事態に対し、文元の罪を不問に付した。また翌天慶三年（九四〇）二月には純友の甥・明方《あきかた》を伊予に派遣し、純友を従五位下に叙している。ちょうどこの頃、関東では平将門の乱が激化していた。朝廷はその対応に追われていたため、純友に対してはひとまず融和策を取ることにしたのである。

◆攻勢に出た純友

八月十八日、ついに純友は立ち上がり、兵船四百艘をもって伊予・讃岐の国府を襲撃した。さらには備前・備後にまで進撃し、官船百余艘を焼き払った。その後も純友軍の勢いはとどまるところを知らず、十月には安芸《あき》・周防《すおう》海域で大宰府《だざいふ》追捕使・在《あり》原相安《はらのすけやす》率いる軍勢を撃破。十一月には周防国の鋳銭司《ちゅうせんし》を焼き、十二月にも土佐《とさ》国幡《は》多《た》郡家を焼いた。

※3
従来は『日本紀略』承平六年（九三六）六月某日条に見える「南海賊徒の首・藤原純友、党を結び、伊予国日振島に屯聚し、千余艘を設けて官物・私財を抄劫す」という記述から、すでに承平六年の時点で純友が海賊の首領であったと認識されていた。だが『本朝世紀』天慶二年十二月二十一日条に「前掾・藤原純友、去る承平六年、

これに対して朝廷は右近衛少将《うこのえのしょうしょう》・小野好古《おののよしふる》を追捕山陽南海両道凶賊使に、源経基《つねもと》を次官《すけ》に、右衛門尉・藤原慶幸《よしゆき》を判官に、右衛門志《さかん》・大蔵春実《おおくらはるざね》を主典《さかん》に任じ、純友追討の動きを本格化させていった。ここから、朝廷軍の反撃がはじまる。このときすでに純友軍内部は瓦解しており、純友の次将・藤原恒利《つねとし》がひそかに逃亡し、讃岐介・藤原国風《くにかぜ》のもとに走っていた。純友軍の砦や隠れ家などを熟知した恒利の案内のもと、朝廷軍は天慶四年（九四一）二月、讃岐国の純友軍の撃破に成功。これを手はじめとして次々と純友軍を降していった。

純友は、徐々に追い詰められていく。五月十九日には方向を転じて大宰府を攻略したが、このときすでに、朝廷軍が陸海両面から純友軍に迫っていた。二十日、博多津で朝廷軍と純友軍の激しい戦闘が繰り広げられる。しかし戦いは朝廷軍の一方的な展開で進み、純友軍はあっけなく敗北。純友方の死傷者は数百人、鹵獲《ろかく》された船は八百艘にのぼった。

辛うじて戦場から脱した純友は態勢を立て直すべく、本拠の伊予国へと逃走した。だが六月二十日、伊予警固使《けいごし》・橘遠保《たちばなのとおやす》に捕らえられ、子とともに斬首された。こうして、東西の反乱は鎮圧された。

海賊を追捕すべきの由、宣旨を蒙る」とあり、『本朝世紀』が伊予国の解を依拠した可能性が高いことから、近年は『日本紀略』の該当記事は後世に改作されたものであるとする考えが支持を集めている。

❖藤原純友の乱要図（承平6年～天慶3年正月）

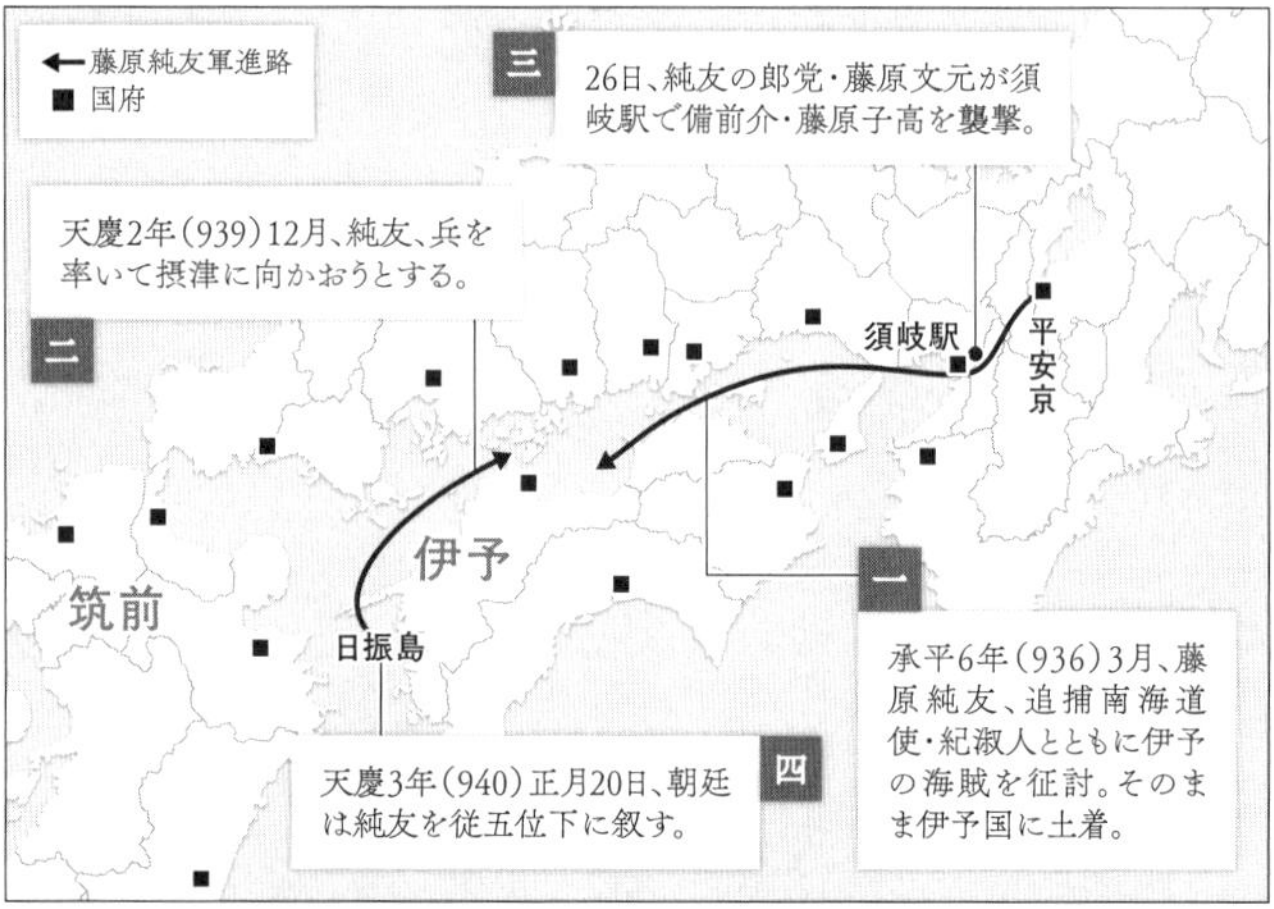
←藤原純友軍進路
■ 国府
三
26日、純友の郎党・藤原文元が須岐駅で備前介・藤原子高を襲撃。
天慶2年（939）12月、純友、兵を率いて摂津に向かおうとする。
二
須岐駅
平安京
伊予
筑前
日振島
一
承平6年（936）3月、藤原純友、追捕南海道使・紀淑人とともに伊予の海賊を征討。そのまま伊予国に土着。
四
天慶3年（940）正月20日、朝廷は純友を従五位下に叙す。

海賊征討に功績を残した藤原純友は伊予に留まって勢力を伸張。天慶2年12月には部下と国司の対立に介入しようとしたが、朝廷に反旗を翻したわけではなかった。

❖藤原純友の乱要図（天慶3年）

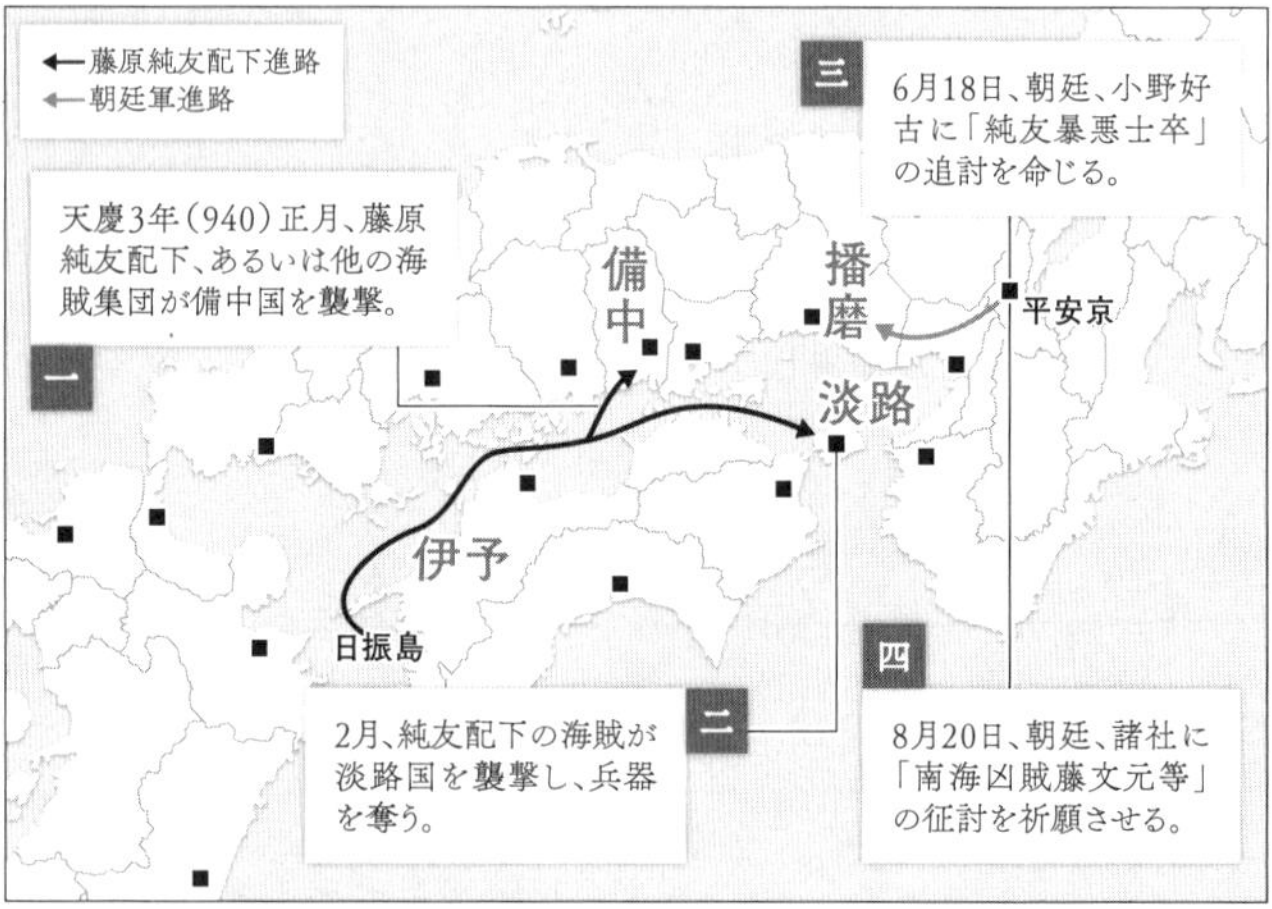
←藤原純友配下進路
←朝廷軍進路
三
6月18日、朝廷、小野好古に「純友暴悪士卒」の追討を命じる。
天慶3年（940）正月、藤原純友配下、あるいは他の海賊集団が備中国を襲撃。
一
備中
播磨
平安京
淡路
伊予
日振島
四
二
2月、純友配下の海賊が淡路国を襲撃し、兵器を奪う。
8月20日、朝廷、諸社に「南海凶賊藤文元等」の征討を祈願させる。

瀬戸内海沿いで藤原純友配下の海賊による略奪行為が盛んになる中、朝廷は純友の決起を防ぐために配下の海賊のみを征討対象とした。

❖藤原純友の乱要図（天慶3年8月～12月）

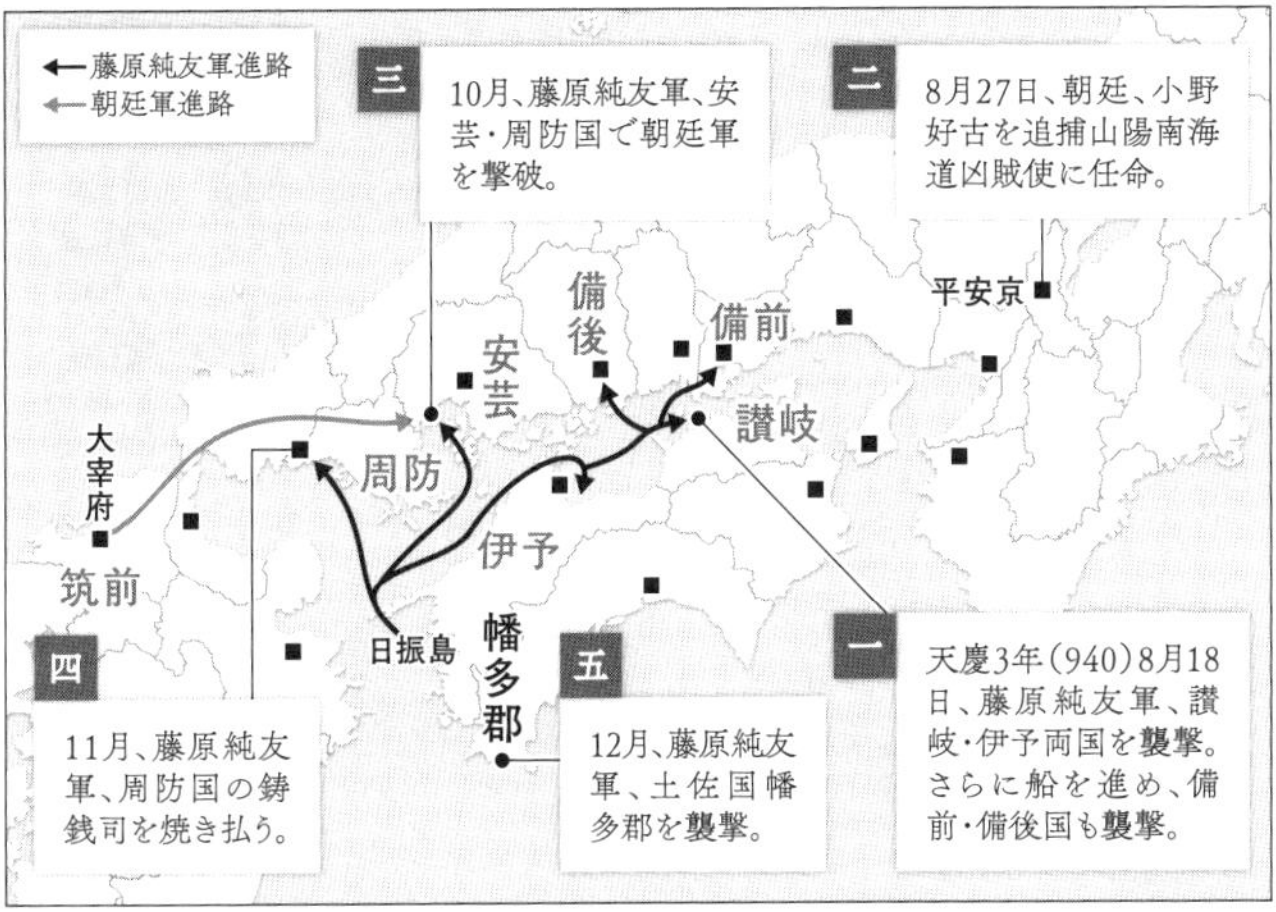

朝廷軍による海賊征討が行なわれる中、天慶3年8月、藤原純友はついに蜂起。各地でゲリラ活動を展開した。

❖藤原純友の乱要図（天慶4年）

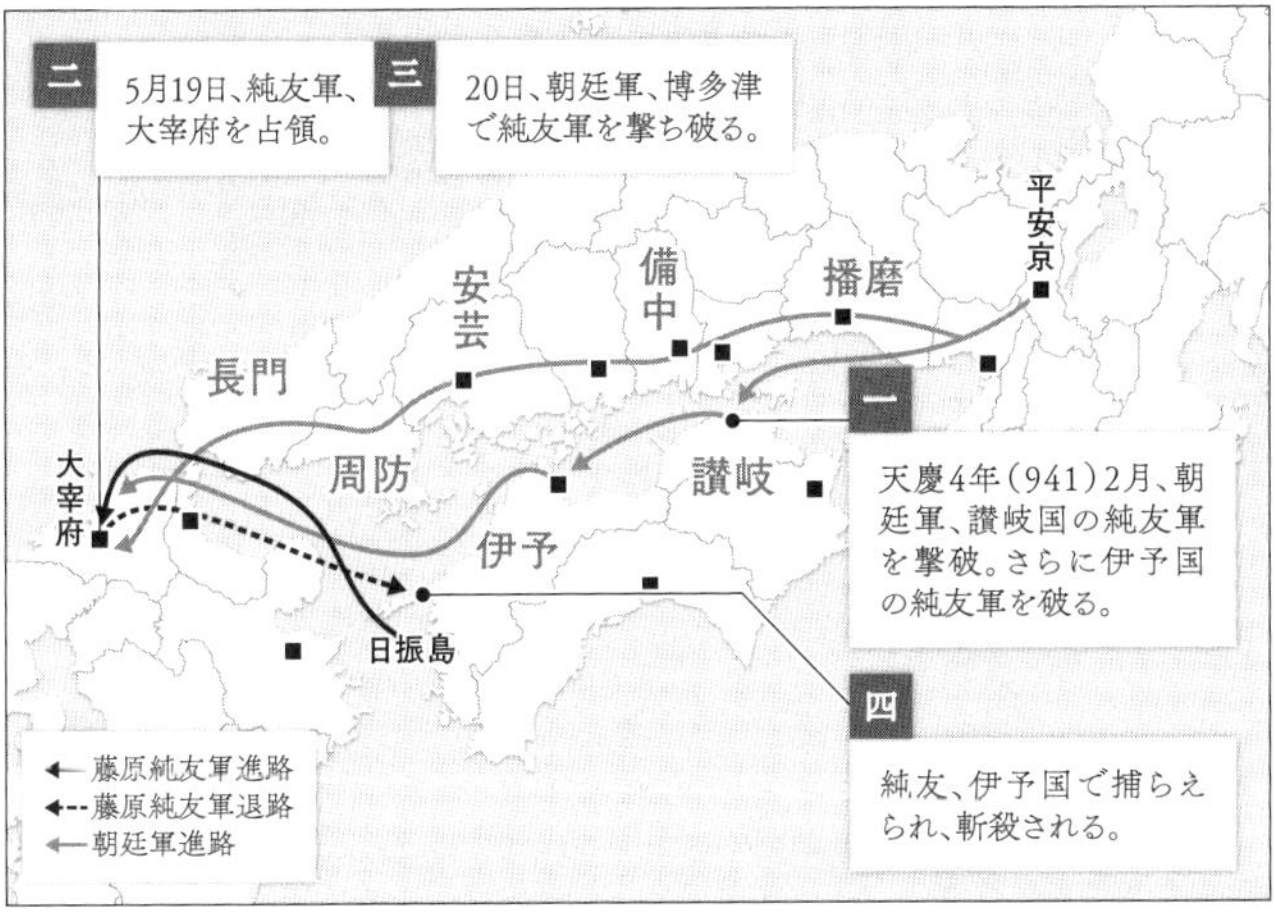

各地で朝廷軍を苦しめ、一時は大宰府の占拠にも成功した藤原純友軍だったが、博多津の戦いで壊滅的な打撃を受けて瓦解。純友は斬殺され、乱は終息した。

藤原北家による他氏排斥が完了

九六九年
安和の変

◆源高明に脅威を感じた藤原北家

冷泉《れいぜい》天皇※1の治世下である安和《あんな》二年（九六九）三月二十五日、藤原氏に侍《さむらい》として仕えていた左馬助《さまのすけ》・源満仲《みつなか》※2らの密告により、左大臣・源高明《たかあきら》が大宰権帥に左遷された（安和の変）。

高明は醍醐天皇と更衣《こうい》・源周子《しゅうし》の子で、母の身分が低かったために源朝臣姓を賜り、臣籍降下した人物である。時の権力者である藤原師輔《もろすけ》の娘を正室とし、村上《むらかみ》天皇と中宮・藤原安子《あんし》（師輔娘）の次子為平《ためひら》親王に娘を嫁がせるなど、天皇家との関係も深かった。だが冷泉の即位後、高明は師輔の弟で右大臣の師尹《もろただ》らと反目するようになる。

このとき、冷泉にはまだ子がなかったため、皇太子を決める運びとなった。有力候補は冷泉の同母弟・為平だったが、妃の父が高明であったことに師尹らは難色を示す。

※1 父は村上天皇、母は中宮・藤原安子。長子。在位九六七～九年。

※2 平将門の乱鎮定に貢献した源経基の子。天慶の乱後、功労者の子孫は「都の武者（中央軍事貴族）」として重用された。そ

❖安和の変関連図

一
安和2年(969)3月25日、源満仲らが、橘繁延・源連らが謀反を企てていると密告。

二
右大臣・藤原師尹らはただちに内裏の警護を固めるとともに、東国へ通じる三関を封鎖。

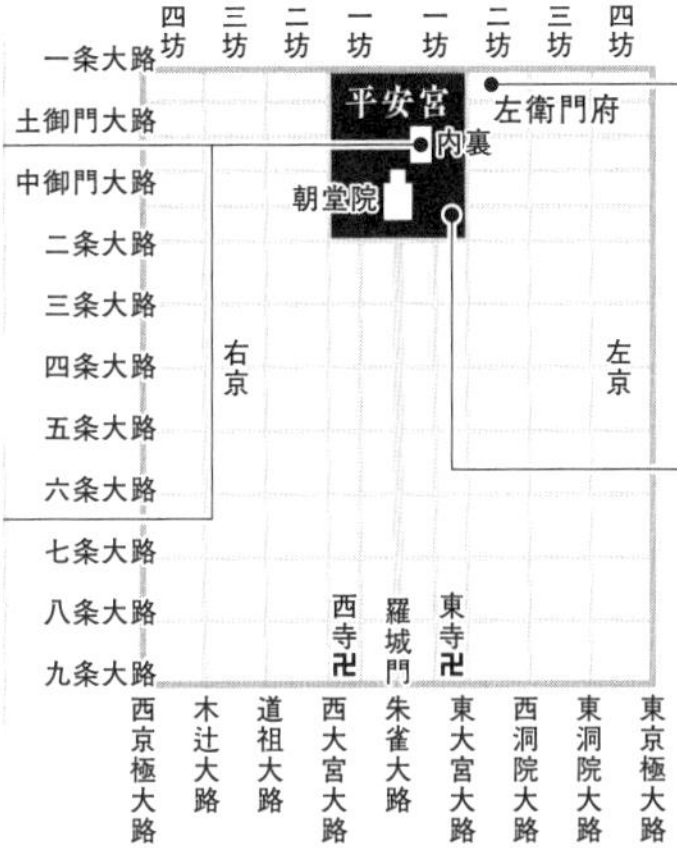

三
検非違使が橘繁延・源連らを捕縛。藤原文範らが左衛門府で尋問したところ、罪を認める。

四
左大臣・源高明も事件に関係していたとされ、3月26日、大宰権帥に左遷される。

安和の変は藤原北家による最後の他氏排斥事件とされる。変後、右大臣・藤原師尹が左大臣に、大納言・藤原在衡が右大臣に昇進した。

為平が即位すれば高明が実権を掌握するのは目に見えていたためである。そこで彼らは村上と安子の第三子であった守平《もりひら》親王（のちの円融《えんゆう》天皇）を立太子するよう画策。そして高明を失脚に追い込んだのであった。

これまで見てきたように、藤原北家はその権勢をより確かなものとすべく、有力な政敵を次々と排除してきた。安和の変は藤原北家による他氏排斥事件の総仕上げというべき事件であり、変の直後に円融天皇が即位すると、摂関職が常置となって藤原氏が朝廷の権力を独占するようになったのである。

うした状況下、満仲は藤原秀郷の子であると伝わる千晴（源高明に仕えていた）と対立。安和の変を契機として千晴を失脚させ、摂関家とのつながりを強めていった。つまりこの事件には、軍事貴族同士による勢力争いという側面もあった。

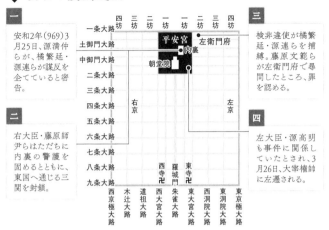

突然の外国勢力の襲来、奮戦した大宰府軍

一〇一九年
刀伊の入冠

◆異民族の突然の襲来

寛仁《かんにん》三年（一〇一九）三月二十八日、五十余の賊船が突如として対馬《つしま》に襲来。島民十八人を殺害し、百十六人を拉致するという事件が勃発した。犯人は、中国東北部沿海州地方に居住していたツングース系の騎馬民族・女真族《じょしんぞく》。朝鮮では「doe（蛮夷《ばんい》・夷狄《いてき》を意味する）」と呼ばれており、日本ではその音に文字をあてて「刀伊《とい》」と呼んだ。

当時の東アジア世界に目を向けてみると、中国では三百年にわたって栄華を誇った唐はすでに亡く、代わって宋《そう》（北宋）が勃興していた。だが北方では、万里の長城を越えたエリアにまで勢力を伸張していた遼[※1]との対立が続き、中国全土の統一を達成するまでには至らなかった。一方、朝鮮半島では九三五年に高麗《こうらい》が新羅《しらぎ》を滅ぼし、半島を統一したが、外では遼・女真族の圧力を受けるなど、東アジア情勢は混沌としてい

※1 九一六年、遊牧民族である契丹人が建国。その支配領域

❖10～11世紀の東アジア情勢

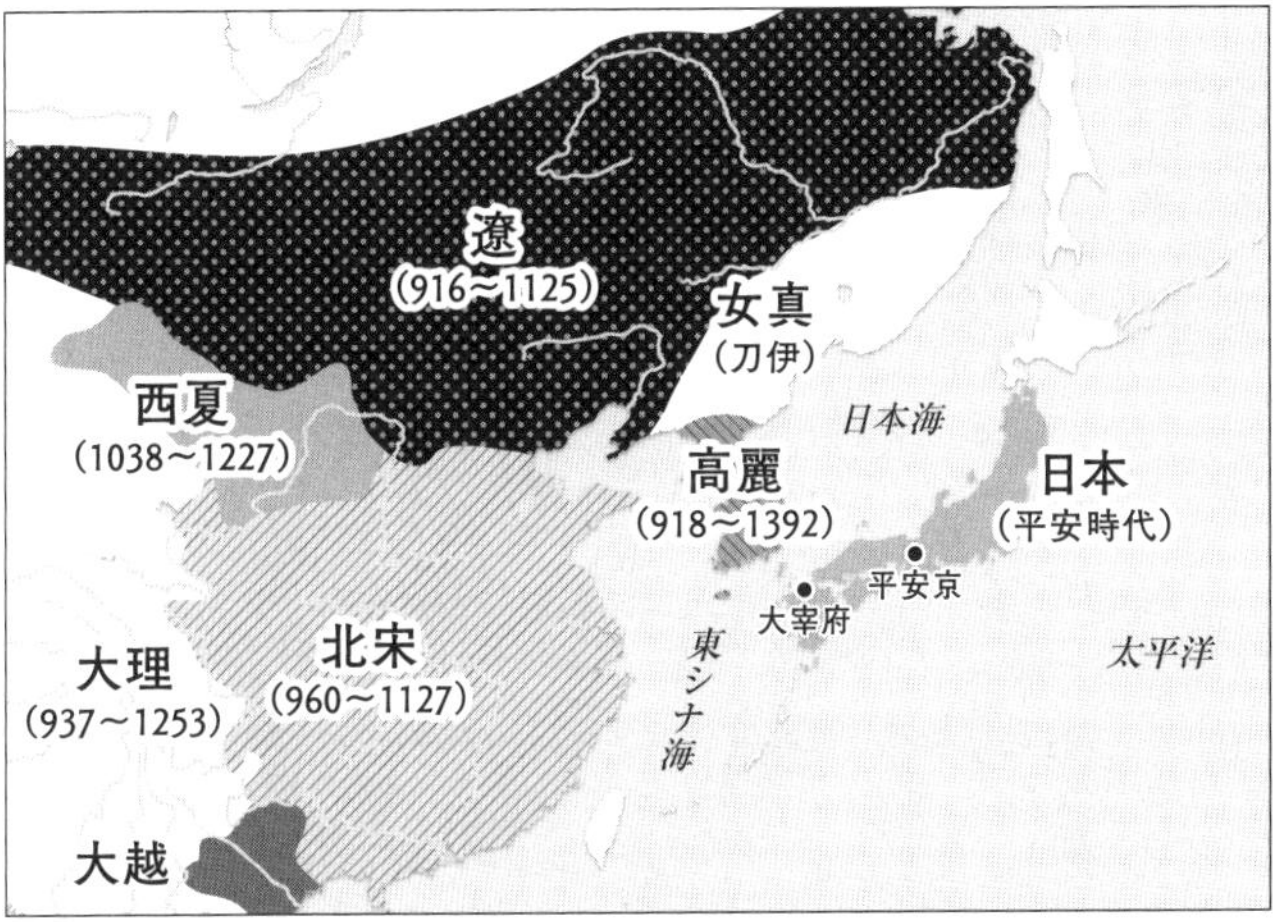

日本が平安時代の頃、中国では宋(北宋)が中国を統一。中国東北部では遼と女真族が台頭した。朝鮮半島では高麗が統一国家を樹立している。

た。そうした中、女真族の一部が海賊化して高麗国内への侵入を繰り返すようになり、やがて日本にまでその触手を伸ばしたのであった。

対馬を襲った刀伊の賊船はその後、壱岐《いき》へ向かい、壱岐守・藤原理忠《まさただ》を初めとして百四十八人を殺害。二百三十九人を捕虜とした。さらに四月七日には、筑前国怡土《いと》郡・志摩《しま》郡・早良《さわら》郡に来襲。計百八十人を殺害し、六百九十五人を拉致した。

この刀伊襲撃の報が大宰府にもたらされたのは、七日のことだった。日本史上初となる外国勢力の襲撃に対し、大宰権帥・藤原隆家《たかいえ》は前少《さきのしょう》

はモンゴル東部から中国東北部にまで及んだ。

監《げん》大蔵《おおくらの》種材《たねき》・藤原明範《あきのり》、散位《さんに》平為賢《ためかた》・平為忠《ためただ》、前監藤原助高《すけたか》、傔仗《けんじょう》大蔵光弘《みつひろ》・藤原友近《ともちか》らを博多警固所《けいごしょ》に派遣、防戦にあたった。※2

◆刀伊を撃退した大宰府軍と九州の武士団

四月八日、賊船は能古島《のこのしま》に上陸。翌九日にはついに博多警固所に来襲した。だが、大宰府軍が必死の抵抗を見せ、これを退けることに成功。賊船は能古島への後退を余儀なくされた。十一日未明、賊船はひそかに早良郡から志摩郡船越津《ふなこしのつ》へと移動したが、すでに大宰府軍は精兵を派遣し、待ち伏せさせていた。翌十二日、上陸してきた刀伊に対して、権検非違使《ごんのけびいし》財部弘延《たからべひろのぶ》らが攻撃を仕掛け、四十余人の賊徒を射殺。さらに大宰小弐・平致行《むねゆき》らが三十余艘の船で追撃した。大宰府軍の攻勢に防戦一方となった刀伊は舳先を転じて十三日、肥前《ひぜん》国松浦《まつら》郡へ向かい、掠奪行為を働いた。だが前肥前介源知《さとし》が郡内の兵士を率いてこれと戦い、撃退した。

こうして刀伊は、約一週間で日本近海から退散した。その後、高麗に立ち寄ったところで高麗軍に討たれている。このとき、捕虜となっていた日本人は高麗軍に助けられ、無事帰国を果たした。

※2 当時の大宰府軍は府官の武士と在地の武士によって構成されており、このことからすでに府官を中核とする武士団が形成されていたという指摘がある。

❖刀伊の入冠要図

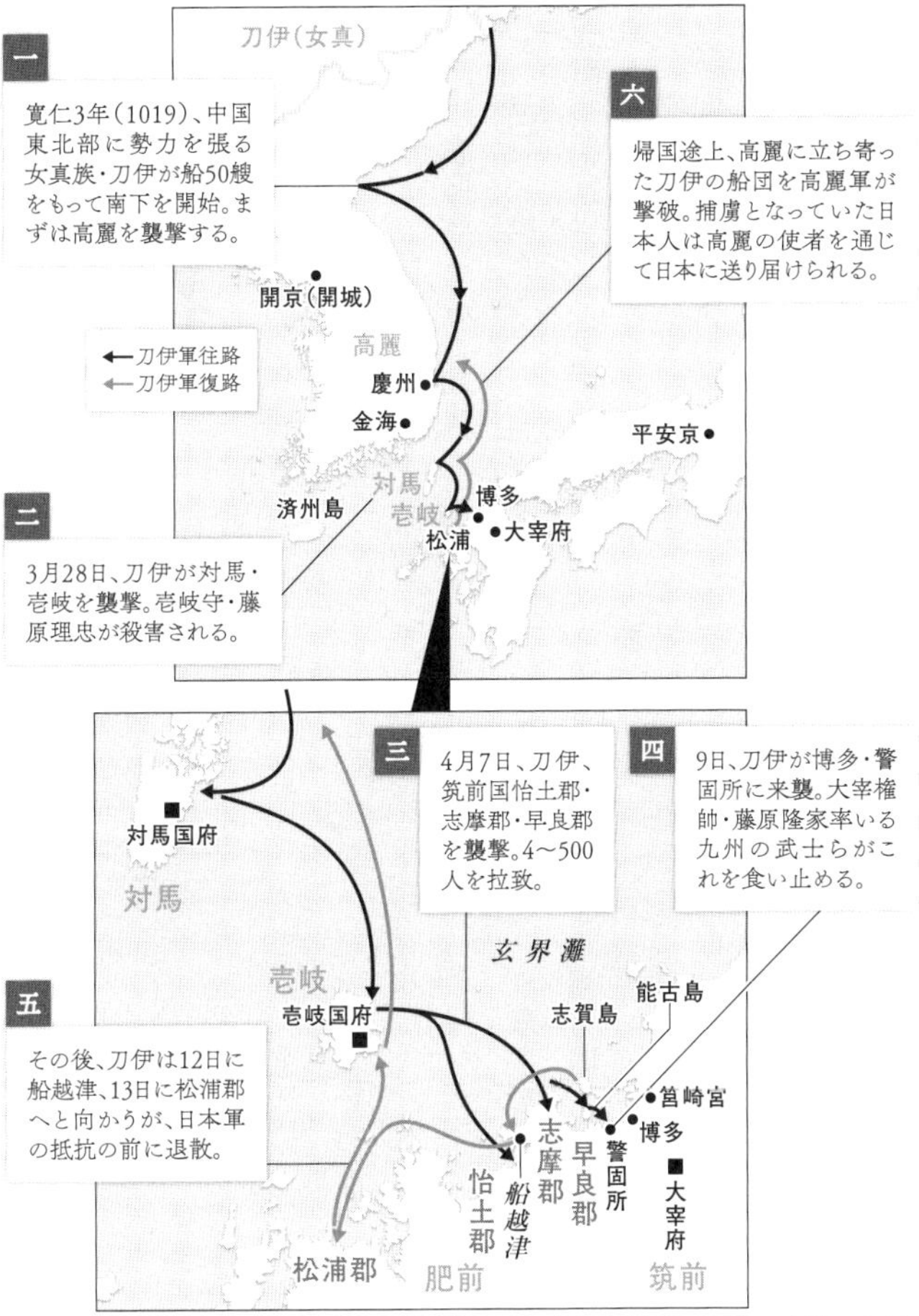
刀伊(女真)
一
寛仁3年(1019)、中国東北部に勢力を張る女真族・刀伊が船50艘をもって南下を開始。まずは高麗を襲撃する。
六
帰国途上、高麗に立ち寄った刀伊の船団を高麗軍が撃破。捕虜となっていた日本人は高麗の使者を通じて日本に送り届けられる。
開京(開城)
高麗
←刀伊軍往路
←刀伊軍復路
慶州
金海
平安京
対馬
済州島
壱岐
博多
松浦
大宰府
二
3月28日、刀伊が対馬・壱岐を襲撃。壱岐守・藤原理忠が殺害される。
三
4月7日、刀伊、筑前国怡土郡・志摩郡・早良郡を襲撃。4〜500人を拉致。
四
9日、刀伊が博多・警固所に来襲。大宰権帥・藤原隆家率いる九州の武士らがこれを食い止める。
対馬国府
対馬
玄界灘
壱岐
壱岐国府
能古島
志賀島
五
その後、刀伊は12日に船越津、13日に松浦郡へと向かうが、日本軍の抵抗の前に退散。
筥崎宮
博多
志摩郡
早良郡
警固所
大宰府
怡土郡
船越津
松浦郡
肥前
筑前

寛仁3年(1019)3月下旬から4月上旬にかけて刀伊(女真族)が日本に来襲したが、九州の武士たちがこれを撃退した。

坂東諸国に鳴り響いた源氏の勇名

一〇二八年
平忠常の乱

◆国司の非道に反発した忠常

朝廷を震撼させた平将門の乱から約一世紀後の長元《ちょうげん》元年（一〇二八）、再び坂東諸国は戦乱の渦に巻き込まれることとなった。下総権介《しもうさごんのすけ》・平忠常《ただつね》が安房守・平惟忠《これただ》を焼殺し、さらには上総介・県犬養為政《あがたいぬかいのためまさ》の館を占拠するという事件を起こしたのである。忠常の祖父は将門の叔父・良文《よしぶみ》であり、将門の没落後は相馬《そうま》郡・葛飾《かつしか》郡など下総国西半部に勢力を伸張したという。忠常はこの祖父以来の私領を基盤として上総・下総・安房国などで私営田を展開し、直接経営にあたっていたが、そのうち官物の納入を巡り、国司側と対立。ついには国司の収奪に反対する武力行動に出たのであった。[※1]

これに対して朝廷は、六月五日、忠常とその子・常昌《つねまさ》らを追討する宣旨を下した。忠常の行動を朝廷に対する反乱と見なしたわけである。二十一日には、源頼信《よりのぶ》、平正《まさ》

※1 忠常を追討した源頼信の告文によると、「忠常は坂東

❖桓武平氏略系図

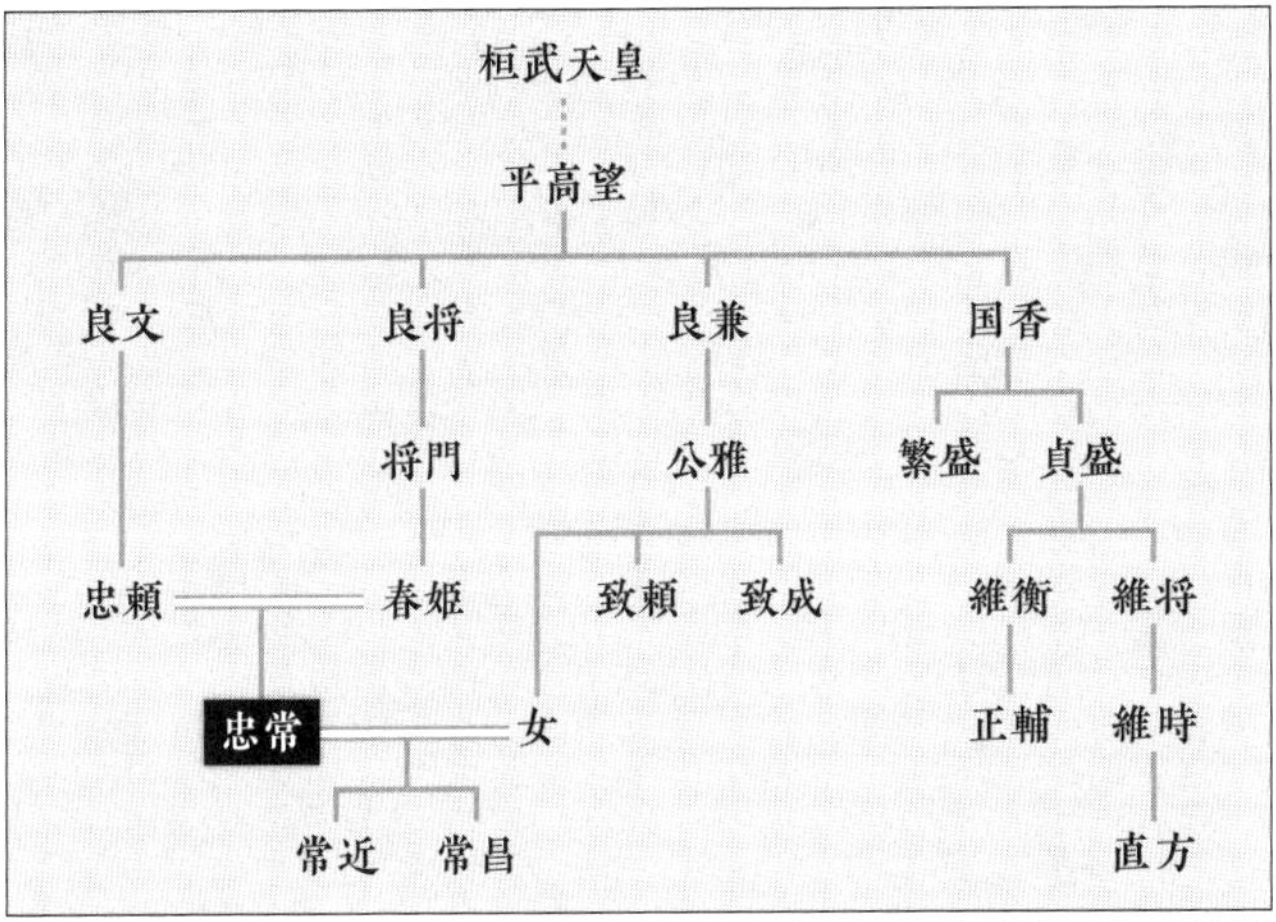

当時、桓武平氏は坂東を中心に活動していたが、貞盛流平氏と良文流平氏は対立関係にあった。

輔《すけ》、平直方《なおかた》、中原成通《なかはらのなりみち》らを追討使の候補とした。このとき、朝廷内では頼信が適任であるとする声が多数を占めたが、直方の父・維時《これとき》の働きかけを受けた時の関白・藤原頼通《よりみち》によって、直方と成通が追討使に任ぜられた。

この背景には、坂東の覇権を巡る良文流平氏と貞盛流平氏の対立がある。将門の乱後、坂東に台頭したのは乱の鎮圧に貢献した貞盛流平氏だった。彼らは中央貴族と主従関係を築き、中央政界に官人として出仕する一方、常陸・上野・下野・相模国などの受領に任ぜられ、坂東諸国

の受領をあなどって猛威をふるい、租税を納めようとする人々を虐げ、極悪の野心をもって朝廷の決まりに逆らい、官物を取り込んで調・庸を略奪した」という。

に強大な地盤を構築した。だが、いまだ房総には良文流平氏の勢力がはびこっていた。[※2]そこでこの機会に良文流平氏を打倒すべく、追討使任命を強く望んだのである。

もっとも、忠常としては朝廷に背く意識はなかったようである。実際、八月には従者を上洛させ、内大臣・藤原教通《のりみち》（頼通の弟）に追討使の派遣中止を働きかけている。だがこの工作は失敗に終わり、八月五日、追討使は京を出立した。

その後、坂東へと下った追討使は忠常方の抵抗に苦戦を強いられ、戦線は膠着状態に陥った。長元三年（一〇三〇）には、新しく安房守に就任した藤原光業《みつなり》が印鑰《いんやく》（長官の印と蔵などの鍵）を捨てて都へ逃亡するという一幕もあった。追討が遅々として進まない中、朝廷は直方らを罷免。代わって甲斐守・源頼信に追討を命じた。『今昔物語集』によると、頼信が常陸介だった頃（一〇一六年以前）、忠常を征討し、以降、主従関係を結んでいたのだという。忠常は主君に逆らうことはできず、長元四年（一〇三一）四月、一戦も交えることなく、頼信に降伏を申し出た。

こうして、乱は終幕を迎える。その後、坂東諸国に対する平氏の影響力は衰退し、代わって頼信の武名が大いに轟くこととなった。これがのち、坂東に源氏武士団が築かれていく素地となるのである。

※2 永延元年（九八七）正月には、平貞盛の弟・繁盛が比叡山延暦寺に金泥大般若経六百巻を奉納しようとしたのを、忠常の父・忠頼らが妨害した事件が起きている。

❖平忠常の乱関連図

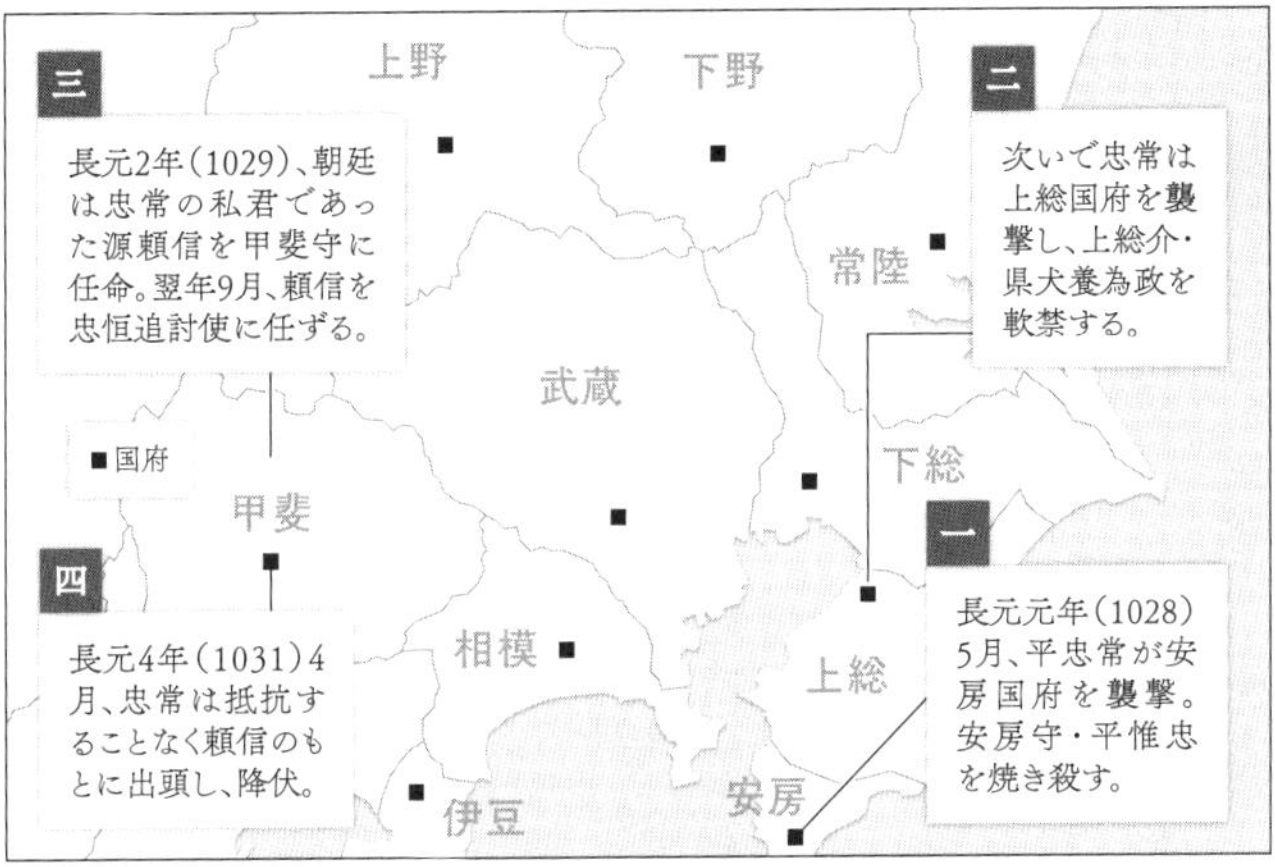
上野
下野
三
長元2年(1029)、朝廷は忠常の私君であった源頼信を甲斐守に任命。翌年9月、頼信を忠恒追討使に任ずる。
二
次いで忠常は上総国府を襲撃し、上総介・県犬養為政を軟禁する。
常陸
武蔵
■国府
下総
甲斐
一
四
長元元年(1028)5月、平忠常が安房国府を襲撃。安房守・平惟忠を焼き殺す。
長元4年(1031)4月、忠常は抵抗することなく頼信のもとに出頭し、降伏。
相模
上総
安房
伊豆

平忠常の乱後、これを平定した源頼信の武名が向上。源氏が東国の武士と主従関係を築いていく契機となった。

❖清和源氏略系図

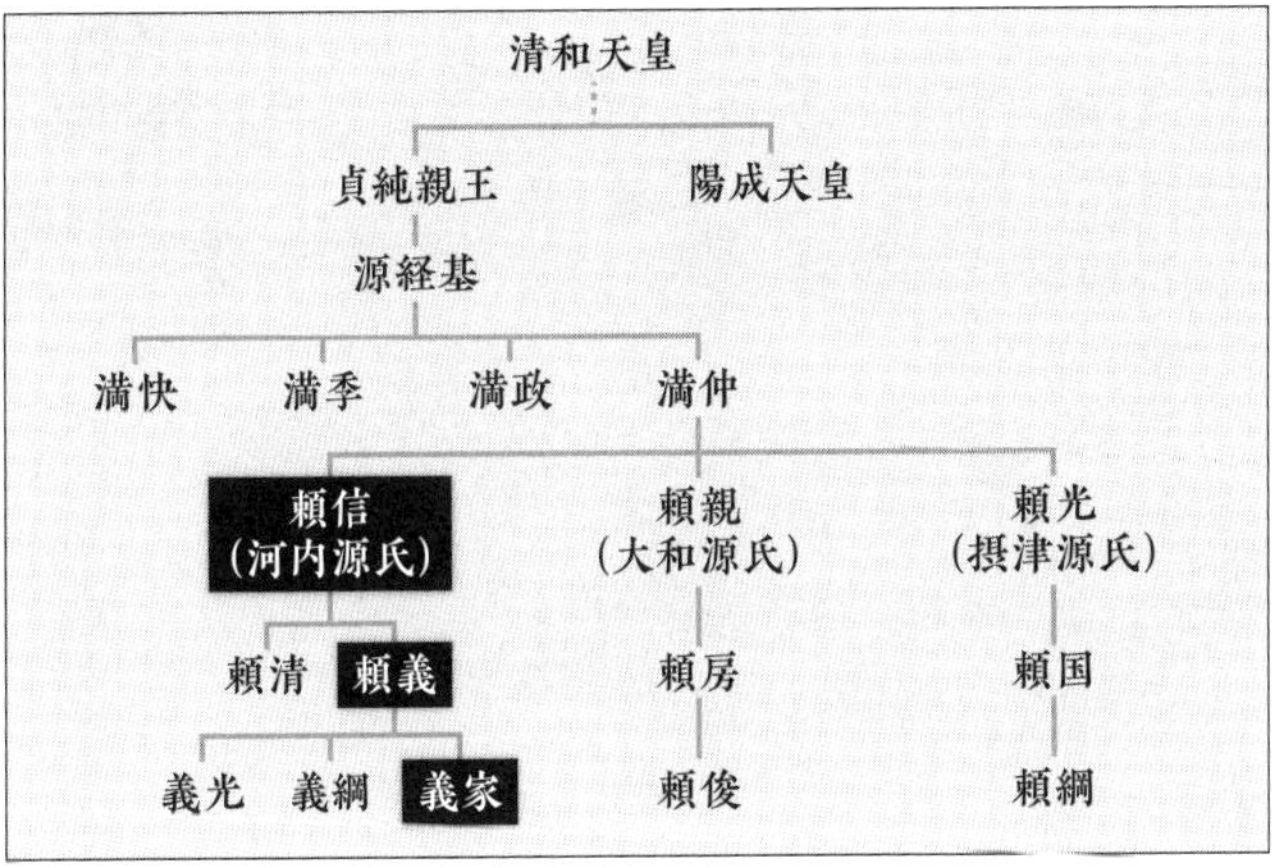
清和天皇
貞純親王
陽成天皇
源経基
満快
満季
満政
満仲
頼信
(河内源氏)
頼親
(大和源氏)
頼光
(摂津源氏)
頼清
頼義
頼房
頼国
義光
義綱
義家
頼俊
頼綱

東北を舞台に展開された武士と豪族の争い

一〇五一年
前九年合戦

◆**安倍氏の勢力伸張**

古来、東北地方においては朝廷と蝦夷との衝突が繰り返されてきた。そのため朝廷は十世紀以降、平貞盛、源満政《みつまさ》（安和の変を密告した源満仲の弟）、藤原文條《ふみえだ》（藤原秀郷の孫）などの軍事貴族を陸奥守や鎮守府将軍に任じ、軍事力をもって治安維持を図った。だが、朝廷の軍事体制に反発する蝦夷は後を絶たなかったため、朝廷は蝦夷との融和を図るべく、万寿《まんじゅ》四年（一〇二七）以降、鎮守府将軍の補任を中断した。

ところが鎮守府将軍不在の隙をつき、父祖以来、奥六郡を領した豪族・安倍頼良《あべのよりよし》が勢力を伸張する。※1『陸奥話記』によると、頼良は奥六郡の南境である衣川《ころもがわ》よりも南方へ進出し、納税や力役などの務めを果たさなくなった。そこで永承《えいしょう》六年（一〇五一）、陸奥守・藤原登任《なりとう》は秋田城介・平重成《しげなり》（繁成）の軍勢を動員してこれを征討しようと

※1
従来、『陸奥話記』の記述から安倍氏は俘囚の長と解

❖前九年合戦時の東北情勢

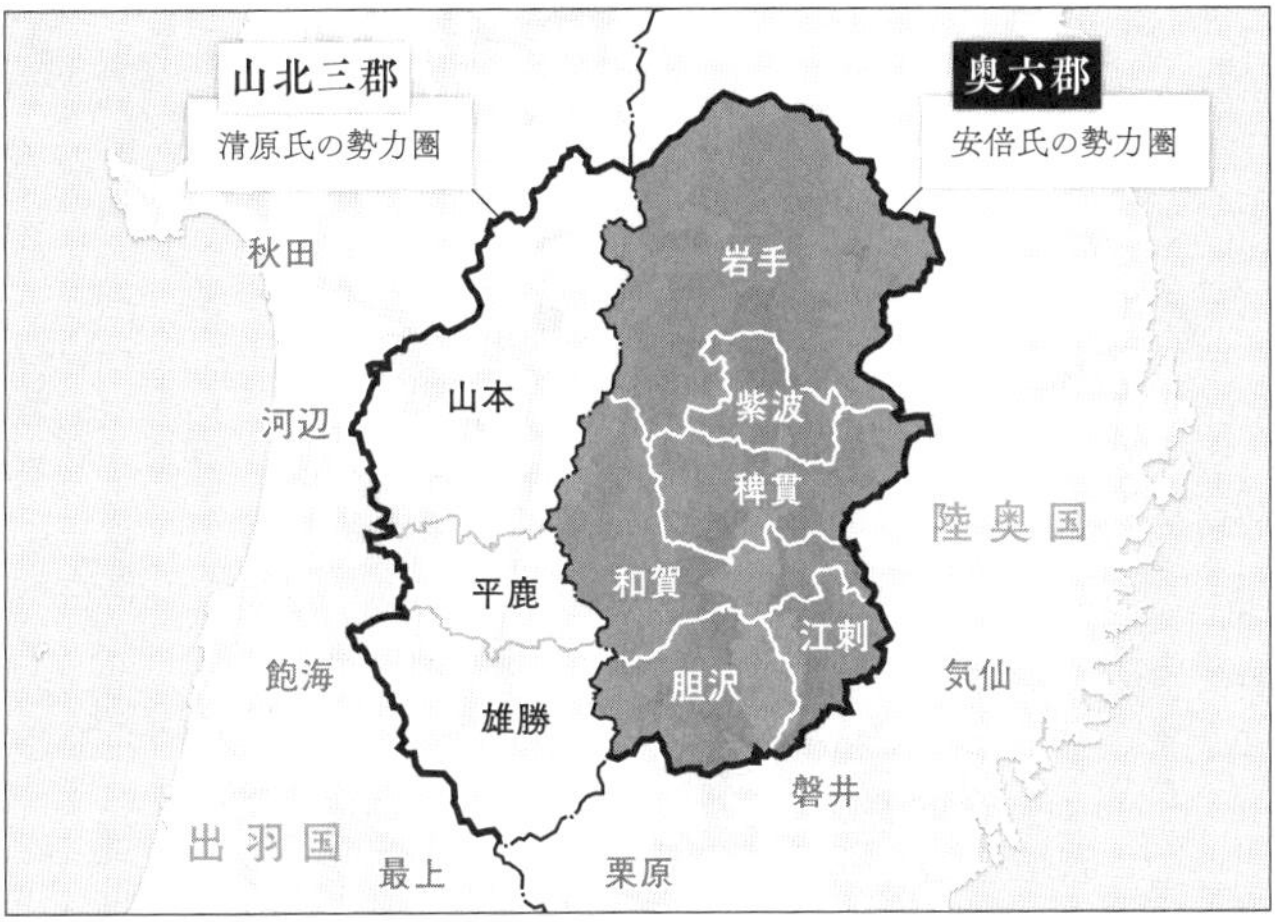
山北三郡
清原氏の勢力圏
奥六郡
安倍氏の勢力圏
秋田
山本
河辺
平鹿
雄勝
飽海
出羽国
最上
栗原
岩手
紫波
稗貫
和賀
江刺
胆沢
磐井
気仙
陸奥国

当時、国司に代わって国衙の行政事務を実際に司った地方の豪族（在庁官人）が大きな経済力と軍事力を蓄えていった。

❖安倍氏と清原氏の関係系図

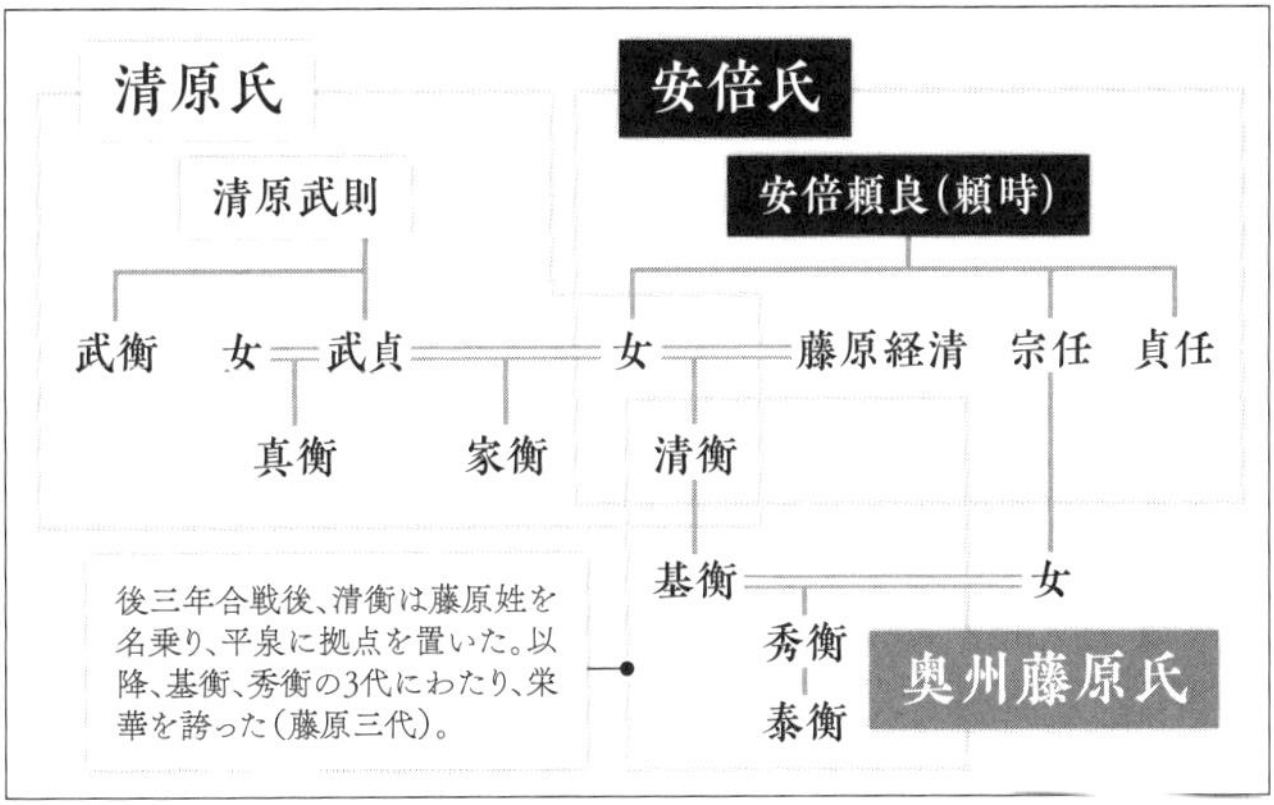
清原氏
清原武則
武衡
女
武貞
真衡
家衡
安倍氏
安倍頼良（頼時）
女
藤原経清
宗任
貞任
清衡
基衡
女
秀衡
泰衡
奥州藤原氏
後三年合戦後、清衡は藤原姓を名乗り、平泉に拠点を置いた。以降、基衡、秀衡の3代にわたり、栄華を誇った（藤原三代）。

されてきたが、近年は陸奥権守・安倍忠好の子であるとする説や、鎮守府将軍・安倍比高の子孫であるという説なども唱えられている。

したが、鬼切部《おにきりべ》で頼良勢に返り討ちにあってしまう。このとき、頼良方には頼良の娘婿であった伊具郡司《いぐぐんじ》・平永衡《ながひら》（登任に従って赴任し、土着）や亘理《わたり》郡司・藤原経清《つねきよ》などの在庁官人らが加担していたといい、受領と在庁官人との対立構造が背景にあったことは想像に難くない。

◆源頼義の赴任

この大敗を受けて、朝廷はただちに方針を転換する。同年、登任に代わって源頼信の子・頼義《よりよし》を陸奥守に任ずるとともに、天喜《てんき》元年（一〇五三）には鎮守府将軍を兼任させたのである。じつに二十五年振りとなる長官の赴任であった。

頼義は「性、沈敦《ちんとん》にして武略多《まさ》り、最も将帥《しょうすい》の器なり」（『陸奥話記』）と評された人物であり、その武名は奥州にも轟いていたのであろう。頼良は反抗を止めて頼義に帰服すると、自らの名が頼義と同音であることを憚り、名を「頼時《よりとき》」と改めた。そして頼義の在任中、頼時が不穏の動きを見せることはなかった。天喜四年（一〇五六）には奥六郡の巡検を行なった頼義を接待し、頼義はもとよりその郎党にまで駿馬や金を献上している。だが、巡検を終えた頼義が国府に帰る途上で事件は起こる。野営し

❖鬼切部の戦い要図

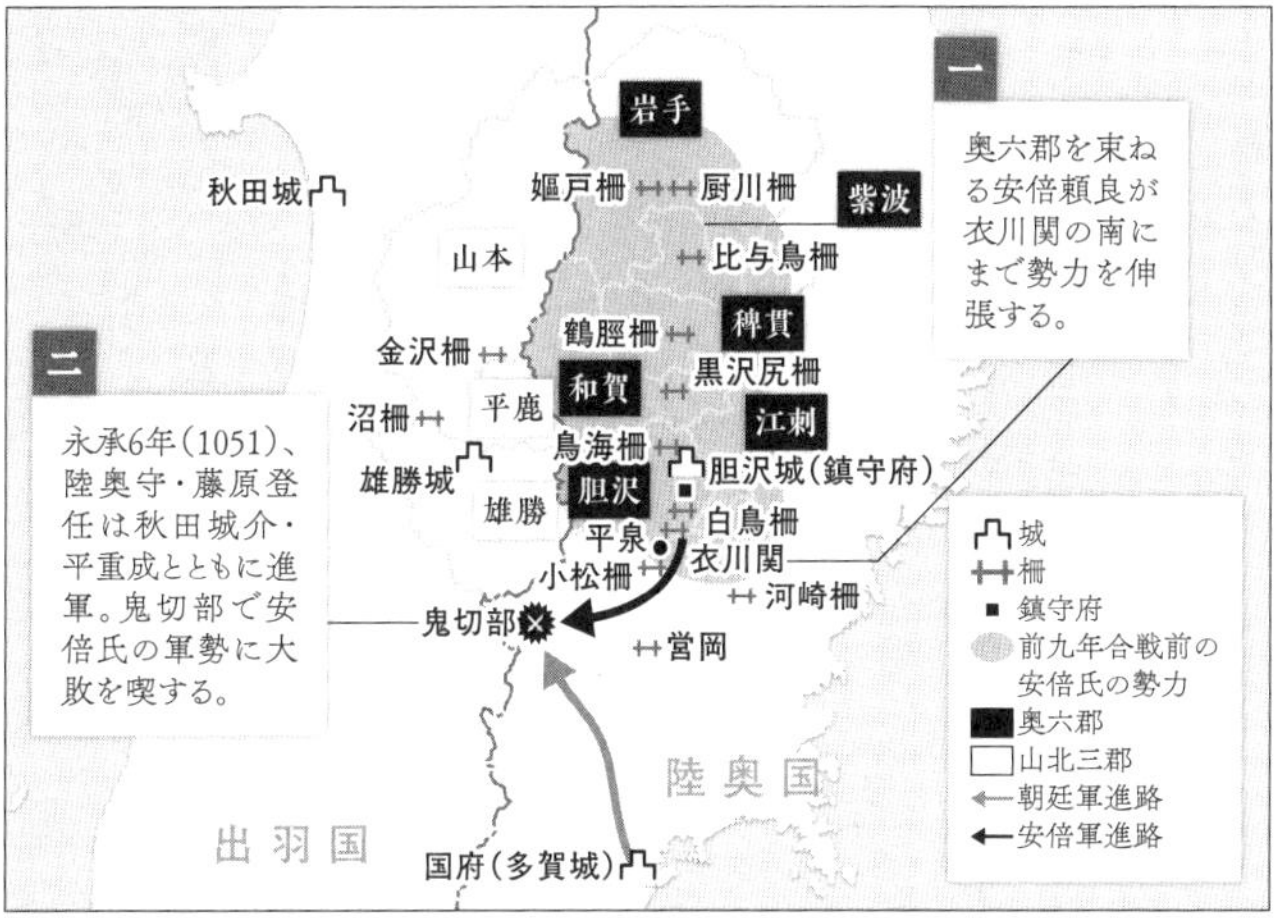
岩手
秋田城
嫗戸柵
厨川柵
紫波
山本
比与鳥柵
稗貫
鶴脛柵
金沢柵
黒沢尻柵
和賀
平鹿
沼柵
江刺
鳥海柵
雄勝城
胆沢城（鎮守府）
胆沢
雄勝
白鳥柵
平泉
衣川関
小松柵
河崎柵
鬼切部
営岡
陸奥国
出羽国
国府（多賀城）
一
奥六郡を束ねる安倍頼良が衣川関の南にまで勢力を伸張する。
二
永承6年（1051）、陸奥守・藤原登任は秋田城介・平重成とともに進軍。鬼切部で安倍氏の軍勢に大敗を喫する。
城
柵
鎮守府
前九年合戦前の安倍氏の勢力
奥六郡
山北三郡
朝廷軍進路
安倍軍進路

奥六郡の司を自称し、勢力の拡大を図る安倍頼良に対し、朝廷はこれを食い止めるべく兵を発したが、返り討ちにあった。

ていた頼義の配下で陸奥権守藤原説《とき》貞《さだ》の子・光貞《みつさだ》らが何者かに襲撃されたのである。※2 嫌疑をかけられたのは、頼時の子・貞任《さだとう》だった。貞任は光貞の娘との結婚を望んでいたが、下賤《げせん》の身という理由で光貞に断られたことを恨みに感じ、犯行に及んだという。頼義は真相を問い質すべく、貞任を召集しようとしたが、頼時は身柄の引き渡しを拒絶。衣川関を封鎖して立て籠もった。

八月、頼義の報告を受けた朝廷はこれを頼時の反乱であると断じ、頼義に頼時の追討を命じた。このとき、すでに藤原良経《よしつね》が後任の陸奥守に任

※2 東北に勢力を拡大し、馬や金など豊富な産物を手中に収めようとした頼義が事件を仕立て上げ、安倍氏を反逆者にしようとしたという説も唱えられている。

ぜられていたが、戦乱を恐れた良経が赴任を辞退したため、十二月、朝廷は頼義に陸奥守の再任を命じた。

天喜五年（一〇五七）七月、頼時は戦傷によって死亡したが、その後も子の貞任らが頼義に対して抵抗を続けた。十一月には貞任勢四千余が風雪の中を進軍してきた頼義勢千八百余を黄海《きのみ》で撃ち破るなど、戦闘は安倍氏優勢で推移した。

この戦局を打開すべく、頼義が援軍を要請したのは出羽の豪族・清原光頼《きよはらのみつより》、武則《たけのり》らだった。頼義から多くの財物を贈られた清原氏は援軍の派遣を了承。康平《こうへい》五年（一〇六二）七月、公称一万余の軍勢を率いて陸奥国へはせ参じた。こうして清原氏の援軍を得た頼義は、一気に攻勢に転じる。八月十七日に頼時の弟・良昭《りょうしょう》が守る小松《こまつ》柵《さく》を落とすと、以降、衣川関、鳥海《とのみ》柵、黒沢尻《くろさわじり》柵など安倍氏側の拠点を次々と撃破。そして九月十七日、厨川《くりやがわ》柵で貞任を討ち取り、ついに乱の鎮圧に成功したのであった。

戦後、朝廷は源頼義を伊予守に、その子・義家[※3]を出羽守に、そして援軍を率いて乱の鎮圧に貢献した清原武則を鎮守府将軍に任じた。在地豪族が鎮守府将軍に任ぜられたのは異例の昇進であったが、これにより清原氏は安倍氏に代わり、出羽・陸奥両国で強大な勢力を誇ることになった。

※3 初陣ながら活躍した義家は帰京後、大人気となる。これをいさめたのが、当代一

❖前九年合戦要図

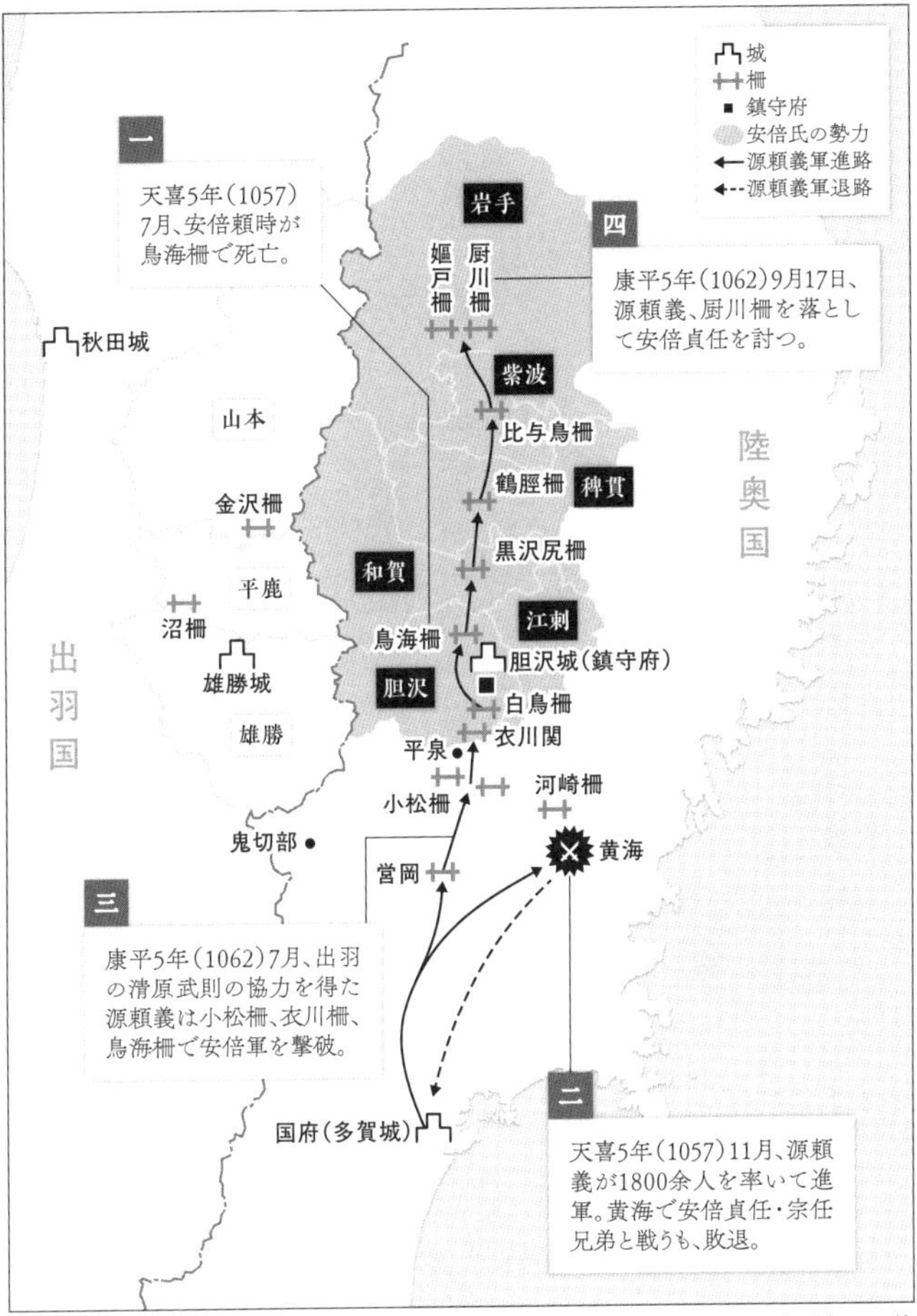
城
柵
鎮守府
安倍氏の勢力
源頼義軍進路
源頼義軍退路
一
天喜5年（1057）7月、安倍頼時が鳥海柵で死亡。
二
天喜5年（1057）11月、源頼義が1800余人を率いて進軍。黄海で安倍貞任・宗任兄弟と戦うも、敗退。
三
康平5年（1062）7月、出羽の清原武則の協力を得た源頼義は小松柵、衣川柵、鳥海柵で安倍軍を撃破。
四
康平5年（1062）9月17日、源頼義、厨川柵を落として安倍貞任を討つ。
岩手
嫗戸柵
厨川柵
紫波
比与鳥柵
鶴脛柵
稗貫
黒沢尻柵
和賀
江刺
鳥海柵
胆沢城（鎮守府）
胆沢
白鳥柵
衣川関
平泉
小松柵
河崎柵
黄海
営岡
国府（多賀城）
秋田城
山本
金沢柵
平鹿
沼柵
雄勝城
雄勝
鬼切部
出羽国
陸奥国

源頼義は清原氏の援軍を得て安倍氏の征討に成功。戦後、頼義は伊予守、嫡子の義家は出羽守、清原武則は鎮守府将軍に任じられた。

流の学者・大江匡房である。

清原一族の内紛に介入した源義家

一〇八三年
後三年合戦

◆清原氏当主の座を巡る争い

永保《えいほ》三年（一〇八三）、今度は清原氏一族に内紛が勃発した。この頃、清原氏当主の座には武則の孫である真衡《さねひら》が就いていた。真衡には清衡《きよひら》・家衡《いえひら》という二人の異父兄弟がおり、また子がなかったことから、海道平氏《かいどうへいし》の成衡《しげひら》を養子として迎えていた。※1

『奥州後三年記』によると、九月、成衡と源頼義の娘の結婚を祝う宴が催され、清原氏の長老的立場であった吉彦秀武《きみこのひでたけ》は出羽国山本郡荒川《あらかわ》（現・大仙市《だいせんし》協和《きょうわ》荒川）からはるばる陸奥国へやって来て、祝いの品を献上した。だが囲碁に興じていた真衡に無視されたため、秀武は怒って自領に帰ってしまう。真衡もまたこれに激怒し、秀武を征討すべく軍を発した。ここに後三年合戦が勃発する。※2 清原宗家相手に戦っても勝ち目がないと悟った秀武は、以前から真衡に不満を抱いていた清衡・家衡に働きかけて

※1 清衡の父は前九年合戦時に安倍氏に与した藤原経清で、母は安倍氏の娘だった。戦後、父は処刑されたが、母は清原武則の子・武貞に嫁ぎ、清衡は武貞の養子と

❖清原一族の争乱

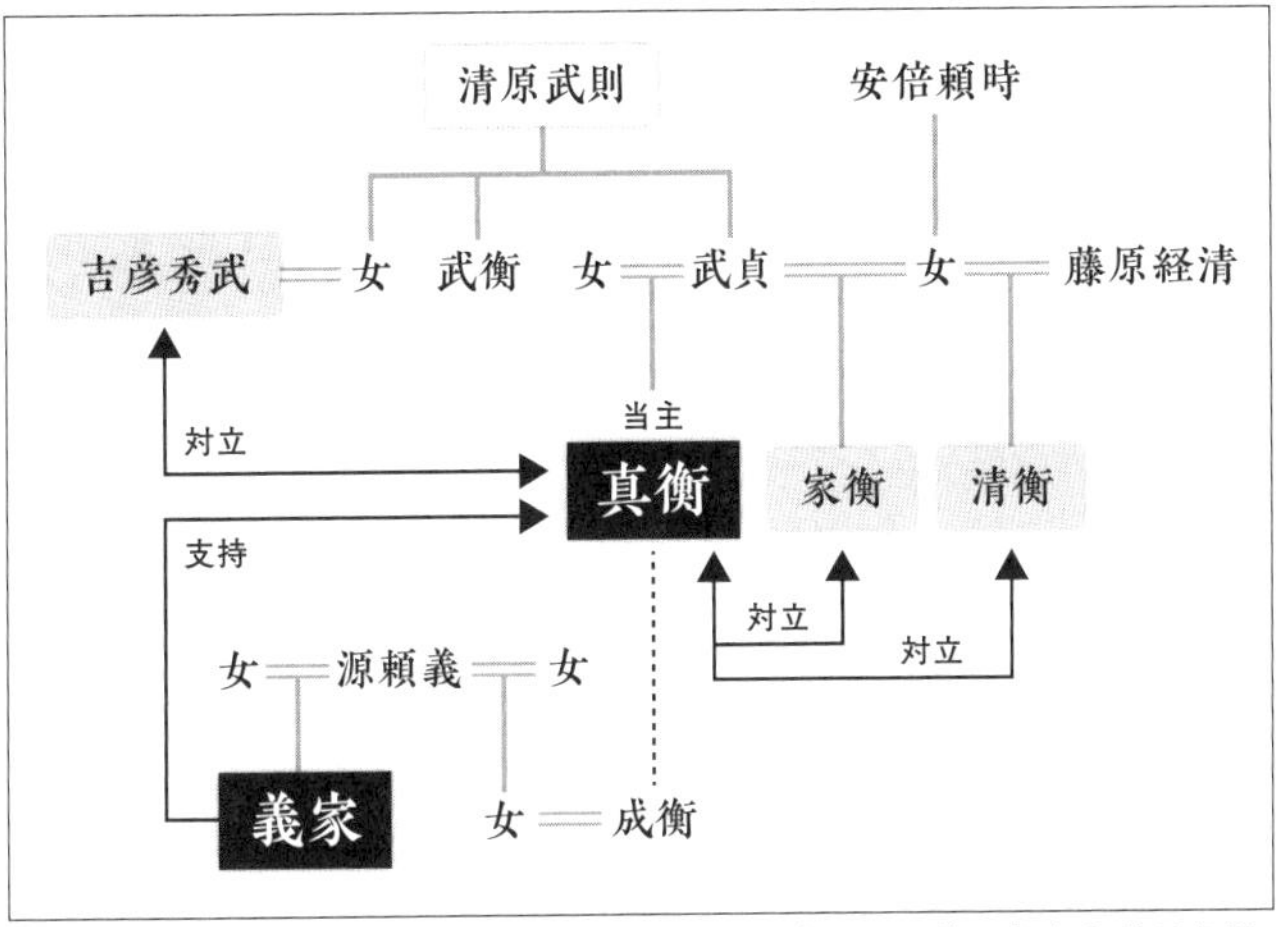

永保3年（1083）、時の清原家当主・真衡の態度に激怒した一族の吉彦秀武が家衡、清衡と連合して挙兵。真衡に叛旗を翻した。

対真衡連合を結成。清衡・家衡が真衡の館を襲撃する動きを見せたため、出羽に向かっていた真衡は兵を引き揚げざるを得なくなった。以降、戦線は膠着状態に陥る。

同年秋、源義家が陸奥守として赴任すると、局面は新たな展開を迎えることとなる。まず動いたのは、真衡だった。早速義家を味方につけた真衡は、秀武を征討するため再び出羽へ向けて進軍した。ところがその途上、真衡は突然病を発し、亡くなってしまう。これにより、状況は一変。慌てた清衡と家衡は即座に義家に降伏を申し入れ、騒動は一旦収束した。

なった。その後、武貞と清衡の母との間に産まれたのが家衡である。

※2 実際の戦乱は一〇八三年から八七年にかけて起こったが、源義家が乱に介入した一〇八六年から、乱を鎮定して上洛した一〇八八年までをもって後三年合戦と呼ぶといわれる。

義家は真衡の所領であった奥六郡を二つに分けると、清衡に胆沢《いさわ》・江刺《えさし》・和賀《わが》三郡を、家衡に稗貫《ひえぬき》・紫波《しわ》・岩手《いわて》三郡を継承させた。

だが応徳《おうとく》三年（一〇八六）冬、今度は清衡と家衡の間に当主の座を巡る争いが勃発する。清衡を重用する義家に不満を抱いた家衡が清衡の館を襲撃し、出羽国沼《ぬま》柵に立て籠もったのである。清衡の訴えを受けた義家は清衡、秀武と沼柵を攻撃したが、寒さと飢餓のために撤退を余儀なくされてしまった。その後、家衡は叔父・武衡《たけひら》の軍勢と合流すると、より防御が堅固な金沢《かなざわ》柵に拠点を移し、義家への抵抗を続けた。

当時、金沢柵は難攻不落として名高かった。そこで義家は国務を停止して軍備を整えると、寛治《かんじ》元年（一〇八七）九月、満を持して攻め入った。義家は柵を完全に包囲し、持久戦に持ち込む。そして十一月十四日、ついに金沢柵を攻略し、家衡・武衡を殺害したのであった。ここに、後三年合戦は終焉した。

その後、朝廷はこの戦いを「私戦」と判断したため、義家には何の恩賞も与えられなかった。そのため義家は自らの私財をもって配下の者の功労に報いている。これによって義家と東国の武士との間の主従関係が強化され、義家のもとに大武士団が形成されていくことになるのである。

❖後三年合戦要図

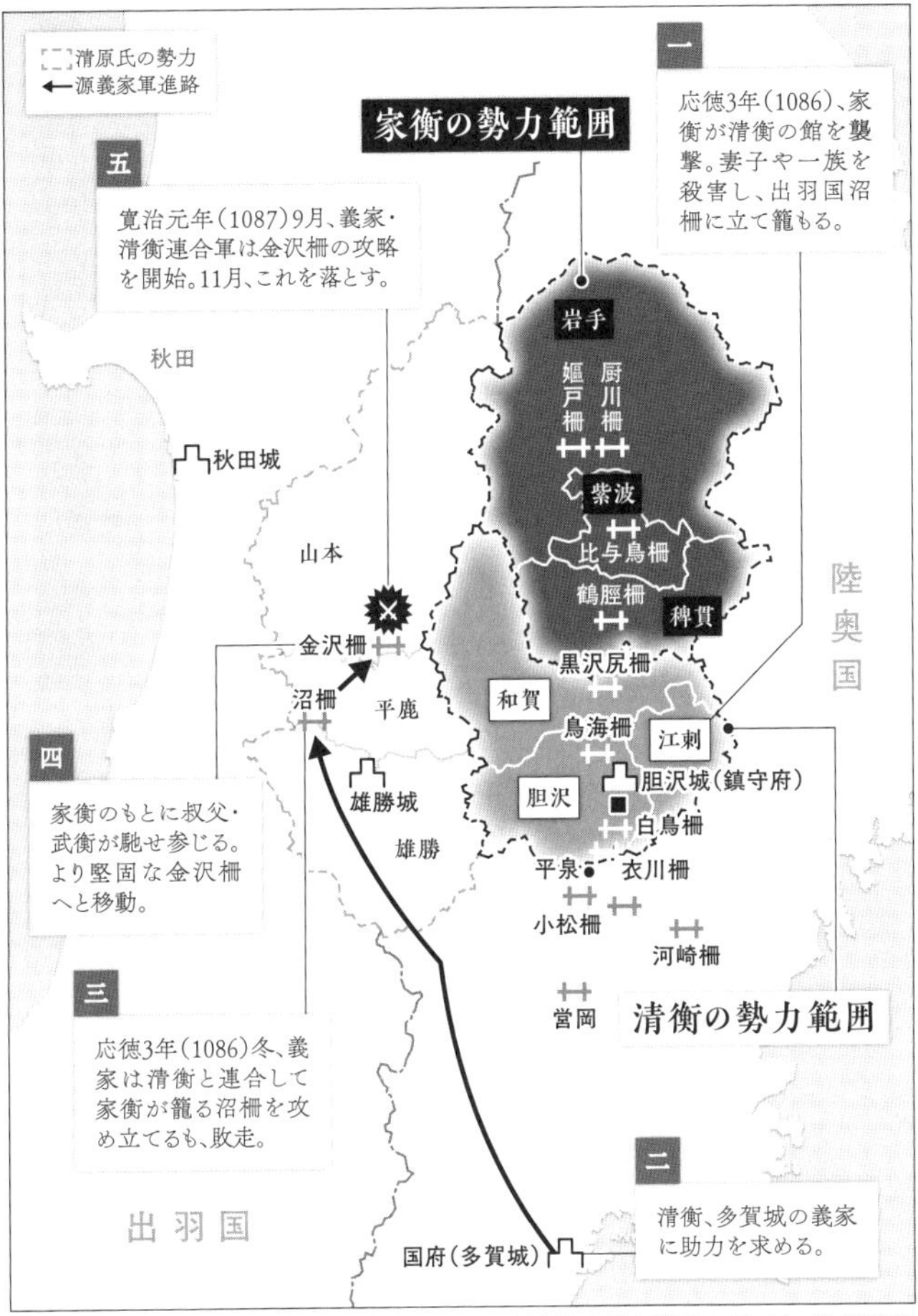
清原氏の勢力
源義家軍進路
家衡の勢力範囲
一
応徳3年(1086)、家衡が清衡の館を襲撃。妻子や一族を殺害し、出羽国沼柵に立て籠もる。
五
寛治元年(1087)9月、義家・清衡連合軍は金沢柵の攻略を開始。11月、これを落とす。
岩手
秋田
嫗戸柵
厨川柵
秋田城
紫波
比与鳥柵
山本
陸奥国
鶴脛柵
稗貫
金沢柵
黒沢尻柵
沼柵
平鹿
和賀
鳥海柵
江刺
四
胆沢城(鎮守府)
雄勝城
胆沢
白鳥柵
家衡のもとに叔父・武衡が馳せ参じる。より堅固な金沢柵へと移動。
雄勝
平泉
衣川柵
小松柵
河崎柵
三
営岡
清衡の勢力範囲
応徳3年(1086)冬、義家は清衡と連合して家衡が籠る沼柵を攻め立てるも、敗走。
二
清衡、多賀城の義家に助力を求める。
出羽国
国府(多賀城)

後三年合戦後、清原氏の広大な遺領を手にした清衡は姓を藤原に戻すと、奥州藤原氏初代として東北に君臨した。

●「古代争乱」関連年表

時代	元号（西暦）	主な出来事
旧石器時代	約四万年前	日本列島に人が住みはじめる
縄文時代	約一万三千年前	縄文時代の開始
	前四千年頃	三内丸山遺跡（青森県）など巨大な集落が造営される
弥生時代	前十世紀頃	水田稲作の開始（諸説あり）
	前四～前三世紀頃	北部九州で水田稲作が盛んとなる
		大陸から金属器（青銅器、鉄器）が伝来
		戦争の開始（↓P10）
	前一世紀	倭人、百余国に分立（『漢書』地理志）
	五七年	倭の奴国王、後漢に朝貢（『後漢書』東夷伝）
	一〇七年	倭国王師升らが後漢に使いを送る（『後漢書』東夷伝）
	二世紀後半	倭国大乱勃発（『後漢書』東夷伝・↓P14）
		邪馬台国の卑弥呼が女王として擁立される（『三国志』「魏志」倭人条）
	二三九年	卑弥呼、魏の帯方郡に遣使。「親魏倭王」の称号と金印、銅鏡などを賜る（『三国志』「魏志」倭人条）
	二四七年頃	卑弥呼、死去（『三国志』「魏志」倭人条）

時代	元号（西暦）	主な出来事
古墳時代	三世紀半ば	前方後円墳が出現
		ヤマト王権が成立（↓P18）
	三六九年	倭国、朝鮮に出兵。加耶（加羅）諸国を撃破
	三七二年	百済王が倭国王に七支刀を贈る（↓P28）
	三九一年	倭国、朝鮮に出兵。百済・新羅を撃破（広開土王碑文・↓P30）
	四〇〇年	倭国軍、高句麗軍に敗北（広開土王碑文）
	四〇四年	倭国軍、帯方郡で高句麗軍に敗北（広開土王碑文）
	四二一年	倭王讃、宋に遣使
	四三八年	倭王珍、宋に遣使
	四四三年	倭王済、宋に遣使
	四六二年	倭王興、宋に遣使
	四六三年	吉備地方で反乱勃発（↓P34）
	四七八年	倭王武、宋に遣使
	五〇七年	継体天皇が即位（↓P38）
	五一二年	大伴金村、百済の加耶四県の支配を承認（↓P39）
	五二七年	筑紫国造磐井が新羅と通じて反乱を起こす（磐井の乱・↓P38）
	五三六年	蘇我稲目が大臣に就任
	五三八年	百済から仏教が伝来（五五二年説あり）

古墳時代	五五六年	倭国軍、新羅に敗れる（↓P42）
	五六二年	新羅が加耶を滅ぼす
	五八七年	蘇我馬子、厩戸王らが物部守屋を滅ぼす（丁未の変・↓P44）
飛鳥時代	五九二年	蘇我馬子が崇峻天皇を暗殺する（↓P50）
		推古天皇が即位
	五九三年	厩戸王が摂政に就任
	六〇〇年	第一回遣隋使の派遣
	六〇三年	冠位十二階の制定
	六〇四年	憲法十七条の制定
	六〇七年	第二回遣隋使派遣
	六二六年	蘇我馬子が死去。子の蝦夷が大臣に就任
	六二九年	舒明天皇即位
	六三〇年	第一回遣唐使の派遣
	六三一年	百済王子・豊璋が人質として来日する
	六四二年	皇極天皇即位
	六四三年	蘇我入鹿、山背大兄王一族を滅ぼす（↓P54）
	大化元年（六四五）	六月、中大兄皇子ら、蘇我氏本宗家を滅ぼす（乙巳の変・↓P58）。孝徳天皇が即位

飛鳥時代		九月、古人大兄皇子が謀反の疑いで殺害される（↓P64）
		十二月、飛鳥から難波長柄豊碕宮への遷都を挙行
	大化二年（六四六）	改新の詔を発布
	大化三年（六四七）	越国に渟足柵を設置（↓P68）
	大化四年（六四八）	越国に磐舟柵を設置
	斉明元年（六五五）	皇極天皇が重祚して斉明天皇となる
	斉明四年（六五八）	四月、阿倍比羅夫が蝦夷征討へ出立（↓P68）
		十一月、有間皇子謀反事件勃発（↓P66）
	天智二年（六六三）	倭国軍、白村江で唐・新羅連合軍に敗北（白村江の戦い・↓P72）
	天智六年（六六七）	都を近江大津宮に遷す
	天智七年（六六八）	正月、中大兄皇子が即位（天智天皇）
	天智九年（六七〇）	二月、庚午年籍を作成
	天武元年（六七二）	六月、壬申の乱勃発（↓P78）
	天武二年（六七三）	二月、大海人皇子が即位（天武天皇）
	天武十三年（六八四）	十月、八色の姓制定
	朱鳥元年（六八六）	十月、大津皇子の謀反（↓P86）
	持統三年（六八九）	六月、飛鳥浄御原令を施行
	持統四年（六九〇）	正月、持統天皇即位

飛鳥時代	持統八年（六九四）	十二月、都を藤原京に遷す
飛鳥時代	文武元年（六九七）	八月、文武天皇即位
飛鳥時代	大宝元年（七〇一）	八月、大宝律令制定
飛鳥時代	慶雲四年（七〇七）	七月、元明天皇即位
奈良時代	和銅三年（七一〇）	都を平城京に遷す
奈良時代	和銅五年（七一二）	正月、『古事記』完成
奈良時代		九月、出羽国を設置
奈良時代	和銅六年（七一三）	四月、丹後・美作・大隅国を設置
奈良時代	養老二年（七一八）	養老律令制定（施行は七五七年）
奈良時代	養老四年（七二〇）	三月、大隅国で隼人が反乱を起こす（→P90）
奈良時代		五月、『日本書紀』完成
奈良時代		九月、陸奥国で蝦夷が反乱を起こす
奈良時代	神亀元年（七二四）	二月、聖武天皇即位
奈良時代		陸奥国に多賀城を設置
奈良時代	天平元年（七二九）	二月、長屋王が謀反の疑いをかけられて自害を遂げる（長屋王の変・→P94）
奈良時代		八月、光明子が皇后となる
奈良時代	天平九年（七三七）	天然痘が流行し、藤原四子が没する
奈良時代	天平十二年（七四〇）	九月、藤原広嗣が九州で反乱を起こす（藤原広嗣の乱・→P98）

奈良時代	天平勝宝元年（七四九）	七月、孝謙天皇が即位
奈良時代	天平宝字元年（七五七）	七月、橘奈良麻呂らが藤原仲麻呂打倒をもくろむ（橘奈良麻呂の変・→P102）
奈良時代	天平宝字二年（七五八）	八月、淳仁天皇即位
奈良時代	天平宝字八年（七六四）	九月、藤原仲麻呂（恵美押勝）が反乱を起こす（藤原仲麻呂の乱・→P106）
奈良時代		十月、孝謙太上天皇が重祚して称徳天皇となる
奈良時代	天平神護元年（七六五）	和気王が謀反を企てる（→P112）
奈良時代	天平神護二年（七六六）	十月、称徳、道鏡を法皇とする
奈良時代	神護景雲三年（七六九）	宇佐八幡神託事件勃発
奈良時代	宝亀元年（七七〇）	八月、道鏡が下野国薬師寺に流される
奈良時代		十月、光仁天皇即位
奈良時代	宝亀五年（七七四）	七月、陸奥国の蝦夷が蜂起（蝦夷三十八年戦争・→P118）
奈良時代	宝亀十一年（七八〇）	三月、陸奥国で伊治呰麻呂の乱勃発（→P121）
奈良時代	天応元年（七八一）	四月、桓武天皇が即位
奈良時代	延暦元年（七八二）	閏正月、氷上川継が謀反を企てる（→P114）
奈良時代	延暦三年（七八四）	十一月、都を長岡京へ遷す
奈良時代	延暦四年（七八五）	九月、造長岡宮使・藤原種継が暗殺される

平安時代	延暦十三年（七九四）	十月、平安京に遷都
	延暦十六年（七九七）	十一月、坂上田村麻呂が征夷大将軍に就任
	延暦二十一年（八〇二）	正月、坂上田村麻呂が胆沢城を築城
		四月、蝦夷の族長・阿弖流為が坂上田村麻呂に降伏（↓P122）
	大同元年（八〇六）	五月、平城天皇が即位
	大同二年（八〇七）	十月、伊予親王謀反事件勃発（↓P124）
	大同四年（八〇九）	四月、嵯峨天皇が即位
		十二月、平城太上天皇、平城宮へ行幸
	弘仁元年（八一〇）	九月、平城太上天皇の変勃発（↓P126）
	弘仁二年（八一一）	四月、文室綿麻呂が征夷将軍に就任
	弘仁十四年（八二三）	四月、淳和天皇が即位
	天長十年（八三三）	仁明天皇が即位
	承和九年（八四二）	七月、承和の変が勃発（↓P130）。藤原北家が台頭
	嘉祥三年（八五〇）	四月、文徳天皇が即位
	天安元年（八五七）	二月、藤原良房が太政大臣に就任
	天安二年（八五八）	八月、清和天皇が九歳で即位。藤原良房が事実上の摂政として政治を差配
	貞観八年（八六六）	閏三月、応天門が炎上

平安時代		九月、大納言伴善男らが流罪となる（応天門の変・↓P134）
	元慶二年（八七八）	三月、出羽国の俘囚が反乱を起こし、秋田城を襲撃（元慶の乱・↓P138）
	元慶八年（八八四）	二月、光孝天皇が即位
		五月、藤原基経、事実上の関白に就任
	仁和三年（八八七）	閏十一月、阿衡の紛議勃発（↓P142）
	寛平六年（八九四）	九月、菅原道真の建言により遣唐使の派遣を中止
	延喜元年（九〇一）	正月、菅原道真が大宰府に左遷される（昌泰の変・↓P146）
	天慶二年（九三九）	十二月、平将門が上野国府を占領（平将門の乱・↓P150）
	天慶三年（九四〇）	藤原純友が瀬戸内、九州で決起（藤原純友の乱・↓P156）
	安和二年（九六九）	三月、謀反の疑いをかけられた左大臣源高明が失脚（安和の変・↓P162）
	長和五年（一〇一六）	正月、藤原道長が摂政に就任
	寛仁三年（一〇一九）	三月、刀伊が九州を襲撃（刀伊の入寇・↓P164）
	長元元年（一〇二八）	六月、平忠常の乱勃発（↓P168）
	永承六年（一〇五一）	前九年合戦勃発（〜六二年・↓P172）
	永保三年（一〇八三）	後三年合戦勃発（〜八七年・↓P178）

主な参考文献

『太宰府市史　通史編Ⅰ』（太宰府市）／『横手市史　通史編　原始・古代・中世』『横手の歴史　横手市史（普及版）』（横手市）／『図説秋田市の歴史』（秋田市）／『千葉県の歴史　通史編　古代2』（千葉県）／『続明日香村史　上巻』（明日香村）／『新修彦根市史』（彦根市）／『図説大津の歴史　上巻』（大津市）／『日向市史　通史編』（日向市）／『奈良市史』（奈良市）／『岡山県史　第三巻　古代Ⅱ』（岡山県）／『図説大津の歴史　上巻』（大津市）／『いっきに学び直す日本史　古代・中世・近世【教養編】』安達達朗著、佐藤優企画・編集・解説、山岸良二監修（東洋経済新報社）／『争乱の日本古代史』山岸良二・松尾光、『現代語訳魏志倭人伝』松尾光、『よくわかる古代日本の全体像』木下正史、『総図解よくわかる古代史』瀧音能之編、『敗者の古代史』森浩一、『平安朝　皇位継承の闇』倉本一宏（以上、ＫＡＤＯＫＡＷＡ）／『闘乱の日本古代史』松尾光（花鳥社）／『古代史の謎を攻略する　古代・飛鳥時代篇』『古代史の思い込みに挑む』松尾光（以上、笠間書院）／『邪馬台国の滅亡』若井敏明、『古事記を読む』三浦佑之編、『源氏と坂東武士』『列島を翔ける平安武士　九州・京都・東国』野口実、『奥州藤原氏と平泉』岡本公樹、『戦争の日本史①東アジアの動乱と倭国』森公章、『戦争の日本史②壬申の乱』倉本一宏、『戦争の日本史④平将門の乱』川尻秋生、『日本古代の歴史②飛鳥と古代国家』篠川賢、『日本古代の歴史③奈良の都と天平文化』西宮秀紀、『日本古代の歴史④平安京の時代』佐々木恵介、『日本古代の歴史⑤摂関政治と地方社会』坂上康俊、『敗者の日本史①大化改新と蘇我氏』遠山美都男、『敗者の日本史②奈良朝の政変と道鏡』瀧浪貞子、『敗者の日本史③摂関政治と菅原道真』今正秀（以上、吉川弘文館）／『岩波講座日本歴史第４巻　古代４』大津透・桜井英治ほか、『シリーズ日本古代史②ヤマト王権』吉村武彦、『シリーズ日本古代史③飛鳥の都』吉川真司、『シリーズ日本古代史④平城京の時代』坂上康俊、『シリーズ日本古代史⑤平安京遷都』川尻秋生、『シリーズ日本古代史⑥摂関政治』古瀬奈津子（以上、岩波書店）／『大学の日本史①古代』佐藤信編、『千葉県の歴史』石井進、宇野俊一編、『奈良県の歴史』和田萃、安田次朗ほか、『岡山県の歴史』藤井学、狩野久ほか、『鹿児島県の歴史』原口泉、永山修二ほか、『愛媛県の歴史』内田九州男、寺内浩ほか、『奥州藤原三代』斉藤利男、『日本史用語集』全国歴史教育研究協議会編、『山川詳説日本史図録第６版』（以上、山川出版社）／『内戦の日本古代史』『戦争の日本古代史』倉本一宏、『倭国伝　中国正史に描かれた日本』藤堂明保、竹田晃ほか（以上、講談社）／『倭国乱とは何か「クニ」への胎動』石野博信、『「倭国乱」と高地性集落論』若林邦彦（以上、新泉社）／『古代史研究の最前線　邪馬台国』『古代史研究の最前線　古代豪族』洋泉社編集部編、『「神話」から読み直す古代天皇史』若井敏明（以上、洋泉社）／『研究最前線　邪馬台国』石野博信、高島忠平ほか編（朝日新聞出版）／『倭国大乱と日本海』甘粕健編（同成社）／『ＮＨＫさかのぼり日本史⑨平安』朧谷寿、『ＮＨＫさかのぼり日本史⑩奈良・飛鳥』仁藤敦史（以上、ＮＨＫ出版）／『壬申の乱と関ヶ原の戦い』『乱と変の日本史』本郷和人（以上、祥伝社）／『吉備の古代史』門脇禎二（山陽放送）／『検証平城京の政変と内乱』遠山美都男、『歴史群像シリーズ特別編集　最新古代史論』『歴史群像シリーズ特別編集　飛鳥王朝史』（以上、学研パブリッシング）／『古代史から解く伴大納言絵巻の謎』倉西裕子（勉誠出版）／『兵たちの登場』入間田宣夫編（高志書院）／『坂東武士団の成立と発展』野口実（戎光祥出版）／『前九年合戦シンポジウム』岩手県歴史研究会編（ツーワンライフ）／『古代史講義【戦乱編】』『古代史講義』佐藤信編（以上、筑摩書房）／『図説日本史通覧』（帝国書院）

サンエイ新書好評既刊

1 密教の聖地 高野山 その地に眠る偉人たち
上永哲矢 野田伊豆守

歴史上に名を残した多くの偉人との関係を紐解きながら高野山の知られざる一面を紹介。空海によって開基された平安時代から、戦乱の世を経た江戸時代までをたどる。高野山とゆかりの深い人物伝も多数収録!

2 三国志 その終わりと始まり
上永哲矢

後漢王朝の衰退から、激動の群雄割拠を経て、魏呉蜀の三国時代へ。そして晋の天下統一。今なお語り継がれる英雄譚を、陳寿が著した正史『三国志』を基に解説。三国志の舞台の地を訪れたルポルタージュも必読。

3 『古事記』を旅する 神話彷徨 編纂1300年 日本最古の歴史書
時空旅人編集部 編

天武天皇の勅命により編纂された『古事記』。ヤマトコトバで編まれたその神話性を読み解く。出雲神話と日向神話、そしてヤマト神話とゆかりのある地を訪れたルポルタージュでは、今に生きる神話の世界を覗く。

4 [カラー版] 古地図で読み解く 城下町の秘密
男の隠れ家編集部 編

古地図を使って全国32カ所の城下町の成り立ちを学べる一冊。地形や町割、町名などの情報から当時の様子を徹底分析。東日本は上田、弘前、仙台、会津若松など、西日本は金沢、大阪、津和野、萩などを紹介。

5 おカネは「使い方」が9割 《生きガネ》を操る実戦心理術
向谷匡史

学歴も偏差値も、カネの前では無意味。ヤクザ、ホスト、政治家、フィクサーなど、1万円を10万円、100万円の価値に高め、その《生きガネ》を使うことで自分を売り込むプロたちの「実戦マネー心理術」。

6 今こそ知りたい アイヌ 北の大地に生きる人々の歴史と文化
時空旅人編集部 編

北海道を中心に独自の文化を築いてきた先住民族アイヌ。自然や動植物、道具など、あらゆるものをカムイ=神とする深淵な世界を紹介。さらに歴史も通じて日本の多様性を問う一冊。博物館&資料館ガイド付き。

成立から倒幕まで
長州藩
志士たちの生き様

男の隠れ家編集部 編

長州藩はなぜ明治維新で大きな影響力を持ち得たのか。藩の成り立ちから倒幕までの流れを追いながら、全体像を浮かび上がらせる。また新政府発足から始まった藩閥政治の光と影、幕末人物伝なども収載。

7

語り継ぎたい戦争の真実
太平洋戦争のすべて
日米開戦への道のり

野田伊豆守

日本が太平洋戦争へと踏み切った理由とは？ 真珠湾攻撃に至るまでの日米交渉、開戦後約半年で東南アジア全域を占領した快進撃、ミッドウェー海戦以降の敗戦への道のりなど3年8カ月に及ぶ戦いの全貌に迫る。

8

先人の足跡と名峰の歴史
日本山岳史

男の隠れ家編集部 編

明治初期、日本人の山登りは山岳信仰に基づく「登拝」から純粋な「登山」へと変化した。山の先駆者たちの足跡を追いながら日本アルプスの開山史をたどる一冊。北アルプスの山小屋の歴史と山行記も収録。

9

戦況図解
戊辰戦争

木村幸比古

265年続いた江戸幕府と薩長を中心とする新政府との戦い。鳥羽・伏見から最終戦の函館まで、518日間にわたって繰り広げられた戦いの全貌を、豊富な戦況図で経過を掴みながら理解する戦況図解シリーズ第1弾。

10

ルイス・フロイスが見た
異聞・織田信長

時空旅人編集部 編

宣教師ルイス・フロイスが綴った歴史書『日本史』をもとに、後世の想像ではない生々しいまでの人間・信長の実像に迫った一冊。本能寺の変ルポや、磯田道史氏が語る『日本史』インタビュー収載。

11

「許す」という心をつくる
ひとつだけの習慣

植西 聰

日頃から「許せない」という感情にとらわれることは数多い。しかし、その気持ちを引きずることは、自分の幸せを奪うことに繋がる。「許す」習慣を通してネガティブな感情から解放され、大きな幸福感を得られるコツが満載。

12

サンエイ新書好評既刊

13
潜伏
キリシタンの真実
時空旅人編集部編
キリスト教の歩みと日本における潜伏キリシタンの謎に迫る。遠藤周作の小説『沈黙』の舞台となった長崎県外海地方や、世界文化遺産の教会などを巡りながら、通史では語られない生の声も収録。

14
戦況図解
西南戦争
原口泉
西郷隆盛はなぜ決起し、いかに散ったのか—?日本最後の内戦の知られざる実像を完全網羅。豊富な戦況図で経過を掴みながら理解するビジュアル解説が大好評の戦況図解シリーズ第2弾。

15
実録!ムショで図太く生きる奴らの悲喜こもごも
サラリーマン、刑務所に行く!
影野臣直
一般人にはなかなか知ることがない〝塀の中の暮らし〟とは?服役経験を持つ異色作家によって繰り広げられる悲喜こもごもの日々を臨場感たっぷりに描く。まさに平成版塀の中の懲りない面々?!

16
新選組
その始まりと終わり
時空旅人編集部編
動乱の時勢、幕府に忠義を尽くした「新選組」。日野から上洛した近藤勇、土方歳三の足跡を時系列でたどる。永倉新八や斎藤一など明治に生きた隊士たちの紹介も収録。京都や日野などゆかりの地のルポルタージュも掲載。

17
中国人富裕層のトリセツ
彼らの「心」と「サイフ」を開かせる極意
夏川 浩
ケタ違いの資産を持つ中国人富裕層たちが牽引する「爆買い」はこれから始まる!! わずか7年で150億円ものインバウンド消費を呼び込んだ凄腕コーディネーターが教える「中国人富裕層」という宝の山を掘り当てるための方法とは?

18
美しい歯と口
オーラルフレイル予防の秘訣
佐藤裕二
美しい歯と口の条件とは、歯並びや歯の白さではない。本当に大切なのは、食事や発音、表情などの機能が整った〝美〟なのである。中高年から注意したいオーラルフレイル(口の虚弱)についてズバリ解説。

親が認知症になる前に読む お金の本

速水陶冶

あなたの親や家族が築き上げてきた財産が狙われている！意外なことに金融機関や身近にいる知人・親族による悪質行為が平然と行われている現実が。こういうワルイ奴らから大切な人を守るための対策方法を収録。

19

あなたは「孤独」にどう向き合うのか？

向谷匡史

私たちにとって「孤独」とはいったい何なのか？　僧籍を持つ著者による仏教の視点から光を当て、その〝正体〟を白日のもとにさらすことで、孤独の悩み、人間関係の苦悩から解き放たれる為の方法論を収録。

20

実況中継！大人の読みなおし
世界史講義

祝田秀全

私たちの「いま」はどのような道をたどってつくられてきたのか？人類のあけぼのから21世紀の現代まで、世界史全体の流れをわかりやすい講義調と豊富な図版を通して紹介する、世界史入門の決定版。

21

戦況図解
信長戦記

小和田哲男

日本史上、最も人気が高い人物のひとりである織田信長。関連本は数多くあるが、意外にも、若き日から天下目前までの戦いの軌跡を、視覚的に網羅したものはほとんどない。大小さまざまな戦いを、戦況図解という新しい視点から信長の一生を記したシリーズ第3弾。

22

一度は買いたいSA・PAの「五つ星みやげ」

日本サぱ協会／山形みらい

全国約８００箇所を超える、高速道路のサービスエリア（ＳＡ）・パーキングエリア（ＰＡ）で売られている数あるすべてのお土産の中から、日本サぱ協会が調査、実食を通し本当に美味しいもの、貰って嬉しいものだけを集めた、門外不出「五つ星みやげ」２５１選！

23

誰も知らない江戸の奇才

河合敦

江戸時代は２５０年以上も平和が続く安定した社会であったと同時に、数多くの分野で素晴らしい才能が開花した時代でもあった。本書では、人気歴史家が多彩な才能の中から、世の中を驚愕させた、知られざる「奇才」13人を取り上げ、その激動の生涯を紹介する。

24

山岸良二 Yamagishi Ryoji

1951年、東京生まれ。慶應義塾大学大学院修士課程修了。専門は日本考古学。現在、習志野市文化財審議会会長、昭和女子大学・放送大学非常勤講師。NHKラジオ「教養日本史・原始編」、NHKテレビ「週刊ブックレビュー」、日本テレビ「世界一受けたい授業」、NHKBS「ダークサイドミステリー」、TBSBS「諸説あり！」などへの出演や全国での講演等で考古学の啓蒙につとめる。主な著書・編著書に『秋山好古と習志野騎兵旅団』（雄山閣）、『新版 入門者のための考古学教室』『日本考古学会の現在』（以上、同成社）、『日曜日の考古学』（東京堂出版）、『古代史の謎はどこまで解けたのか』（PHP新書）など多数。主な監修書に『いっきに学び直す日本史』（東洋経済新報社）などがある。編単著60冊。

デザイン・DTP・図版 **伊藤知広**（美創）

編集担当 **遠藤和宏**

戦況図解

古代争乱

2020年2月22日 初版 第1刷発行

監修者 ——— 山岸良二

発行人 ——— 星野邦久

発行元 ——— 株式会社三栄

〒160-8461 東京都新宿区新宿6-27-30
新宿イーストサイドスクエア 7F
TEL:03-6897-4611（販売部）
TEL:048-988-6011（受注センター）

装幀者 ——— 丸山雄一郎（SPICE DESIGN）

制　作 ——— オフィス・エス

印刷製本所 —— 図書印刷株式会社

Printed in Japan ISBN 978-4-7796-4135-0